DIEDERICHS GELBE REIHE

herausgegeben von Michael Günther

Omar Ali-Shah

Sufismus für den Alltag

Aus dem Englischen von Clemens Wilhelm

Bearbeitet von Kathleen Göpel

Eugen Diederichs Verlag

Die Originalausgabe erschien unter dem Titel
Sufism for Today
bei Tractus Books, Paris 1991

Die Deutsche Bibliothek – CIP-Einheitsaufnahme
Ali-Shah, Omar:
Sufismus für den Alltag / Omar Ali-Shah. Aus dem Engl. von Clemens Wilhelm. Bearb. von Kathleen Göpel. – 2. Aufl. – München : Diederichs, 1998
(Diederichs Gelbe Reihe; 101: Islam)
Einheitssacht.: Sufism for today <dt.>
ISBN 3-424-00968-7
NE: Göpel, Kathleen [Bearb.]; GT

2. Auflage 1998

Umschlaggestaltung: Zembsch' Werkstatt, München
Produktion: Tillmann Roeder, München
Satz: Uhl + Massopust, Aalen
Druck und Bindung: Pressedruck, Augsburg
Printed in Germany

ISBN 3-424-00968-7

Inhalt

Vorwort der deutschen Ausgabe

Die Sufi-Tradition ist weder eine Religion noch ein Kult. Sie ist eine Lebensphilosophie, und ihr Ziel ist es, dem Menschen einen praktischen Weg anzubieten, auf dem er eine höhere Bewußtheit entwickeln kann. Es ist diese höhere Bewußtheit, die ihn befähigt, seine Beziehung zum Höchsten Wesen zu begreifen.

Diese Philosophie ist aus uralten Zeiten überliefert. Sie hat ihre ursprüngliche Qualität und ihre alten Geheimnisse bewahrt, weshalb sie unverändert und unbeeinträchtigt all denen zur Verfügung steht, die tiefere Weisheit durch ein tieferes Bewußtsein zu erlangen suchen.

Die Tradition sagt, daß der Mensch in seinem gegenwärtigen Zustand ein konditioniertes Wesen ist. Von Geburt an konditioniert, akzeptiert er eine Vielzahl von Haltungen, Standpunkten und Theorien, zumeist sorglos und ohne sie zu hinterfragen, durch die sein Denken und Handeln in seinem Leben festgelegt werden. Diese Konditionierung ist nicht durchwegs schlecht oder negativ; teilweise ist sie sogar notwendig. Glaube, Frömmigkeit, Disziplin, Vertrauen, Gehorsam und Ordnungssinn sind edle Eigenschaften, die gelehrt, gelernt und praktiziert werden sollten. Wir sind der Meinung, daß der Mensch durch die Reinheit seines inneren Wesens in Harmonie mit dem Plan des göttlichen Baumeisters sich über das Weltliche erheben und sich vor der Korruption und dem Gift der »äußeren Welt« schützen kann. Dies bedeutet aber nicht, daß es erforderlich ist, sich in eine Höhle in den Bergen oder in eine Einsiedelei zurückzuziehen. Es bedeutet ganz im Gegenteil, ein vollwertiges, besseres Mitglied der Gesellschaft zu sein, »in der Welt und nicht von der Welt« zu sein. Es bedeutet, Regeln und Disziplinen einzuhalten, die inneren Frieden bringen. Es bedeutet auch, zielstrebig und bescheiden andere anzuleiten, auf die Stimme der Natur zu hören, damit sie die Geheimnisse der Tradition erkennen. Jedoch werden diese Geheimnisse nur denen offenbar werden, die »reinen Herzens« sind und vor dem Herrn des Lebens geloben können, das Wissen und die Weisheit in lauterer Gesinnung und in innerer Wahrhaftigkeit zu benutzen.

Seit uralten Zeiten hat das Wort *Ex oriente lux* viele Heilige und Weise inspiriert, den harmonischen Grundakkord zu suchen, der Ost und West zu beiderseitigem Nutzen miteinander verbinden würde. Der heilige Franz von Assisi diskutierte mit Weisen aus Arabien und Khorassan; Ignatius von Loyola korrespondierte mit Meistern der Tradition, und Friedrich der Große hatte einen arabischen Berater. Während der unseligen Zeit der Kreuzzüge pflegten Templer und Johanniter geheime Kontakte, um tragische Exzesse auf beiden Seiten zu verhindern.

Es ist eine geschichtliche Tatsache, daß in der Tradition der im Schachbrettmuster gepflasterte Fußboden charakteristisch für manche »Tekkias« oder »Orte der Versammlung und der Kraft« ist. Hier steht Schwarz für Weisheit wie auch Mühsal, Weiß für Freude und den Morgenstern.

Wenn ein Mensch, der ihrer würdig ist, in die Tradition kommt, so muß er diesen Schritt aus freien Stücken tun und nicht, weil er dazu überredet oder durch Versprechungen verlockt wurde. Er verpflichtet sich durch einen Eid, nach tiefer Erkenntnis und beständiger Bewußtheit zu streben, auf daß er Fortschritte machen möge und dadurch seinen Mitmenschen Auftrieb geben kann. Ein Lehrer in der Tradition ist ein Mensch, der in seinem innern und äußeren (weltlichen) Leben eine ungemein präzise Schulung durchlaufen hat. Sein Lehrmandat erhält er von einer unanfechtbaren Autorität, und zu jeder Zeit ist er dem Großen Weltenplaner für all seine Handlungen verantwortlich.

Die Sufi-Tradition ist in jeder Weise mit dem Alltagsleben und den lauteren Aktivitäten innerhalb der Gesellschaft verträglich. Das Ziel eines jeden Sufis ist es, eine gesteigerte innere Bewußtheit unseres Schöpfers zu entwikkeln und, indem er sich diesem Wissen annähert, für sich selbst, für alle, die ihm lieb und nah sind, und seine Gemeinschaft Gutes zu bewirken. Zu keiner Zeit sollte ihn seine Zugehörigkeit zum Sufi-Weg in Konflikt mit den Mächten der Natur oder in einen inneren Gewissenskonflikt bringen. Die Tradition ist ein Angebot an den Westen – in Aufrichtigkeit und mit lauterem Ziel. Wenn die Sufi-Botschaft im Westen Widerhall findet, dann ist es mein Wunsch, daß die Brüderlichkeit die Brücke über Raum und Zeit schlagen möge und daß das gemeinsame Teilen der Geheimnisse diesem Planeten die göttliche Gnade bringen möge.

Omar Ali-Shah

Einleitung der deutschen Ausgabe

Dreißig Jahre später

Die Geschichte beginnt – jedenfalls was die Schüler betrifft – damit, daß um das Jahr 1960 einige Leute in London und Paris mit den Schülergruppen Ouspenskys und später direkt mit Gurdjieff in Kontakt waren, dem Mentor Ouspenskys.

Dazu muß kurz einiges über die Aktivitäten in London und Paris vor der Ankunft der Shah-Brüder gesagt werden. Ohne alte Schlachten nochmals schlagen zu wollen, darf man wohl sagen, daß Gurdjieff bei seinem Tod im Jahre 1949 ein sehr ungeordnetes Erbe hinterließ, und die verschiedensten Leute versuchten, sein Werk fortzuführen. Jeanne de Salzmann, einer seiner frühen Schülerinnen, gelang es schließlich, ein gewisses »System« in die verschiedenen Aktivitäten zu bringen und die sogenannte »Gurdjieffsche« Lehre zu institutionalisieren. Viele von Gurdjieffs Anhängern akzeptieren ihre Autorität, aber bei weitem nicht alle. Sie schuf eine hierarchische Organisation unter ihrer Leitung, die noch heute besteht und jetzt von ihrem Sohn Michel de Salzmann geleitet wird.

Sehr viele Menschen, die in Paris und London Anhänger Gurdjieffs gewesen waren, akzeptierten diese sogenannte Nachfolge in den fünfziger Jahren nicht mehr und machten sich auf die Suche nach einer wirklich autorisierten Version der alten Lehre, denn sie hatten nur Falschgeld in den Händen, wo sie doch spürten, daß es das wahre Gold gab.

Während dieser ganzen Zeit hatte sich in Paris eine Frau namens Vera Page, die Witwe des Dichters René Daumal und spätere Frau des britischen Landschaftsarchitekten Russel Page, geweigert, sich dem Machtanspruch von Madame de Salzmann zu beugen und eine Gruppe organisiert, die das Gurdjieffsche Gedankengut pflegte. Sie hatte Gurdjieff persönlich gekannt, und ihre Lehre war sehr stark von ihm geprägt. Es gab also zwei parallellaufende Aktivitäten in London und Paris, getragen von einigen älteren Mitgliedern mit großer Erfahrung, die meist Gurdjieff noch persönlich gekannt hatten.

1966 erkrankte Vera Page an Krebs und starb wenig später. Die Zukunft der Pariser Gruppe war nun stark gefährdet, und das um so mehr, als einige Jüngere Tendenzen erkennen ließen, die Leitung der Gruppe in ihre Hände zu nehmen, während die älteren Mitglieder klug genug waren, sich dies nicht anzumaßen.

Etwa um diese Zeit las Reginald Hoare im »Blackwood's Magazine« einen Reisebericht über Afghanistan. In diesem Artikel wurde eine Sufi-Übung beschrieben, die zu jener Zeit nur den zehn fortgeschrittensten Anhängern Gurdjieffs bekannt war. Reggie erkannte, daß sich hinter dem Pseudonym des Autors jemand verbergen mußte, der großes Wissen über Tradition und ihre Herkunft hatte. Er schrieb dem Verfasser über die Adresse des Verlages, um mit ihm Kontakt aufzunehmen.

Idries Shah, der diesen Artikel später als »Fischzug« bezeichnete, antwortete auf diesen Brief und gab sich als der Verfasser des Artikels zu erkennen. Reggie traf sich mit ihm, konnte sich von seiner Legitimation als Lehrer überzeugen und machte ihn nach und nach mit verschiedenen früheren Anhängern Gurdjieffs in England und Frankreich bekannt. Shah erklärte sich bereit, einige von ihnen zu unterweisen; manche lehnte er auch ab.

Russel Page wurde von allen Seiten bedrängt, die Pariser Gruppe zu übernehmen. Es ehrt ihn, daß er Shah bat, sich um die ins Schlingern geratene Gruppe zu kümmern, und Shah nahm an. Die erste Begegnung zwischen Shah und der Pariser Gruppe fand im Frühjahr 1962 statt. Omar Ali-Shah oder »Agha«, wie wir ihn bald nannten, war damals noch auf Reisen. Er stieß etwas später zu uns.

Wir erhielten die Anweisung, einen persönlichen Brief zu schreiben, in dem wir darstellen sollten, warum wir in der Gruppe waren. Wir wurden weiterhin angewiesen, ab sofort keine von Gurdjieffs Schriften mehr zu lesen und auch aufzuhören, die »Bewegungen« auszuführen (ein Beispiel für diese etwas roboterhaften stilisierten Bewegungen kann man am Ende des Films »Meeting with Remarkable Men« sehen; die Darsteller sind überwiegend Adepten aus jener Zeit).

In den Jahren 1962 und 1963 konzentrierten sich die Aktivitäten auf England. Es gab dreitägige Zusammenkünfte in Coombe Springs, einem Besitz, den John Bennett Idries Shah übertragen hatte.

Bei den donnerstäglichen Übungen in Paris hörten wir zunächst das »Om mane padme hum«-Mantra, anschließend Tonbänder, auf denen Shah Sufi-Texte las. Das »Lataif« kam später. Bei einer Zusammenkunft in England kündigte Shah an, daß sein Bruder zu uns nach Paris kommen wolle.

Durch die Veröffentlichung von »Die Lehrer Gurdjieffs« von Rafael Lefort 1966 kam es zum endgültigen Bruch mit den institutionalisierten Nachfolgern Gurdjieffs, weil der Ursprung von Gurdjieffs Lehren (über den er sich nie näher ausließ) und ihre Beschränkungen aufgrund Gurdjieffs eigener Persönlichkeit in diesem Buch sehr klar dargestellt waren. Für die Gurdjieff-Anhänger war der Gedanke unerträglich, daß er nur einer von vielen war, die durch die Schule der Khwajagan oder zentralasiatischen Naqshbandi-Sufis gegangen waren. An dem Buch wurde Kritik geübt, weil es als Parabel abgefaßt war, und es wurde auch gesagt, daß Gurdjieffs Lehrer in den sechziger Jahren gar nicht mehr am Leben gewesen seien und daher auch nichts darüber hätten erzählen können. Aber insofern nirgendwo gesagt wird, daß die im Buch dargestellten Ereignisse in dieser Zeit spielten, ist das Argument nicht stichhaltig: Wie kann man an einem Buch einerseits kritisieren, daß es eine

Parabel ist, und andererseits, daß es ungenaue Zeitangaben enthält?

Agha (Omar Ali-Shah) kam 1963/64 zu uns. In dieser Zeit gab es viele nichtesoterische Aktivitäten. Wir mieteten einen Raum und führten Verkaufsveranstaltungen durch, um Geld zu beschaffen. Wir mußten uns damals von der streng esoterischen Ausrichtung der Anhänger Gurdjieffs lösen. Wir sprachen sehr viel miteinander, und in der Rückschau wird deutlich, daß Agha die Leute vom übertrieben »esoterischen« Denken zurückholte und uns anleitete, einfacher über die Dinge zu denken. Er bat uns, ihm unsere esoterische Literatur zur Durchsicht mitzubringen. Das meiste davon landete im Antiquariat. Man muß dies jedoch im Zusammenhang sehen: Meines Wissens hat Agha seither niemals mehr irgend jemandes Lesestoff kontrolliert, und es würde ihm auch nie einfallen, eine Zensur auszuüben.

Agha sagte vom Anfang an, daß er ein »Traditionalist« sei; wir glaubten es ihm unbesehen, doch hatten die meisten von uns keine Vorstellung, was dies bedeutete. Die Organisation von Campingreisen und anderen gemeinsamen Ausflügen ist ein Beispiel dafür, wie Agha alte Techniken für unsere heutige Zeit wiederbelebte. In den alten Zeiten waren Karawanenreisen und die Pilgerfahrten nach Mekka für die Derwische eine Möglichkeit, neue gemeinsame Erfahrungen zu machen und den gegenseitigen Kontakt zu pflegen; man darf wohl behaupten, daß heute unsere eigenen »Karawanen« und Versammlungen demselben Zweck dienen.

Wir verfügten über einen alten Antiquitätenladen, der zum Versammlungsort der Tradition wurde, nachdem die Gruppe sehr viel Arbeit in die Räumlichkeiten investiert hatte. Ich kam im Herbst 1964 dazu, um beim Verputzen zu helfen, und war sehr von Catherine angetan, die mir erklärte, worum es ging. Es war irgendwie eigentümlich: Wieviel auch diese Menschen miteinander verband – es gab doch keine Kumpanei. Mit großer Energie und Begeisterung kratzten wir die Wände ab und strichen sie neu, auch wenn keiner von uns von solchen Arbeiten viel Ahnung hatte.

Ein persönliches Erlebnis: Der Abend vor der Eröffnung des Ladens war ein Donnerstag. Während die anderen die Übung durchführten, richtete ich den Laden, in dem es wirklich schrecklich aussah, für die Eröffnung her. Statt uns beim Aufräumen zu helfen, ging der größte Teil der Gruppe nach der Übung in ein nahe gelegenes Restaurant zum Essen, so daß nur einige wenige von uns zurückblieben. Agha kam mit seiner Frau auf dem Weg zu den anderen vorbei. Er erfaßte die Situation sofort, krempelte die Ärmel hoch und begann, mit uns sauberzumachen.

Er hatte nun eine ganz besondere Art, wie er Kehrschaufel und Besen handhabte. Er fegte den ganzen Müll und Abfall zusammen auf einen Haufen in die Mitte des Raums und machte sich dann auf die Suche nach der Kehrschaufel, wobei er alles, was er bisher zusammengefegt hatte, wieder über den Boden verteilte. Als er die Kehrschaufel gefunden hatte, trug er sie in die Mitte des Raums, wobei er jedoch inzwischen wieder den Besen verlegt hatte, so daß er die Kehrschaufel irgendwo anders ablegen und wieder den Besen suchen mußte. Dann fegte er alles wieder sorgfältig in die Mitte des Ladens, womit das ganze wieder von vorne begann.

Diesen ganzen Ablauf wiederholte er minutiös noch einige Male. Schließlich starrten wir alle Agha mit offenem Mund an. Bei dieser ganzen grotesken Aktivität verzog er nicht die geringste Miene, einem Buster Keaton gleich. Plötzlich dämmerte es mir: Agha war *wir*. Er stellte nichts anderes dar, als was ich in den vergangenen drei Monaten ständig erlebt hatte: Bella schüttete Salpetersäure auf die Dachziegel, um sie zu reinigen, und reagierte unwillig auf unser wütendes Schimpfen, wenn die Flüssigkeit von oben auf uns herabtropfte; Jean-Pierre kratzte den Putz mit solcher Hingabe ab, daß er durch die Wand des Nachbarn durchbrach usw. Das Eigentümliche und irgendwie Beeindruckende war aber, daß Agha uns spielte, ohne sich über uns lustig zu machen, ohne dies von oben herab zu tun; er war ernsthaft und überzeugt bei der Sache, und er war völlig ineffizient. Was ich in diesem Augenblick erkannte und was mein Leben änderte war, daß er uns nicht nur zeigte, wo wir waren, sondern daß er es auch von unserer damaligen Stufe aus tat, nicht von oben.

Nun gibt es bei uns allen Dinge in unserem Leben, die wir falsch gemacht haben, und andere, die wir richtig gemacht haben. Ich selbst halte mir mit »stiller Genugtuung« zugute, daß ich relativ schnell meinen Lehrer erkannte. Man könnte dies natürlich auch anders sehen: Mein Lehrer erwies mir die Ehre, sich von mir erkennen zu lassen. Nachdem mein Vater erst vor kurzem gestorben war, erkannte ich auch, daß es sein Vorbild als Grafiklehrer gewesen war, das es mir ermöglicht hatte, die Leistung eines wirklichen Lehrers zu schätzen.

Es fällt sehr schwer, unseren Mangel an Achtung und Respekt zu jener Zeit verständlich zu machen. Wir hatten kein Gefühl für den Status eines Meisters, und Agha sprach niemals zu uns darüber, wie wir ihn behandeln oder mit ihm umgehen sollten; er wartete, bis wir verstehen würden. Wir gingen alle nach der Übung am Donnerstag zum Kegeln, wir klopften ihm auf die Schulter, und wir erzählten ihm alberne, schmutzige Witze; es fiel uns niemals ein, ihn zum Essen einzuladen, und im Restaurant bezahlte er für sich selbst.

Catherine sagt, daß sie alle auf der ersten Campingreise nach Marokko im Sommer 1964 in den Terrassencafés zwischen Paris und Tanger saßen und darauf warteten, daß Agha Unterweisungen geben würde. Weil er aber niemals etwas sagte, schauten sie sich zwei Wochen lang gegenseitig an, bis man wieder zur Heimreise aufbrach.

Unsere Haltung gegenüber Agha schwankte oft zwischen kindischer Abhängigkeit und plumper Vertrautheit, doch nahm er dies alles freundlich hin, ohne auch nur eine Spur von Ungeduld erkennen zu lassen. Man muß fairerweise sagen, daß nicht alle so waren. Die oben erwähnte Bella hatte verstanden, was der Rang eines Meisters war, aber weil sie die »Verrückte« der Gruppe war, beeindruckte uns ihre Haltung nicht. Ihre Kindheit hatte sie in Auschwitz verbracht, und sie starb dann jung an Knochenkrebs.

1965 war das Jahr der Reise in die Türkei und nach Konya, auf der Idries Schah und Agha dabei waren. Ich selbst arbeitete jetzt als Verkäufer im Laden, wenn ich nicht gerade Filme synchronisierte oder im Theater auf der Bühne stand.

Die erste Pariser Tekkia wurde über dem Laden in der Passage Saint-André eingerichtet, wo sich heute ein Café befindet. Nach der Einweihung ging Agha mit seiner jungen Frau wieder nach England zurück. Während der Gruppenreise nach Granada 1967 suchte ein enthusiastischer fremder Engländer überall nach einem Sufi-Lehrer und seinen Jüngern, die, wie man ihm gesagt hatte, auf einem Zeltplatz in Granada wären. Der Besitzer sagte ihm, daß es niemanden hier gäbe, auf den diese Beschreibung passen würde, nur Familien mit Kindern. Agha ging mit seinem Baby spazieren und baute ein Zelt, um dem Mädchen während der Siesta Schatten zu geben, und keinem von uns fiel es ein, ihm zu helfen. Ich erinnere mich im Gegenteil daran, daß er auf einen Baum kletterte, um für mich eine Zeltleine zu befestigen, und daß er mein altes Auto reparierte – es schien normal für mich zu sein, daß er mich bediente. Der Engländer fand uns erst am letzten Tag, als wir uns zum Aufbruch rüsteten.

Man kann sich kaum vorstellen, in welcher Euphorie wir damals waren. Wir schwebten im siebten Himmel: ein doppelter Meister in Gestalt zweier so außergewöhnlicher Menschen wie Agha und Shah. Die englische und die französische Gruppe waren unzertrennlich; zwei schüchterne Spanier waren zu uns gekommen, nur Südamerika und die USA hatten sich der Karawane noch nicht angeschlossen. Wir glaubten allen Ernstes, daß die Arbeit schon getan wäre und daß uns die Früchte fortan in den Schoß fallen würden.

1967 kam bei Cassell's das »Rubayyat« von Omar Khayaam in einer neuen Übersetzung von Robert Graves und Omar Ali-Shah heraus. Robert Graves war damals der berühmteste lebende Dichter englischer Sprache, und Agha erlangte durch diese Verbindung hohes Ansehen in der Öffentlichkeit und die allerbeste Presse. Die Übersetzung war fast ausschließlich das Werk Aghas; Graves' Beitrag zum Text dürfte sich auf höchstens ein Dutzend kleinerer Hinweise beschränkt haben. Graves erkannte dies indirekt auch an, als er während des Sturms der Entrüstung, den diese »Entweihung« eines geheiligten Textes auslöste, einräumte, daß das Angebot, Mitverfasser der Übersetzung zu sein, »das größte dichterische Kompliment« war, das ihm jemals gemacht worden wäre.

Heute, da der Einfluß der Sufis in der ganzen arabischen und persischen Literatur und Kultur von niemandem mehr bestritten wird, kann man sich kaum vorstellen, daß diese Übersetzung wie eine Bombe einschlug und so heftige Reaktionen provozierte. Fitzgeralds Version, die dem ursprünglichen Text Omar Khayyams vollständig widersprach, galt als sakrosankt. Generationen britischer Kinder waren hiermit aufgewachsen – was spielte es in Anbetracht dessen schon für eine Rolle, daß Fitzgerald es in eine antireligiöse Abhandlung verwandelt hatte? Warum sollte man diese beiden Verrückten ernst nehmen, die behaupteten, daß der Begriff des »Weins« eine Metapher für den trunkenen Zustand sein sollte, in den man am Beginn der Erkenntnis eintritt? War es denn nicht egal, daß Fitzgerald antireligiös war, und was sollte dieses ganze Theater?

Die Polemik, die nun anhob, wurde mit Briefen für und wider von Freunden und mit Antworten auf die Antworten auf Antworten in den Leserbriefspalten sorgfältig am Leben gehalten. Die Namen von Agha und Shah wurden in den

Schmutz gezogen: Wer zum Teufel waren diese beiden Afghanen von nirgendwoher, die nichts vorzuweisen hatten, keinen Lehrauftrag an irgendeiner Universität oder sonstigen Einrichtung?

Am schlimmsten war, daß Shahs Bücher zu Bestsellern wurden, und Tom Maschler vom Verlag »Jonathan Cape« wollte ihn zum Nachfolger des Maharishi machen. Die englischen Orientalisten, die an der Spitze der Institutionen und des Bildungssystems standen und das Marktmonopol besaßen, konnten ihre Bücher nur noch in Hunderterauflagen verkaufen. Sie waren auf diesen Neuling, der in ihre Domäne eindrang und ihre Pfründe gefährdete, gar nicht gut zu sprechen. Ein endloses Gezänk erhob sich über die Authentizität des Manuskripts, das der Übersetzung zugrunde lag, und Agha wurde aufgefordert, den persischen Originaltext vorzulegen; letztlich war es ihm zuwider, sich mit Leuten dieser Art abzugeben, und er ließ das Manuskript niemals sehen.

Beim Ostertreffen 1968 löste Agha die erste einer Reihe von Schockwellen aus, als er uns bat, aufzustehen und Rechenschaft darüber abzulegen, in welcher Weise wir in der Sufi-Arbeit engagiert wären, die von nun an nicht mehr wie bei den Anhängern Gurdjieffs als »die Arbeit«, sondern als »die Tradition« bezeichnet werden sollte. Er hatte uns niemals um ein öffentliches Bekenntnis dieser Art gebeten. Wir waren alle ehrenwerte und anständige Leute – einige von uns Intellektuelle. Dann sagte er uns, er würde sich nicht mehr um uns kümmern. Ich glaubte ihm keine Sekunde – dies war einfach unvorstellbar. Vielleicht meinte er nur einige von uns ... Dieser Vorfall blieb mir immer ein Rätsel. Ich kann es nicht erklären und versuche es besser auch nicht.

Vielleicht waren die Ereignisse dieser Zeit eine Art Probelauf, ein Test, wie die Sufi-Tradition im Westen »ankommen« würde. Jedenfalls gingen die beiden Brüder seit dieser Zeit getrennter Wege oder »einigten sich darauf, uneinig zu sein«, wie Agha es uns gegenüber einmal formulierte.

Agha selbst schrieb in einem Brief vom 4. Oktober 1980: »Hinsichtlich der Meinungsverschiedenheiten mit I. Shah handelt es sich um ein ebenso einfaches wie grundlegendes Problem: Er ist der Theoretiker, dem es darum geht, die Tradition in einer Weise darzustellen, die für Akademiker und andere Berufsphilosophen und -intellektuelle ›akzeptabel‹ ist.«

Weiter schreibt Agha in diesem Brief: »Ich bin kein Theoretiker. Ich weiß, für welche Lehren, Mitteilungen und Aktivitäten ich ausgebildet wurde, und ich tue dies in der wirksamsten Weise. Ich kann auf die »Billigung« westlicher Denker verzichten. Ich strebe nicht nach Ehrentiteln und akademischem Beifall. Ich bin vor allen Dingen denjenigen Menschen gegenüber verantwortlich, die auf mich vertrauen, und wenn ich eine bestimmte, und sei es schockierende oder eigentümliche, Aktivität einsetzen muß, um Wissen oder Energie zu vermitteln, dann werde ich dies tun, auch wenn sich manche Leute darüber aufregen werden.«

Die erste gemeinsame Aktivität mit unseren südamerikanischen Freunden war die Gruppenreise nach Assisi im Sommer 1969. Wir hielten sie für sehr nette Menschen, aber etwas übertrieben emphatisch in der Art, wie sie sich äußerten. Bernard L. ging so weit, die Leute zu ermuntern, einige Kunstwerke aus einer nahe gelegenen Kirche zu »befreien«. Wir dankten ihm höflichst und schickten ihn im September nach Hause.

Wegen der Geburt unserer beiden Söhne waren Catherine und ich auf den Reisen der Jahre 1970 bis 1973 nicht dabei. In dieser Zeit unternahm Agha große Anstrengungen, in Südamerika Gruppen zu gründen. Die Arbeit in Mexiko begann, in Italien wurden im Auftrag Aghas Gruppen gegründet, und auch in Deutschland kam es zu einer beträchtlichen Verbreitung. Die neuen Gruppen in Mexiko, Brasilien und Argentinien brachten große Lebensfreude und Begeisterung ein. Die südamerikanischen Freunde hatten ein ganz anderes Temperament als die anglofranzösische

Gruppe der ehemaligen Gurdjieff-Anhänger in Paris, und sie hatten auch eine ganz andere Auffassung davon, wie man arbeiten sollte.

1971/72 kam es zum Bruch: »Mein Bruder und ich gestehen uns unterschiedliche Meinungen bezüglich der Verbreitung der Lehre im Westen zu.« Damals unfaßlich, erscheint der Schritt in der Rückschau eigentlich nur logisch. Was so verwirrend war und noch heute die Menschen verwirrt, ist die Tatsache, daß »viele Menschen sich nicht mehr von der Tradition lösen können, wenn sie sich einmal für sie begeistert haben, selbst wenn sie nicht fähig sind, soviel Vertrauen aufzubringen, daß sie sich völlig einem Meister überantworten«, wie Irina Hoare sagt. Es warten immer genügend Leute hinter den Kulissen, die davon überzeugt sind, daß sie eine Hauptrolle haben, und es gibt auch diejenigen, die es immer irgendwie schaffen, »gedruckt« zu werden und bei Außenstehenden als »Kenner der Materie« zu gelten.

Als sich die beiden Richtungen trennten, blieben all die in der Mitte zurück, die letztlich keine wirkliche Überzeugung hatten. Viele Leute, die mit der ziemlich strengen und autoritären Arbeit der Gurdjieff-Anhänger ganz glücklich gewesen waren, ertrugen es nicht, all das in Frage zu stellen, was sie so lange Zeit getan hatten.

Als Agha kurze Gebete und Anrufungen in arabischer Sprache vor der Übung einführte, wurden damit die »Männer von den Knaben getrennt«: Von der großen anglophonen Gruppe jener Zeit sind heute nur noch sehr wenige bei uns. Agha unternahm große Anstrengungen in Spanien und Lateinamerika. Viele neue Mitglieder kamen zur Tradition, und die Arbeit am Bau neuer Tekkias begann.

Aus der Rückschau zwanzig Jahre später ergibt sich, daß Aghas Art zu arbeiten in der Tat »klassischer« war als diejenige seines Bruders: Gruppentreffen, Gebete in arabischer Sprache, gemeinsame Übungen und Aktivitäten und die beinahe militärische Pflege eines Gefühls der Zusammengehörigkeit und Identifikation. Ich habe zwar Idries

Shah nie direkt als Lehrer erlebt, doch habe ich das Gefühl, daß die Unterweisung bei ihm mehr zwischen dem Betreffenden und seinem Mentor geschah, wobei Bücher eine Hauptrolle spielten, und daß bei den von ihm benutzten Techniken der Einsatz der Gruppe als Werkzeug oder Kontaktmechanismus eine weniger wichtige Rolle spielte.

Ostern 1976 kamen die brasilianischen und mexikanischen Freunde zu uns nach Pierrefitte. Es war schrecklich kalt, und es schneite. Die Freunde, die ohne Mäntel aus dem südamerikanischen Sommer kamen, saßen auf dem Boden des ungeheizten Kirchensaals, und die Mitglieder der Pariser Gruppe zogen sich für die Nacht in ihre beheizten Hotelzimmer zurück. Gegenüber der Kirche blieb auf der anderen Straßenseite das große warme Haus eines unserer Freunde leer, damit Agha und Anna, die dort übernachteten, eine Möglichkeit hatten, sich zurückzuziehen. Vielleicht konnten unsere ausländischen Freunde sehen, wie ein köstliches Abendessen zubereitet wurde, während sie selbst den mitgebrachten Tequila kippten, weil sie nichts anderes hatten, um der Kälte Herr zu werden. Am anderen Tag rochen Mitglieder der Pariser Gruppe den Alkohol, und sie waren darüber ziemlich schockiert: Diese Südamerikaner wußten wirklich nicht, was sich gehört. Als wir später zu hören bekamen, daß unsere Freunde uns nicht für sehr gastfreundlich hielten, war unsere Reaktion, daß es diesen Leuten an Respekt gegenüber denjenigen mangelte, die in der Tradition die größere Erfahrung besaßen.

Auf dem Ostertreffen 1978 in Arcos geschah etwas, was mich lange beschäftigte. Am letzten Abend organisierten die vielen brasilianischen und spanischen Freunde, die Agha zum ersten Mal sahen, eine kleine Aufführung mit Liedern und Tänzen, die mit einer fast tumultartigen Szene endete, bei der alle skandierten: »Agha! Agha!«.

Agha kam dann mit seiner üblichen Gelassenheit auf die Bühne und pries die Selbstlosigkeit seiner Frau mit Worten, wie sie ein Politiker im Wahlkampf nicht wohlklingender hätte formulieren können. Dies löste natürlich sofort eine Reaktion aus: Der ganze Saal brach in »Anna! Anna!«-Rufe aus, und die Leute begannen auf die Tische zu springen und mit den Füßen zu stampfen. Einige der Klapptische brachen zusammen, und eine brasilianische Freundin geriet unter einen solchen Tisch, während die anderen oben weitertrampelten, so daß sie sich ein Bein brach. Ich wandte mich zu dem Objekt all dieser Verehrung um: Annas Gesicht war kreidebleich, sie war wie vom Donner gerührt. Die englischen Freunde sahen zuerst einander an und betrachteten dann die sie umgebende Raserei: War dies wirklich das, was sie wollten? Einige Monate später hatten sie sich alle zurückgezogen. Und warum bin ich ihnen nicht gefolgt, obwohl ich durchaus nicht von diesem Auftritt begeistert war? Einfach deshalb, weil ich am nächsten Tag, als ich mit den Freunden sprach, die die »Anführer« dieses Ereignisses waren, erkannte, daß diese »spontane« Episode organisiert und kein Zufallsereignis gewesen war: sie war sorgfältig geplant und inszeniert worden. Damit aber wollte sich meine Neugier nicht zufrieden geben: Ich wollte wissen, warum.

Vierzehn Jahre glaube ich jetzt zumindest den Ansatz einer befriedigenden Antwort darauf in Händen zu haben, auch wenn ich mir darüber im klaren bin, daß sie andere vielleicht nicht befriedigt: Wenn man den Prozeß einer übersteigerten Selbstidentifikation mit der Großartigkeit einleitet, löst man damit gleichzeitig den entsprechenden Prozeß der Selbstzerstörung der eigenen Großartigkeit aus. Ich glaube, daß dies ein mehr oder weniger unausweichliches Gesetz ist. Wenn man sich als einzelner zu sehr auf dieses Gefühl der Großartigkeit eingelassen hat, dann wird man feststellen, daß das eigene innere Wesen mitsamt dieser nutzlosen Schale zerstört werden wird. Dann schluckt man entweder einmal kräftig und nimmt es hin, oder man scheidet im Streit. Manche bleiben, andere gehen.

Dieses Gesetz ist auf allen Ebenen anwendbar und sollte

nicht für eine bloß verstandesmäßige Konstruktion gehalten werden. Es gilt für jeden Bereich des eigenen Verhaltens wie auch für die Beziehung zu seinem Lehrer. In jeder wirklichen Tradition wird man letztlich gezwungen, die Grenzen der eigenen Bindung an den Lehrer und der Tradition zu definieren, und unkonventionelles oder schockierendes Verhalten des Lehrers ist ein unverzichtbarer Bestandteil des Instrumentariums an Techniken, mit denen der Lehrer sicherstellen kann, daß diese Prüfung stattfindet: Wenn ein Lehrer nicht das Vertrauen eines Schülers prüfen würde, würde er den Schüler betrügen, weil er ihm keinen Anlaß bieten würde, aus freien Stücken wegzugehen.

Bei einer äußerlichen Betrachtungsweise wird die normale zynische und/oder konditionierte Auffassung z. B. bei dem oben wiedergegebenen Ereignis sagen, daß der Lehrer hier eine eigensüchtige Manipulation betrieben hat. Aber erst dann, wenn man die Wirkungen der Sufi-Tradition über einen langen Zeitraum erfahren konnte, beginnt man zu erkennen, wie der Zeitfaktor in die individuellen Situationen und Wahrnehmungen eingreift und an dem betreffenden menschlichen Material seine Verwandlungen vollzieht.

Für den westlichen Menschen gehört es zu den schwierigsten Dingen, seinem Lehrer vollstes Vertrauen zu schenken, weil die gesamte westliche Geistesgeschichte das Augenmerk auf die Entwicklung einer skeptischen und eingeengten analytischen Betrachtungsweise der Wirklichkeit gelegt hat. Innerhalb der Sufi-Tradition würden wir sagen, daß so etwas Teil der unvermeidlichen Konditionierungen durch Umwelt und Gesellschaft ist, denen man unterworfen ist und die überwunden werden müssen.

Es überrascht daher nicht, daß Akademiker, deren Stärke nicht unbedingt Bescheidenheit ist, sagen: »Für wen halten sich diese Sufis, daß sie es sich erlauben, auf uns herabzuschauen!« Wir sagen aber lediglich, daß wir nicht die Besitzer der Erkenntnis sind, sondern nur ihre Diener, und daß die westliche Bildung falsche Prioritäten setzt, weil Information erst dann einen Wert haben kann, wenn eine gewisse Grundlage der Selbsterkenntnis entwickelt ist.

Dies fordert natürlich die Frage heraus: Was ist Selbsterkenntnis? Nun hat jeder auf diese Frage seine eigene Antwort, und soweit sie sich auf ihn selbst bezieht, hat jeder damit irgendwie recht. Begnügen wir uns daher mit dem Hinweis, daß in der Sufi-Tradition die Auffassung gilt, daß eine solche Erkenntnis ein lebenslanges Studium und lebenslange Arbeit wert ist. Religiöse Überzeugungen gehören durchaus in dieses Bild, denn es muß einen Maßstab geben, anhand dessen wir der Vollkommenheit wenigstens zustreben können, egal ob es uns bestimmt ist, diese zu erreichen oder nicht.

Wenn man die Sache in dieser Weise betrachtet, kann man sagen, daß ein Sufi-Lehrer und eine Sufi-Gruppe nichts weiter als technische Instrumente sind, deren Zweck es ist, eine Verbindung zwischen einem einzelnen Menschen und einer höheren Erkenntnisebene zu schaffen. Damit man an einem solchen Prozeß teilhaben kann, muß man vorab akzeptieren, daß es zumindest theoretisch eine solche höhere Erkenntnis gibt, die man mit einer Erkenntnis des persönlichen Selbst verknüpfen kann.

Seien wir uns bezüglich der Grenzen einer jeden Philosophie oder Denkrichtung völlig im klaren: Die Sufi-Tradition kann als solche keine Selbsterkenntnis, keinen Glauben, kein Vertrauen und keine Wahrnehmung Gottes herbeizaubern. Was sie bietet ist eine Technik, die jeder einzelne jeglicher Herkunft oder Fähigkeit benutzen kann, um sich mit all den zuvor aufgezählten Dingen zu befassen, damit zu arbeiten und sie zu vertiefen. Aber, wie Omar Ali-Shah immer wieder sagt: »Ich kann Ihnen nicht Ihre Arbeit abnehmen.«

Mancher, der hier nun liest, daß sich Menschen die Beine brechen oder in der Kälte auf dem Fußboden schlafen, wird sagen: »Was hat dies mit spiritueller Entwicklung zu tun? Diese Leute sind einfach Barbaren!« Ich kann hierauf nur eine Antwort geben: »Ja, aber ich strebe nach etwas anderem. Ich bin vielleicht zum gegenwärtigen Zeitpunkt ein Barbar, aber mit der Hilfe Gottes und derjenigen der Tradition werde ich nicht immer auf dieser Stufe bleiben.«

Die Pflicht des Sufi-Lehrers ist es, zu tun, was getan werden muß. Er hat nicht unbedingt die Zeit oder die Neigung, sich zu erklären. Hinzukommt, daß sich die Dinge ohnehin nur bis zu einem gewissen Punkt erklären lassen.

Paris 1993 *Augy Hayter*

Merkmale der Tradition

Die Sufi-Tradition ist dadurch charakterisiert, daß Menschen sich in ihr wie Brüder und Schwestern in gemeinsamem Bemühen zusammenschließen. Sie ist ein freier Zusammenschluß von Menschen, die aus freien Stücken in die Tradition eintreten und sie aus freien Stücken wieder verlassen können. Wenn sie sich von der Tradition trennen, sind sie für uns nicht etwa exkommuniziert, ausgestoßen oder verdammt; es steht ihnen frei zu kommen, und es steht ihnen frei zu gehen. Wenn sie weggehen, bedauern wir es. Wenn sie sich von uns getrennt haben, erhalten wir dennoch den Kontakt aufrecht. Wer aber aktiv an den Aktivitäten der Tradition beteiligt sein möchte, muß ihr auch mit Hingabe und Disziplin folgen.

In der Tradition sind sie mir gegenüber verantwortlich, sind sie demjenigen oder denjenigen gegenüber verantwortlich, die ich ermächtigt habe, Aktivitäten zu überwachen, und sich selbst gegenüber. Auch wenn ich ständig selbst bei ihnen anwesend wäre, oder einer meiner Stellvertreter, der ihnen zur Verfügung steht, so bleibt doch die größte Verantwortung, die sie haben, die Verantwortung gegenüber sich selbst. Wenn jemand diese Verantwortung nicht fühlt, wenn er nicht dahinterkommt, wie er gegenüber sich selbst verantwortlich sein kann, dann kann er die Gemeinschaft verlassen, bevor der Druck zu groß wird.

Damit soll nicht gesagt sein, daß der Druck so stark wird, daß man vielleicht verrückt werden könnte. Die Tradition arbeitet nicht mit »Verrücktheiten« noch mit Drohungen oder Zwang. Wir sagen den Menschen, was möglich ist, und wir lehren sie, wie sie das Mögliche erreichen können. Ich werde die Menschen schieben und ziehen, ich werde reden und rufen, mit ihnen lachen und wegen ihnen lachen, und ich werde alles Notwendige tun, um ihnen zu helfen, – aber ich werde nicht ihre Arbeit für sie tun.

In der Tradition sprechen wir vom »Weg« oder der »Reise«. Ich habe diese Reise gemacht, ich bin diesen Weg gegangen, ich kann Menschen den Weg weisen, ich kann ihnen sagen, welche Probleme ihnen begegnen werden, wie Sie sie einordnen können und was Sie tun können, um sie zu überwinden. Ich gehe aber nicht den Weg für sie, und das sollte auch niemand von mir erwarten. Ich bin Profi, kein Amateur; und ich bin – Gott sei Dank – auch kein Intellektueller. Ich bin Profi und Pragmatiker. Wenn ich etwas sage, dann beruht es in der Regel auf meiner persönlichen Kenntnis und Erfahrung. Ich habe keine vagen, übernatürlichen Theorien anzubieten – diese können zwar sehr aufregend sein und Ihren Adrenalinspiegel wie ein Feuerwerk in die Höhe treiben, aber sie verpuffen ebenso schnell. Wer ständig »high« und erregt sein will, muß sich anderswo umsehen.

Falls Sie meinen, daß ich ein düsteres Bild des Leidens, des Verhängnisses und des Schreckens male – nein. Mein Thema sind praktische Aktivitäten, positive und nützliche Möglichkeiten. Ebensowenig werde ich aber hübsche Bilder mit wunderbaren rosigen und himmlischen Perspektiven malen. Ich arbeite nicht mit Zuckerbrot und Peitsche, Belohnung und Strafe, »friß oder stirb«. Wenn ich sage »friß oder stirb«, werde ich Ihnen klar und deutlich sagen, was die Alternative ist. Ich habe in einer sehr harten Schule gelernt, und ich lerne immer noch. In meinem Land sagt man: »Mein Haar ist nicht deshalb weiß geworden, weil ich in der Sonne gesessen bin.« Ich weiß es einfach besser, als daß ich irgend etwas dem sogenannten Intellekt oder der Phantasie der Menschen überließe. Ich setze nicht das Glück oder die geistige Gesundheit der Menschen aufs Spiel – auch nicht meine eigene.

Wenn ich auf bestimmten Werten und Richtlinien bestehe, dann deshalb, weil es sich um Techniken handelt, die nach meiner Erfahrung erprobt, nützlich und richtig sind, und wir der Tradition einer technisch exakten und disziplinierten Aktivität nachgeben. Alles, was wir benutzen, wie unsere Musik, unsere Dhikr, unsere Farbenkombinationen – all dies sind technische Instrumente im umfassenden Kontext der Tradition.

Gewiß, einige dieser Instrumente sind von einer Menge esoterischen »Unkrauts« überwuchert – ich habe kein besseres Wort dafür. Wenn man ein empfindliches technisches Instrument richtig gebraucht, ist kein Platz für esoterischen Unfug. Falls jetzt die Frage kommt: »Wie definieren Sie denn Esoterik? Wie definieren Sie das Natürliche und Übernatürliche?« Ich definiere es gar nicht. Ich definiere die sogenannte Esoterik nicht. Sehen Sie, Begriffe wie »esoterisch« oder »übernatürlich« sind in das Reich wabernder Mystik und schwärmerischer Ideen über das »dritte Auge« abgeglitten und völlig unexakt geworden. Jemand sagt »esoterisch«, und alle rufen: »Ah ja«, und denken an alles mögliche von der Arche Noah bis weiß der Himmel was. Nach einem guten Essen und einigen Glas Bier sagt man in die Runde: »Ich will Ihnen jetzt mal etwas Esoterisches sagen«, und jeder blickt verschwörerisch drein und bekommt glänzende Augen, weil jetzt »Esoterik« angesagt ist: Ende der Lektion und eines jeden nützlichen Gesprächs.

Wir, die Lehrenden, und Sie, die Lernenden, haben einen technischen und vollkommenen Weg geerbt. Jede Lehre in den Büchern der großen Meister der Tradition ist eine Technik. Alle diese Werke sind technische Lehrbücher. Um sie zu verstehen und um zu praktizieren, was sie lehren, müssen Sie bestimmte Richtlinien entwickeln. Unsere Dankesschuld gegenüber den großen Meistern ist sehr groß; sie haben uns einen gewaltigen Schatz nützlichen Wissens hinterlassen. Wir müssen diese Weisheit und diese Technik nutzen. Es gibt ein Sprichwort, das besagt, daß ein Weiser, der seine Weisheit nicht nutzt, wie ein mit Büchern beladener Esel ist.

Es handelt sich um erprobte und bewährte Techniken. Einige kann man sofort verstehen und einsetzen. Andere werden, sobald man sie benutzt, vertrauter, während wieder andere sich nicht enthüllen, bis der Betreffende fähig ist, sie zu verstehen. Hierfür gibt es natürlich einen guten technischen Grund: Wenn es keine Frage der Zeit und Anstrengung wäre, könnte es passieren, daß Menschen Kräfte und Energien bekämen, mit denen sie noch nicht richtig umgehen können. Dies wäre verantwortungslos – es wäre, als gäbe man einem fünfjährigen Kind eine geladene Maschinenpistole in die Hand.

Ihre Fähigkeit, Techniken zu benutzen, wird sich auch stetig verbessern, und bald werden Sie die Richtlinien der Tradition ganz automatisch anwenden. Ich gebrauche dieses Wort nicht gerne, weil »automatisch« an eine roboter- oder marionettenhafte Reaktion denken läßt, und dies ist das genaue Gegenteil dessen, was wir erreichen wollen. Wenn ich sage, daß man lernen muß, die Techniken im Kontext der Tradition anzuwenden, dann meine ich auch genau das. Die Tradition lehrt uns, in der Welt und nicht von der Welt zu sein.

Wenn jemand sagt »Ich habe 100 Mark, soll ich ein Tasbie kaufen, oder soll ich meine Stromrechnung bezahlen?«, dann ist die Frage nicht richtig gestellt. Glauben Sie mir nicht einfach – probieren Sie es aus. Kaufen Sie ein Tasbie, sitzen Sie glücklich mit Ihrem Tasbie zu Hause, und es wird jemand kommen, an Ihre Tür klopfen und sagen: »Ich möchte 100 Mark für Ihren Strom«, und Sie sagen darauf: »Gehen Sie fort, ich bin Sufi und habe ein Tasbie«, und er wird erwidern: »Sehr interessant«, und den Strom abstellen. Dann sitzen Sie mit Ihrem Rosenkranz im Dunkeln und schimpfen über den unsensiblen Grobian. Hier handelt es sich um mangelnde Präzision im Denken und Handeln.

Sie könnten sagen: »Ich habe 100 Mark; ich will für 50 Mark ein kleines Tasbie kaufen und die Hälfte meiner

Stromrechnung bezahlen«, oder: »Ich kaufe ein noch kleineres Tasbie und zahle 75 Mark von meiner Stromrechnung«, oder: »Ich nehme die 100 Mark, bezahle die Stromrechnung und habe Strom, so daß ich arbeiten kann und es warm habe und genug Geld verdienen kann, um mir ein Tasbie zu kaufen.« Ich persönlich glaube nicht, daß eine solche Entscheidung besonders schwerfallen könnte, und doch geraten immer wieder Leute in solche Situationen. Ich versichere Ihnen, daß mir Fragen gestellt werden wie: »Ich habe 20 000 Mark – ist es aus der Sicht der Tradition besser, daß ich eine Pizzabude eröffne oder daß ich Kelims verkaufe?«

Fragen Sie nicht mich, fragen Sie Ihren Kundenberater bei der Bank, und er wird wahrscheinlich sagen: »Sie haben noch 10 000 Mark Schulden; bezahlen Sie diese Schulden, und investieren Sie die restlichen 10 000 in Ihren Unterhalt oder denjenigen Ihrer Familie.« Prüfen Sie bei Fragen in diesem Bereich die kaufmännischen Möglichkeiten – vermischen Sie die Energien nicht. Im Kontext der Tradition benutzen wir eine sehr exakte, sorgfältig verarbeitete und destillierte Energie, keine Rohenergie. Wie die Muskeln des Körpers mit elektrischen Strömen einer bestimmten Stärke arbeiten, so arbeiten auch das Gehirn und das Nervensystem mit elektrischen Strömen, die aber im Vergleich zu denjenigen der Muskeln äußerst gering und sehr genau bemessen sind. Je höher entwickelt der jeweilige Bereich des Gehirns ist, desto reiner muß die Energie sein; man kann die beiden Ströme nicht miteinander vermischen. Sie können zwar im Körper parallel laufen und tun dies auch; sie helfen und ergänzen einander. Wenn man aber die elektrische Energie der Muskeln in das Gehirn leitete, um vielleicht tiefer oder schneller oder sonstwie denken zu können, wird das Gehirn zwar nicht in Stücke gehen, aber eine Sicherung wird wohl durchbrennen. Das Ergebnis eines solchen Versuchs wird Konfusion, Depression und allgemeine Orientierungslosigkeit sein.

Alle diese Dinge sind bekannt, weshalb ich sie nicht näher beschreiben muß. »Prima, ich kann tun, was mir gefällt, Agha wird sich schon um mich kümmern« – ja, ich habe mein Wort gegeben, und ich werde es tun, aber es ist nicht meine Aufgabe, ständig die Sicherungen der Leute zu reparieren. Ich repariere sie einmal oder zweimal, und ich werde direkt oder indirekt erklären, wie und warum sie durchgebrannt sind, aber ich werde nicht ständig mit Hammer und Nagel bereitstehen, sooft jemand irgendeine lächerliche und idiotische Idee hat, die seine Sicherungen durchbrennen läßt. Ich habe es bereits gesagt und ich wiederhole es noch einmal: Ich bin für jeden da, wo immer er oder sie ist. Das ist keine Frage der Entfernung, des Ortes oder der Zeit. Ich bin da – aber nicht mit Hammer und Nagel. Ich bin genau so weit entfernt und so nahe, wie der Betreffende mich haben möchte. Ich benutze jede nur mögliche mir verfügbare Technik; das habe ich bisher getan, und das werde ich auch in Zukunft tun. Ich kann mir keine Situation vorstellen, für die ich nicht die richtige Technik finden könnte.

Bin ich deshalb also ein arroganter Megalomane? Bezüglich der Frage, ob ich größenwahnsinnig bin oder nicht, gibt es viele Möglichkeiten herauszufinden, ob dies wirklich der Fall ist oder nicht. Eine Möglichkeit besteht darin, alles, was ich sage oder tue, mit den Schriften der großen alten Meister zu vergleichen. Wenn ich etwas sage oder tue, was im Widerspruch zu dem steht, was sie gesagt oder getan haben, dann bin ich im Irrtum.

Ein weiterer außerordentlich wichtiger Aspekt der Tradition ist die Kommunikation, die Kommunikation zwischen mir und den einzelnen Individuen verschiedener Gruppen sowie auch die Kommunikation innerhalb der Gruppe. Die Verantwortlichkeit der älteren Mitglieder einer Gruppe gegenüber den jüngeren oder neueren Mitgliedern ist beträchtlich. Wegen ihres längeren Kontaktes zur Tradition sind die älteren Freunde ein wesentliches Bindeglied zwischen den neueren Mitgliedern der Gruppe und der Tradition. Ob jemand erst vor kurzem dazugekommen ist oder schon seit einiger Zeit dabei ist – jeder hat Fragen oder ist sich manchmal bezüglich bestimmter Dinge im unklaren. Es ist eindeutig die Aufgabe der Naiben, der Murshiden und Murshidas, solche Fragen oder unklaren Bereiche ausfindig zu machen.

Dies bedeutet nicht, daß man den anderen durchs Fenster hereinschauen muß, ihre Telefone anzapfen, ihre Post überprüfen oder Tag und Nacht mit ihnen telefonieren muß. Es bedeutet, einen tiefen Kontakt herzustellen, zu pflegen und auszubauen, unzutreffende Richtlinien oder unrichtiges Verhalten zu erkennen, bevor es in Erscheinung tritt oder sobald es sich entwickelt, und dann die notwendigen Schritte zu ergreifen, um die Situation zu korrigieren. Es ist ineffizient, wenn man die Tatsache übersieht, daß jemand Durst hat, nicht bemerkt, wie und wann sein Durst entstanden ist, und dann am Ende in großer Eile zu einem Eimer Wasser greift, um ihn dem Betreffenden über den Kopf zu schütten. Wenn man sorgfältig, genau und effizient denkt, kann man auch sorgfältig, genau und effizient handeln. Wenn man sich Zeit nimmt und mit sich selbst Geduld hat, dann hat man die Gelegenheit, seine eigenen Möglichkeiten zu überprüfen, sie der vorhandenen Situation gegenüberzustellen und etwas Positives zu tun. Positives Handeln, bei dem positive Energie bewußt wird, muß ein positives Ergebnis hervorbringen. Negatives Handeln und eine negative Absicht müssen ein negatives Ergebnis hervorbringen.

Man sollte nicht versuchen, sich Bröckchen aus der Tradition herauszupicken, die einem zusagen, oder die angenehm sind: Ein solches Vorgehen wäre auch nicht effizient. Man muß alles nehmen, alles praktizieren, oder man praktiziert nichts davon. Es gibt im angelsächsischen Raum eine Geschichte dazu: »Das Ei des Hilfspfarrers«. In dieser Geschichte wird erzählt, daß der Pfarrer mit dem Hilfspfarrer frühstückte. Der Pfarrer war sehr geizig und kaufte immer möglichst billig ein; das Essen war wirklich nicht sehr gut. So gab es eines Tages gekochte Eier zum Frühstück, und der

Hilfspfarrer stocherte recht vorsichtig in seinem Ei herum, und der Pfarrer sagte zu ihm: »Ist etwas mit Ihrem Ei?«, worauf der Hilfspfarrer antwortete: »Nein, nein, teilweise ist es hervorragend.«

Die Tradition ist hervorragend in ihrer Gesamtheit. Sie ist anspruchsvoll. Sie verlangt, daß man sich ihr gegenüber loyal verhält und daß man Loyalität in den Beziehungen zu anderen zeigt, die in ihrem Kontext stattfinden. Auf dem ganzen Weg werde ich Sie als Individuum und als Gruppe unterstützen, aber ich werde Sie auch ebenso schnell fallenlassen, wenn Sie unaufrichtig gegenüber sich selbst sind. Wir leben und handeln in einer erwachsenen Welt. Wir benutzen die Techniken und die Koordinaten von Erwachsenen.

Kommunizieren Sie, erzeugen Sie die Energie, teilen Sie die Energie miteinander, nehmen Sie die Energie auf. Die Energie ist da, der Weg ist da, die Technik ist da: Führen Sie dies mit der richtigen Intention zusammen, und Sie können Dinge erreichen, die Ihre kühnsten Phantasien übersteigen.

Ein junger Mann ging zu einem Sufi-Lehrer, der als Schmied arbeitete, und er sagte zu dem Scheikh: »Man hat mir gesagt, daß Ihr Gold aus unedlem Metall machen könnt.« Der Scheikh antwortete: »Ja, warum fragst du?« Und der junge Mann sagte: »Wollt Ihr es mich vielleicht lehren?« Und der Scheikh sagte: »Ja, bleibe ein wenig bei mir, und ich werde es dich lehren«, und so gingen die Jahre dahin. Es gingen einige weitere Jahre dahin, und gelegentlich räusperte sich der junge Mann: »Mhm, ich meine, wegen des Goldes, wie macht Ihr das?« Und der Scheikh sagte: »Dazu kommen wir noch. Mach du weiter mit dem was du gerade tust, und ich kümmere mich ums Goldmachen.« Und es vergingen weitere Jahre. Eines Tages, als sie Seite an Seite an der Werkbank arbeiteten, sagte der Scheikh schließlich zu ihm: »Übrigens, heute werde ich dir beibringen, wie man Gold macht«, und der junge Mann, der ganz auf seine Arbeit konzentriert war, entgegnete: »Ja, ja – vielen Dank!

Aber ich brauche es eigentlich gar nicht; lieber ein andermal!«

Diese Geschichte war eigentlich nur dazu gedacht, jemanden von der Frage an mich abzubringen: »Agha, ich habe ein kleines Problem mit meiner Bank. Könnten Sie mir sagen, wie man Gold macht?« Sie werden von mir genau dieselbe Antwort bekommen, wie sie der junge Mann bekam. Was nicht heißt, daß Sie jetzt, um es besonders schlau anzustellen, fragen: »Sie wissen alles über die Goldmacherei. Das interessiert mich gar nicht so sehr – aber sagen Sie mir, was kommt danach?« Denn erst kommt Lektion I, dann Lektion II, dann Lektion III.

Nasrudin wollte Flöte spielen lernen. Er fragte also einen Flötenlehrer: »Könnt Ihr mich ebenso gut Flöte spielen lehren, wie Ihr es könnt?« Und der Flötenlehrer sagte zu ihm: »Das kann ich tun, aber Ihr müßt für den Unterricht bezahlen.« Nasrudin sagte zu ihm: »Gut, wieviel verlangt Ihr für die Stunde?« Und als ihm der Flötenlehrer sagte, daß die erste Lektion ein Goldstück koste und die zweite Lektion ein Silberstück, erwiderte Nasrudin: »Gut, hier ist ein Silberstück, ich nehme die zweite Stunde.«

Scheuen Sie sich nicht zu fragen, wenn Sie etwas nicht wissen. Wenn Sie aber fragen, denken Sie erst, und formulieren Sie dann eine korrekte Frage. Ich möchte nicht von Leuten gefragt werden, die erst ihre ganze Lebensgeschichte und alles mögliche andere erzählen und dann enden mit: »Nein, ich kann dies nicht fragen, nein, es ist so dumm, nein, ich schäme mich so!« Mir wurden schon Fragen gestellt, bei denen Ihnen die Ohren abfallen würden.

Die Tatsache, daß Sie mir, einem Naiben oder einem Murshiden eine Frage stellen, heißt nicht, daß Sie auch unweigerlich eine Antwort bekommen. Und ganz gewiß heißt es auch nicht, daß Sie die Antwort bekommen, die Sie hören wollen oder erwarten. Man kann – und es gibt viele Leute, die dies tun – viel Zeit darauf verwenden, an einer unglaublich komplexen Frage zu basteln, und sich dann auf die Lauer legen, um mich damit zu überfallen. Solche Leute bekommen höchstwahrscheinlich von mir einen Blick abgrundtiefer Verständnislosigkeit, während mir der Kiefer herunterklappt – wenn sie Glück haben. Wenn ich mal nicht der freundliche Mensch bin, der ich normalerweise bin, könnte die Reaktion auch etwas anders ausfallen.

Ich bestehe aus zwei guten Gründen auf der präzisen Formulierung einer Frage: Erstens drückt sich in der Genauigkeit einer Frage ein genaues Denken aus. Zweitens – und dies ist sehr nützlich – findet der Betreffende, während er die Frage formuliert, sehr oft die Antwort selbst.

Wenn mich jemand fragt, ob man einen wichtigen Aspekt der Tradition in einem kurzen und einfachen Satz ausdrükken kann, will ich Ihnen mit einer Kurzformel antworten, die den grundlegenden Aspekt der Tradition zum Ausdruck bringt: Harmonisches Gleichgewicht, harmonische Balance. Wirkliches Gleichgewicht bedeutet nicht unbedingt Unbeweglichkeit; es gibt eine Hin- und Herbewegung, ein gewisses Auf und Ab. Diese Schwankungen sollten aber nicht groß sein; wenn überhaupt sollte es eher ein Vibrieren als ein Erdbeben sein.

Eines der Grundgesetze der Galaxis muß das Gleichgewicht sein. Können Sie sich das Ergebnis einer demokratischen Wahl über die Umlaufbahnen der Planeten vorstellen? Es wäre kein schöner Anblick, vorausgesetzt, jemand würde das überleben und könnte zusehen! Wenn wir Teil dieser Galaxis sind, warum sollten wir dann so überheblich sein zu glauben, daß wir nicht diesen grundlegenden Gesetzen unterliegen? Es ist eine bodenlose Arroganz zu glauben, daß man nicht solchen Dingen unterliegt. Wenn man sich seiner Anmaßung bewußt ist und wenn diese auf etwas Handfestem beruht, ist es durchaus möglich, sie zu benutzen. Wenn diese Arroganz keine solide Grundlage hat, wird man ganz sicher unerbittlich von ihr dann im Stich gelassen, wenn man sich am meisten auf sie verläßt. Haben Sie aber Ihre Arroganz Ihrer Technik untergeordnet, kann sie nützlich sein. Werden Sie aber von grundloser Arroganz beherrscht, muß das Ergebnis zwangsläufig negativ sein.

Warum rede ich soviel über Arroganz? Weil sie viele Formen hat. Arroganz ist kein Stolz, der gerechtfertigt wäre. Wenn jemand etwas gut und effizient getan hat, dann hat er allen Grund für das, was wir stillen Stolz nennen. Grundlose Arroganz kann sich in ungerechtfertigtem Stolz auf die eigenen Fähigkeiten äußern. Arroganz kann sich darin zeigen, wie man sich kleidet, wie man spricht und wie man sich benimmt. Man kann über seinen eigenen falschen Stolz und seine Arroganz stolpern, und wenn Ihnen das passiert, kann das zur Folge haben, daß Sie überrascht, schockiert oder verwirrt sind.

Vielleicht liegt es daran, daß Sie Ihre Arroganz als ein fremdes Machwerk betrachten, das von irgendwoher kommt, um Sie zu verwirren. Wenn es Ihnen gelingt, sie als dasjenige zu identifizieren, was sie ist, dann können Sie ihrer Herr werden. Betrachten Sie eine Situation – oder sich selbst – aus der richtigen Perspektive. Prüfen Sie sich selbst geduldig und anhand der richtigen Koordinaten – und Sie werden jedesmal ein positives Ergebnis erhalten. Prüfen Sie sich mit Ungeduld und anhand falscher Koordinaten, dann werden Sie ein Problem bekommen.

Lassen Sie sich selbst nicht im Stich! Seien Sie sich selbst gegenüber nicht unaufrichtig. Wenn Sie das sind, werden Sie es mit mir zu tun bekommen – und das würde ich nicht empfehlen.

Der Begriff des »Meisters« in Ost und West

Eines der großen Probleme, dem wir uns bei der Weitergabe der Tradition an den Westen gegenübersehen, hängt damit zusammen, daß die positive Konditionierung fehlt, und nicht damit, daß – was ich sonst zu beklagen pflege – eine negative Konditionierung vorhanden ist.

Der Begriff des »Meisters« oder »Lehrers« sowie das damit verbundene Konzept ist in fast jedem östlichen Land etwas ganz Geläufiges, sei es eine muslimische, hinduistische, buddhistische, shintoistische oder irgendeine andere Gesellschaft, die auf einer der grundlegenden Glaubensrichtungen basiert. Die Kinder wachsen im Orient bereits mit dem Wort »Lehrer« oder »Meister« auf, das ihnen so vertraut ist wie »Busfahrer«, »Priester«, »Milchmann« oder irgendein anderer Beruf; die Existenz eines Lehrers oder Meisters ist für sie etwas Vertrautes und Selbstverständliches, entweder weil ihre Familie Verbindungen zu einer bestimmten philosophischen Lehre hat und deshalb mit dem Wort »Lehrer« oder »Meister« vertraut ist, oder weil sie selbst in ihrer Jugend oder zu einem späteren Zeitpunkt Kontakt zu einem solchen Lehrer hatten. Dies bedeutet, daß das ganze Konzept sofort klar ist, wenn das Wort Lehrer oder Meister erwähnt wird. Wenn man in Europa zu einem vier- oder fünfjährigen Kind sagt: »Der Milchmann kommt« oder »Du mußt zum Zahnarzt, zum Doktor« oder etwas ähnliches, wird dadurch auch gleich das ganze Konzept dahinter mit heraufbeschworen, und das Kind versteht, welche Funktion der Betreffende hat: in welcher Beziehung er zu ihm steht, wie er es als Arzt beeinflußt, wie er es heilt, wie er als Zahnarzt die Zähne zieht, wie er als Milchmann die Milch bringt.

Diese Schlüsselworte oder Berufsbezeichnungen – wenn man so will – stellen also im Orient kein besonderes Problem dar, und wenn man von jemandem als dem »Meister Soundso« spricht, dann wird dadurch sofort auch das Konzept der Funktion des Betreffenden heraufbeschworen, und es gibt keine Unklarheit.

Ein Beispiel, das bis ins Mittelalter zurückgreift: Das erste westliche Land, in dem es Menschen gab, die »Narren Gottes« oder »weise Verrückte« genannt wurden, war Rußland. Es gab dort wandernde Prediger, Priester und Einsiedler, die sich mit den verschiedenen esoterischen und exoterischen Aspekten der christlichen Religion auseinandersetzten. Sie wurden eigentlich nicht als Meister betrachtet, sondern eher als Lehrer und Denker; einige von ihnen galten als »heilige Narren«. Die Existenz solcher Menschen und ihr Einfluß als Lehrer war dem russischen Volk somit früher vertraut als den Menschen weiter westlich.

Dies liegt daran, daß es lange brauchte, bis die Lehren der Tradition in den Westen vorgedrungen waren. Es war eine Zeitfrage und eine Frage der Reisemöglichkeiten, die man hatte. Es entstanden neue Verbindungswege, und das Reisen wurde sicherer. Die Vermischung von Völkern begann, wenn auch von Kreuzzügen und anderen Ereignissen unterbrochen, eigentlich im Nahen Osten, in der Levante, dem heutigen Libanon und Syrien, setzte sich von dort aus nach Nordafrika fort und weiter nach Sizilien, von wo aus Italien, Südfrankreich und schließlich das maurische Spanien beeinflußt wurden.

In dieser Zeit gab es einen hochentwickelten philosophischen Gedankenaustausch zwischen den verschiedenen christlichen Glaubensrichtungen in Europa und dem Islam, und der Dialog zwischen den Gelehrten aus beiden Teilen der bekannten Welt erreichte eine außerordentliche Intensität. Die gemeinsame Sprache war das Lateinische; die Araber lernten Latein und konnten daher mit Theologen und anderen Leuten im Westen korrespondieren, und viele gelehrte christliche Reisende als auch andere Leute zogen in den Orient und lernten Arabisch.

Betrachtet man eine Weltkarte aus dem 10. oder 11. Jahrhundert, kann man sehen, daß damals zwischen Teilen Europas, des Nahen Ostens und Zentralasiens ein enger Kontakt bestand. Eine erste Kontaktaufnahme ergab sich durch Reisen, durch die der Austausch von Ideen und die Diskussion der verschiedenen Philosophien entstand; Handel und anderes kam später. Einige der ersten Reisen russischer Mönche nach Zentralasien und Afghanistan und später auch nach Kaschmir sind ausgezeichnet dokumentiert. Viele von ihnen blieben lange Jahre vor Ort, bevor sie zurückkehrten; es gab also einen fortwährenden Austausch von Informationen.

In Rußland aber trat mit der Ausbreitung der sogenannten Ekstatiker oder »Illuminaten«, die von wieder anderen mit weniger freundlichen Namen bezeichnet wurden, ein unglückliches Element des Mißbrauchs auf, das sich bei derartigen Dingen sehr leicht einschleichen kann. Es kam vor, daß ein Einsiedler, der fünfzehn Jahre lang in einer Höhle großartige Gedanken gehabt hatte und von den Einheimischen versorgt worden war, aus seiner Höhle herauskam und das Dorf in Brand steckte oder alles anzündete, was ihm in die Hände fiel. Jemand, der so etwas tat, war ganz offensichtlich verrückt; trotzdem brachte dies das Eremitentum – oder wie immer man es nennen will – gelegentlich in Verruf.

Zu einem Zeitpunkt, als die Menschen soweit waren, daß sie Ideen, Philosophien und esoterisches Gedankengut austauschten und den Gebrauch von Meditations-, Gebets- und anderen Techniken erlernten, tauchte allmählich die Idee auf, daß es eine Tradition des Lehrens gab, die im Westen verbreitet werden konnte und sollte. Immer wieder aber kam es zu Vorfällen, durch die dieses Vorhaben beeinträchtigt wurde, wie beispielsweise durch das Auftauchen irgendeines verrückten Einsiedlers, der loszog, die eine oder andere verschwommene Philosophie zu verkünden und jemanden abschlachtete oder aufaß oder sonst etwas Schreckliches tat. Dergleichen warf die Entwicklung wieder um einen Schritt zurück.

Zur gleichen Zeit kam in den europäischen Sprachen das Wort »Meister« in Gebrauch. Im mittelalterlichen Europa hatte dieses Wort einen schlechten Beigeschmack: In manchen Sprachen war »Meister« mit »Herr« gleichbedeutend, und man dachte an Herr und Diener, Herr und Sklave, Herr und Knecht, das heißt an jemanden, der mit Leib und Seele Eigentum desjenigen war, der gerade Herr der jeweiligen Gegend war – an jemanden, der völlig rechtlos war.

Es war notwendig, zwischen der politischen oder feudalen Herrschaft, die sich in dem Wort »Meister« beziehungsweise »Herr« ausdrückte, und dem »Meister« als Lehrer zu differenzieren. Dies war und ist bis zum heutigen Tag wegen dem im Sprachgebrauch engen Zusammenhang von Herr/Knecht, der bei dem Wort »Meister« mitklingt, sehr schwierig.

Im Mittelalter gab es verrückte Einsiedler, die alle möglichen schrecklichen Dinge taten; seit den sechziger Jahren des vorigen Jahrhunderts kamen Reisende in Sachen Esoterik sei es aus Asien oder sonst woher, die behaupteten, Meister von diesem und jenem zu sein. Diejenigen, die nicht berechtigt waren, dies zu tun, und so diesen Titel ausnutzten und mißbrauchten, haben der ganzen Sache geschadet.

Im Westen gibt es heute eine ganze Reihe von Kultgemeinschaften, die aus dem Boden sprießen und die alle etwas mit meditativer spiritueller Entwicklung, innerer Entwicklung oder Selbstharmonisierungstechniken zu tun haben. Leider waren sehr viele von ihnen nichts als Sekten, und jedem sind die katastrophalen Folgen bekannt, die einige von ihnen verursacht haben. Sooft so etwas geschieht, wird der Begriff »Meister« etwas mehr angekratzt; die Leute sagen: »Ach, schon wieder einer von der Sorte.«

Sie werden vielleicht erwidern: »Aber solche Mißbräuche muß es auch im Orient gegeben haben. Erzählen Sie uns nicht, daß es dort keine Spinner gibt oder Menschen, die andere ausnutzen.« Es gab und gibt dort solche Menschen, doch war Mißbrauch dort schwieriger oder sogar unmöglich – und ist es auch heute noch –, denn im Orient geschah dies alles in einem buddhistischen, taoistischen, hinduistischen oder islamischen Rahmen. Und wenn jemand als Meister auftrat oder sich dazu erklärte, war den Leuten seiner Umgebung bekannt, von welcher Linie er seine Autorität herleitete. Sie kannten seine Abstammungslinie, wußten, wessen Schüler er war, wer ihn gelehrt hatte und wo sein Platz war. Dies alles war öffentlich bekannt, weil all die, die in einem esoterischen Umfeld standen oder esoterische Beziehungen hatten, den Betreffenden entweder persönlich kannten oder die Behauptungen desjenigen leicht überprüfen konnten, der wie vom Himmel gefallen auftauchte, und erklärte: »Ich bin der große Wer-kennt-michnicht.« Worauf sie sagen konnten: »Schön, aber was legitimiert dich?« »Nun, ich bin der große Wer-kennt-michnicht, Schüler des großen Wer-wars-doch-gleich, der ein Schüler des Wußtenix war«, und sie hätten höflich gesagt: »Verzieh dich«, oder etwas Ähnliches.

In unserer Tradition sprechen wir von der Silsila, worunter wir die Abstammungs- bzw. Übertragungslinie autorisierter Lehrer einer bestimmten Schule der Tradition oder im Rahmen einer umfassenden hierarchischen Struktur verstehen. Verschiedene Schulen oder Orden wie die Naqshbandi, Mevlevi, Suhrawardi, Qadiri und andere entlehnen ihren Namen dem Meister-Lehrer, der innerhalb des Gesamtrahmens der Tradition die jeweilige bestimmte Schulungsform begründete. Auch wenn es verschiedene Methoden für die Übungen oder eine Vielzahl von verschiedenen Techniken gibt, die dazu dienen, ein geeignetes Umfeld zu schaffen, und die von den unterschiedlichen Gruppen innerhalb der Sufi-Orden benutzt werden, so ist ihrer aller Funktion letztlich dieselbe.

Es gibt die Chishti, die klatschen, die Rifa'i, die heulen, die Mevlevi, die wirbeln; es gibt Orden, die pfeifen, und noch viele andere. Die grundlegende Funktion all dieser verschiedenen Orden, ihre Dhikr, ihre Übungen, alles dient demselben Zweck, findet innerhalb desselben Kontextes statt. Ob sie sich in der Ausführung bestimmter Übungen oder Dhikrs unterscheiden, ob einige von ihnen laut rezitieren oder leise, oder ob einige besondere Farben an ihren Gewändern haben und andere nicht, spielt für die Wirksamkeit ihrer Aktivitäten keine Rolle, denn sonst wäre es gerechtfertigt zu sagen: »Ich gehe zu den laut Heulenden, denn dies erscheint mir ausdrucksvoller als die Art der seltsamen Naqshbandi, die nur dasitzen und nichts sagen.« Nun ist freilich ein Unterschied zwischen dem, was man sieht, und dem, was tatsächlich geschieht.

Innerhalb der Tradition ist die Silsila die Beziehung zwischen Meister und Schüler, die sich in ununterbrochener Linie zu uns fortgesetzt hat. Zu ihr gehören Meister, die Techniken einführten und, falls es erforderlich war, Aktualisierungen oder Änderungen von Techniken – doch immer hielten sie sich an die Grundlagen der Tradition, wie wir sie kennen.

Hinsichtlich der hierarchischen Beziehungen ist jeder Orden administrativ selbständig. Es gibt den Scheikh und den Hohen Scheikh. Wenn jemand den Rang des Hohen Sheikh eines Ordens der Sufi-Tradition erreicht, gilt er automatisch auch als der Hohe Scheikh aller anderen Orden, das heißt, er hat eine Stufe erreicht, auf der er volle Kenntnis von den übergeordneten Vorhaben und Zielen als auch von den jeweiligen vertraulichen oder geheimen Aktivitäten der anderen Orden hat. Es gehört zu seiner Funktion, über solche Dinge Bescheid zu wissen, damit er die Aktivitäten der verschiedenen Orden besser aufeinander abstimmen kann.

So ist der Hohe Scheikh der Qadiris hinsichtlich dessen, was ihm bekannt ist darüber, wie und wo die Mevlevis sich betätigen, zweifellos auf demselben Stand wie der Hohe Scheikh der Mevlevis, so daß er deren Aktivitäten innerhalb seines Qadiri-Ordens ergänzen kann. Die Hohen Scheikhs selbst wiederum unterstehen den vierzig Auliyas oder Abdals, und diese unterstehen wiederum den vier Säulen oder Qutubs.

Innerhalb dieses Systems gibt es manchmal erhebliche Unklarheiten, und so kommt manch einer an und fragt: »Ach, ich war gerade in Baghdad oder Damaskus oder sonstwo und habe ein Dhikr oder eine Tonbandaufnahme von jemandem vom Halveti-Orden oder irgend etwas anderes bekommen: Kann ich es benutzen, soll ich es benutzen?« Oder: »Wie benutze ich es?«

Wie jeder Orden jeweils unterschiedliche Arten hat, Zusammenkünfte oder Übungen zu organisieren, so benutzen verschiedene Orden verschiedene Werkzeuge. Insgesamt haben die Orden zwei Hauptwerkzeuge gemeinsam: Das eine ist das Tasbie, das andere das Gewand. Es gibt natürlich die Kashkuls der verschiedenen Orden, es gibt Stäbe, Steine, Mützen, Gürtel und andere Dinge; die beiden grundlegenden und wesentlichen Instrumente, die jeder Orden benutzt, sind aber das Tasbie und das Gewand.

Es gibt keine »guten«, »schlechten« oder »besseren« Tasbies. Hinsichtlich des Materials, aus dem ein Tasbie gemacht ist, gibt es geringfügige Unterschiede in dem Sinn, daß manche Materialien die Energie besser speichern, erzeugen, nutzen und übertragen. Bei den einzelnen Orden gibt es oft unterschiedliche Formen des Pompons am Ende des Tasbies, aber das ist nichts besonders Wichtiges.

Wenn die rechte Absicht fehlt, wenn man sagt: »Ich möchte das nicht anfassen, das ist ein Qadiri-Tasbie«, begibt man sich auf die soziale Ebene im Sinn eines »Das ist von Woolworth, ich möchte aber eines vom Harrods!« Wenn die Absicht stimmt, kann man auch ein Häufchen Kieselsteine nehmen – der Prophet benutzte Kiesel. Aus diesem Grund lehnen die wahabitischen Saudis offiziell das Tasbie ab, weil es ihrer Meinung nach eine Neuerung ist. Der Prophet hatte zwei Häufchen Kiesel, und er legte die Steinchen von einer Seite zur anderen – weshalb man das Tasbie als Neuerung betrachten könnte, und daher sind sie der Meinung, daß man es nicht benutzen solle.

Kommen wir auf das Gewand zurück. Die verschiedenen Farben zeigen die Zugehörigkeit des Betreffenden zu einem bestimmten Orden an. Man trägt es auch aus praktischen Gründen: Der Betreffende ist hieran zu erkennen, und man kann Kontakt aufnehmen. Auf das Gewand kommen verschiedenfarbige Streifen; diese Farben sind allen Sufi-Orden gemeinsam. Manche benutzen eine bestimmte Farbe häufiger als andere, und so gibt es beispielsweise das »Mevlevi-Blau«, doch nimmt man es mit all dem nicht allzu streng. Die Farben, die den Gewändern hinzugefügt werden, harmonieren miteinander und haben beim Gebrauch des Gewandes eine unterstützende Funktion.

Eine weitere Funktion des Gewands liegt darin, daß es ein Mikroklima um seinen Träger schafft. Es hilft dabei, die Energie, die der Betreffende erzeugen wird, zu halten, und es schützt ihn vor gewissen äußeren Einflüssen, die nicht unbedingt gefährlich sind, aber stören könnten. Die dritte Funktion des Gewandes ist wohlbekannt: Wenn jemand es in einer Moschee oder einer Tekkia trägt – oder auch wenn er irgendwo im freien auf einer Wiese sitzt –, ist dies ein Zeichen dafür, daß er meditiert oder eine Übung macht und daß er nicht gestört werden möchte.

Dem Gewand werden Farben hinzugefügt. Dies erfolgt aus ganz unterschiedlichen Gründen: wegen des Ranges, weil sie mit dem Betreffenden harmonieren, oder wegen anderer Funktionen, wie zum Beispiel um ein gewisses Gleichgewicht wiederherzustellen, das dem Betreffenden bei seinen Meditationen oder Übungen möglicherweise fehlt.

Durch Hinsehen und Lesen sieht man und lernt man, daß die verschiedenen Gewänder, Farben oder Kopfbedeckungen der unterschiedlichen Orden durchaus nichts Geheimes sind. Man lernt sie zu erkennen und vielleicht festzustellen, ob jemand einen höheren Rang hat oder aus welchem Orden er kommt oder wie lange er schon in der Tradition ist. Wenn einem Gewand neue Farben hinzugefügt werden, sollte man das nicht mit den Abzeichen von Pfadfindern vergleichen: eines fürs Feuermachen, eines fürs Bäumeklettern, eines fürs Sockenstricken und so fort. Die Farben wirken durch ihr harmonisches Zusammenspiel, manchmal sind sie auch bewußt irreführend.

Das Gewand ist kein heiliges Objekt. Diejenigen, die wissen, wofür es steht, bringen ihm Achtung entgegen, weil sie verstehen, daß sein Träger versucht, sich zu entwickeln und sich zu harmonisieren, und man begegnet dem – oder der – Betreffenden mit einem gewissen Respekt. Es wird niemals getragen, um es zur Schau zu stellen oder damit anzugeben, und es wird eher herunter- als hochgespielt.

Wenn ein Gewand verliehen wird, wird es traditionellerweise ein wenig eingerissen. Es ist ein symbolischer Riß, eine Erinnerung, damit der Träger des Gewandes, falls er sehr zufrieden mit sich ist und von anderen, die keines haben, mit neidischen Blicken betrachtet wird, immer daran denkt, daß sein Gewand zerrissen ist.

Harmonie erkennen

Ich bin sicher, daß jeder mit dem Begriff der Harmonie vertraut ist. Es gibt Zusammenhänge, in denen dieser Begriff abstrakt ist, insbesondere in dem, den man unglücklicherweise als esoterisch bezeichnet. Weil ich praktisch zu sein versuche, meine ich, daß das Wort »Harmonie« manchmal in einer ungenauen Weise überstrapaziert wurde, wie ein abstrakter ästhetischer Begriff in der Malerei oder Musik. Mich persönlich interessieren die praktischen Aspekte: Was bedeutet »Harmonie« oder »in Harmonie sein« im Kontext der Tradition? Es bedeutet ganz einfach, daß der Mensch, als ein Produkt dieses Planeten Erde, versuchen sollte, mit den übrigen Dingen in Harmonie zu sein, die in diesem Sonnensystem existieren. Unter normalen Umständen agieren und existieren die meisten Dinge auf diesem Planeten in Harmonie miteinander: seien es Tiere, Pflanzen oder Materie. Die verschiedenen Formen von Gestein, Pflanzen, Bäumen, Blumen, Tieren, Vögeln schaffen in ihrer Beziehung zueinander eine gewisse Harmonie.

Im Lauf der Jahrhunderte und Generationen hat der Mensch fleißig Disharmonie kultiviert. Oft deshalb, weil ihm beigebracht wurde, daß er sich vom Tier unterscheidet, daß er dank seines Verstandes, seiner Vernunft und seines freien Willens anders sei als Tiere, Steine oder Blumen. Das ist eine große Anmaßung. Warum sollte der Mensch sich das Gefühl, das Denken oder die Einstellung anmaßen, etwas Besseres zu sein? »Die Krone der Schöpfung« – nun, die Meinungen hierüber gehen auseinander. Vielleicht wenn man von Gott selbst aus erster Hand die definitive Bestätigung bekäme, daß dies so ist, dann würde es feststehen; mangels einer solchen Bestätigung bleibt aber die Frage, warum der Mensch sich als etwas »anderes« betrachten sollte.

Im Vergleich mit anderen Wesen auf diesem Planeten ist der Mensch vernunftbegabt, kann denken, ist lernfähig, benutzt Werkzeuge und Techniken. Mag sein, daß er entwickelter ist als beispielsweise Giraffen. Giraffen können weder schreiben noch Geige spielen. Kann aber der Mensch kleine Giraffen produzieren? Nein. Wenn es also darum geht, kleine Giraffen zu produzieren, ist die Giraffe dem Menschen überlegen. Offensichtlich kann man nicht alle Dinge mit demselben Maßstab messen; trotzdem gibt es einige klassische Standpunkte, zu denen auch die Harmonie gehört.

Sinnvolle Übereinstimmung mit allen Dingen, die diesen Planeten ausmachen – das bedeutet Harmonie: so wie dieser Planet selbst als Teil unseres Sonnensystems in seinen Bewegungen, seinen Gravitationskräften und seinem gesamten Potential stimmig ist. Er ist harmonisch – sonst würde er zerstört.

Im Sonnensystem wie auch in jedem anderen System wird ein Planet, der seine Umlaufbahn verläßt und ins Trudeln gerät, buchstäblich ausgestoßen: Entweder er verglüht oder er vereist. Er wird aus demjenigen, was man das gegenseitige Einvernehmen der Planeten nennen könnte, ausgestoßen, weil er gewissermaßen einseitig seine Unabhängigkeit erklärt hat: »Ich möchte meiner eigenen Bahn folgen, und meine Erdnähe oder -ferne selbst bestimmen, ohne mich auf irgend etwas zu beziehen!« Diese Unverantwortlichkeit kann katastrophale Folgen haben, wie es die Vergangenheit auch gezeigt hat. Das zerstörerische Potential dieses Planeten ist also bekannt, und dieser Störung oder Zerstörung wird durch entsprechende Hilfsmaßnahmen vorgebeugt.

Im planetarischen Zusammenhang schafft eine Bevölkerung, z. B. die menschliche Rasse, eine Übereinstimmung zwischen ihrer Kultur und dem atmosphärischen Umfeld, in dem alle existieren, in dem sie sich entwickeln und von dessen natürlichen und ökologische Substanzen – Tiere, Feldfrüchte und Nahrungsmittel – sie leben. Auf den Gebieten des Ackerbaus und der Kultur entwickeln sie die Vielfalt ihrer Zivilisationsformen. Indem sie so die Grundlage für die Entwicklung einer Zivilisation geschaffen haben, entwickeln sich die Menschen in diesem Kontext von selbst auf harmonische Weise. Und haben sie damit erst einmal begonnen, so geben sie das auch nicht wieder auf.

Nehmen wir zum Beispiel einen Ackerbauern, einen Hirten oder einen Spielmann: Wenn ein fahrender Spielmann einige Melodien gelernt hat und wenn der Ackerbauer gelernt hat, eine gerade Furche zu ziehen, oder der Hirte, seine Schafe zu hüten, dann bleiben sie erst einmal dabei und werden nicht gleich Dozent für Schafehüten oder streben nach einem Lehrstuhl für Ackerbau. Diese Art von Hackordnung ist die Ursache für falsche Wertmaßstäbe. Zum Glück betreiben die Menschen das Schafehüten im Gleichtakt zu ihrer inneren Entwicklung; das ist es, was wir »in der Welt sein, aber nicht von dieser Welt sein« nennen. Man verbessert die alten Techniken, aber man gibt sie nicht auf, weil sie nach wie vor nützlich sind: Heute ziehen nicht mehr zwei Ochsen einen Holzpflug, sondern man koppelt einen technisch ausgereiften Pflug an einen Traktor. So entwickelt der Mensch harmonisch seinen Ackerbau, indem er moderne Techniken gebraucht, aber wiederum im Gleichtakt mit den Dingen der Natur und in Harmonie mit ihnen.

Wenn der Mensch erst einmal die Grundlage für eine Zivilisation geschaffen hat, für die ganze Bandbreite vom Bearbeiten der Scholle und vom Säen bis hin zu den Hochformen der Kultur, so muß ihm unausweichlich klarwerden, daß er eine enge Harmonie mit den ihn umgebenden Dingen braucht. Er definiert es vielleicht anders und sagt, daß er nach seiner eigenen Identität sucht, nach seiner Beziehung zur Menschheit im allgemeinen oder nach seiner Beziehung zu Gott – wie er dies definiert, ist nicht so wichtig. Wichtig ist, daß er wahrnimmt, daß es notwendig ist, sich in Harmonie mit seinem eigenen Planeten zu entwickeln, mit dem Sonnensystem, in dem er sich befindet –

und sich zu entwickeln, ohne seiner Familie, seinen Mitmenschen oder der Gesellschaft, in der er lebt, Schaden zuzufügen.

In der Tradition bedeutet dies, daß er sich nicht in einsames Höhlendasein zurückzieht. Solch einen Schritt kann man zwar als »er schließt Frieden mit sich selbst« glorifizieren, und wahrscheinlich ist es auch sehr friedlich in einer einsamen Höhle, doch ist dies letztlich unproduktiv, weil der Betreffende aus seinen natürlichen Beziehungen herausgelöst ist. Die Versuchung, so etwas zu tun, ist vielleicht sehr groß, doch ist dies aus unserer Sicht nicht besonders harmonisch. Er könnte der Meinung sein, daß er eine gewisse Harmonie oder Ruhe in sich entwickelt; doch ist dies Ruhe aufgrund von Harmonie, oder ist es bloß Ruhe aufgrund von Schweigen? Die beiden Dinge sind miteinander vereinbar, doch sollte eines auch nicht ohne das andere sein.

In dieser Suche nach Harmonie sollte man damit beginnen, sich darüber klarzuwerden, welche Form der Entwicklung für einen erreichbar ist, selbst wenn man anfangs nur eine vage Vorstellung davon hat, wo man beginnen soll. Was man nicht tun sollte, ist im vorhinein zu urteilen und zu sagen: »Ich habe dieses oder jenes gelesen, und ich glaube, daß ich an diesen oder jenen Punkt gelangen kann.« Dies ist ein falscher Anfang, denn die Entwicklung hängt sowohl von der Lehre als auch davon ab, wieviel positive Anstrengung man hineingibt. In dem Moment, in dem jemand seinen ersten Schritt tut, kann er nicht sagen, wie weit er kommen wird. Mit einem solchen Vorwegurteil würde er sich entweder eine Beschränkung auferlegen oder zu hochgesteckte Hoffnungen hegen.

»Ich glaube, daß ich die Stufe des Ignatius von Loyola erreichen könnte« – wenn dies die oberste Marge ist, die Sie sich gesetzt haben – es ist ein wunderbares Ziel –, woher wissen Sie, daß Sie nicht noch weiter kommen könnten? Wenn Sie dieses Ziel anstreben, könnten Sie zu niedrig greifen, und das gäbe eine schreckliche Enttäuschung. Oder aber, wenn Sie sich unversehens in der Situation fänden, auf Ignatius von Loyola herabzusehen – auch das könnte eine schreckliche Erfahrung sein, die ihre Spuren hinterläßt und Sie ernsthaft verwirrt.

Man fängt nicht damit an, daß man sich vornimmt, einen bestimmten Teil seines Wesens besonders zu entwickeln, denn das birgt die Gefahr, daß die Wahl, die man trifft, von verschiedenen Aspekten beeinflußt ist oder von Konditionierungen, denen man unterliegt. Vielleicht hält man den einen Aspekt für wichtiger als einen anderen. Welcher steht an der Spitze der Hitliste ihrer Schwächen?

Eine bestimmte Schwäche kann im Vordergrund stehen, weil sie sich unter verschiedenen Umständen, mehr oder weniger häufig, nach einem bestimmten Muster zeigt. Man könnte sagen: »Ich habe allen Grund anzunehmen, daß dies meine größte Schwäche oder mein größtes Problem ist.« Dies könnte zutreffen, aber es kommt auf eine distanzierte Beurteilung an. Dies ist eine der ersten Techniken bei den meisten Aktivitäten in der Tradition: daß man nämlich die Fähigkeit entwickelt, sich von sich selbst zu lösen und zu beobachten, wie die eigenen Reaktionen unter verschiedenen Umständen ausfallen, um dann an diesem Punkt anzusetzen und zu versuchen, die Ursachen dafür herauszufinden.

Wenn man den Blick in einer distanzierten und ruhigen Weise auf sich selbst richtet, kann man aufrichtig sagen: »Zu meinen Charakterschwächen und zu meinen Fehlern zählen z. B. Faulheit, Ungeduld oder Unaufmerksamkeit.« Dann schreibt man eine Liste seiner Stärken und Schwächen, so daß man sich der Schwächen bewußt wird und entsprechend versuchen kann, die Stärken zu entwickeln. Und genau das ist es, was wir in der Tradition tun.

Es geht dabei nicht um Schuldzuweisungen, und man prüft sich auch nicht, um dann befriedigt sagen zu können: »Ja, ich hatte recht, ich bin faul oder ungeduldig oder dumm.« Wenn die Schwäche so bedeutsam ist, daß sie immer wieder auftaucht, und man sie als wesentliche Schwachstelle – oder im umgekehrten Fall als Stärke – ausgemacht hat, kommt sie automatisch auf die Prioritätenliste und wird angegangen.

Es gibt Übungen, Texte und Aktivitäten, die dazu dienen, zu bestimmten Zeiten und unter bestimmten Umständen Harmonie mit Orten, Menschen oder Energieströmen und auch mit sich selbst herzustellen. Wenn man daran arbeitet, diese Harmonie zu erreichen, sollte man nicht einen bestimmten Aspekt der Harmonie überbetonen; das heißt, man vernachlässigt nicht bestimmte Bereiche zugunsten eines anderen, weil dann Ungleichgewicht entsteht.

Kommen wir auf unser Beispiel mit dem Eremiten zurück, der hoch auf dem Berg in seiner Höhle sitzt. Jemand kann, nachdem er Monate oder Jahre in einer Höhle zugebracht hat, eine beträchtliche innere Harmonie entwickelt haben; wenn er dann aber versuchen sollte, seinen Platz bei seiner Familie, seinen Freunden oder in der Gesellschaft wieder einzunehmen, wird er mit grundlegenden Dingen nicht in Harmonie sein. Nehmen wir an, daß während der sieben Jahre, die er in den Bergen war, die Währung umgestellt wurde. Dann kommt er herunter und sagt: »Kann ich für einen Schilling Sixpence kandierte Äpfel haben?« Und man wird ihm sagen: »Wie? Meinen Sie etwa 18 Pence?« Dies ist eine Belanglosigkeit, aber die Disharmonie zieht sich durch alle Bereiche; er hat ein Ungleichgewicht entwickelt. Man kann es auch nicht als eine aus dem Gleichgewicht geratene Harmonie bezeichnen, denn der Definitionen nach ist Harmonie immer Gleichgewicht – muß es sein.

Disharmonie ist Ungleichgewicht. Wenn nun dieser Einsiedler in weißem Gewand mystisch und strahlend von den Bergen herabkommt, auf den Dorfplatz schreitet und seine Botschaft verkündet, wird man ihn für verrückt erklären oder ihm aus dem Weg gehen. Dies wird Aufregung und Mutlosigkeit – nicht nur in ihm, sondern auch bei seinen

Mitmenschen – hervorrufen. So erzeugt er also rundum Disharmonie statt Harmonie.

Eher sollte man sich sagen: »Gut, ich glaube, daß es mir gelingen kann, Harmonie auf sanfte Weise zu schaffen, und zwar: in mir selbst, innerhalb meines gesellschaftlichen Umfeldes und überhaupt in der Welt, auf allen Gebieten, die innerhalb meiner Reichweite liegen. Möglicherweise hat man Denk- und Verhaltensnormen angenommen, die nun das eigene Tun und Handeln beeinflussen.

Wenn man den festen Entschluß gefaßt hat, daß man einen der Entwicklung gewidmeten Weg gehen will, wird man nicht sofort kaufmännisch clever, körperlich perfekt, wirtschaftlich hundertprozentig stabil, über Nacht bei Freunden und Feinden beliebt und zum Star von Bühne und Leinwand werden. Alles muß sich in einer ausgewogenen und harmonischen Weise entfalten.

Die Ziele, die man anstrebt, können sich ändern und sollten flexibel gehandhabt werden. Wenn man beginnt, sich seiner eigenen Stärken und Schwächen und seiner Fähigkeiten bewußter zu werden, wird auch die Energie verfügbar, die man braucht.

Wenn man zu einem distanzierten Urteil über sich selbst gelangen will, stellt sich die Frage nach der individuellen Konditionierung; nicht jeder ist von seiner Natur oder seinem Hintergrund her im selben Ausmaß und von denselben Einflüssen konditioniert. Man kann sechs Leute unterschiedlicher Herkunft, unterschiedlichen Alters und unterschiedlicher Bildung für ein halbes Jahr ins Gefängnis stekken, und am Ende wird jeder in einer anderen Weise beeinflußt worden sein. Einige werden diese sechs Monate nutzen, um ein Handwerk zu erlernen, andere werden lernen, wie man Banknoten fälscht, wieder andere werden drei Monate lang schreien und in Hungerstreik treten – so etwas wie ein per anno meßbares einheitliches Konditionierungsmuster gibt es also nicht.

Konditionierung kann durch einen selbst oder durch die

Umstände im Lauf eines Jahres oder auch eines halben Jahres zustande kommen, und in den darauffolgenden sechs Monaten kann diese Schicht durch Kontakt mit etwas Positivem und Nützlichem auch wieder entfernt werden, zum Beispiel durch eine positive Tätigkeit. In der Kriminologie nennt man dies Rehabilitation: Jemand verbringt sieben Monate im Gefängnis, kommt dann wieder frei und wird rehabilitiert; er hat seine Schuld gegenüber der Gesellschaft verbüßt, und nun muß sie ihm auch wieder auf die Beine helfen. Sein erstes Jahr, das er wieder in Freiheit verbringt, bekommt er Bewährungshilfe und Hilfe von der Sozialfürsorge und was es da noch alles gibt, und man erwartet von ihm, daß er über seine Entbehrungen, über all das, unter dem er während seiner Zeit im Gefängnis zu leiden hatte, hinwegkommt. Ein Mensch kann zehn Jahre lang in einer bestimmten Weise konditioniert werden, und die Konditionierungsschicht kann theoretisch sehr stark sein, doch bedeutet dies nicht, daß sie nicht innerhalb der nächsten zehn Monate wieder beseitigt werden könnte, denn Zeit ist eine sehr eigenartige und seltsame Sache; man kann sie dehnen oder verkürzen; sie ist eine qualitative, keine quantitative Entität; und vorausgesetzt, daß man richtig harmonisch und positiv handelt, stellt sie das Gleichgewicht wieder her. Die Energiemenge, die man empfängt oder selbst erzeugt, richtet sich automatisch darauf, nützliche Stärken zu stimulieren und Schwächen, die der eigenen harmonischen Entwicklung schaden können, zu vermindern. Dies ist ein großes Unterfangen und ein großer Schritt, eine mühsame Aufgabe in dem Sinn, daß man viele Jahre der selbstverursachten oder von außen auferlegten Konditionierung überwinden muß.

Harmonie ist der effiziente und technische Einsatz von Energie und der effiziente und technische Einsatz der eigenen Person auf ganz präzise Weise und in ganz bestimmten Bereichen mit dem Ziel, Harmonie zu schaffen; in sich selbst, innerhalb seines eigenen Lebensraums und mit dem

Bestreben, sich mit den Wesen zu harmonisieren, mit denen man sich harmonisieren will. Auch hier wiederum braucht man in der Anfangsphase nicht unbedingt eine Liste zu erstellen: »Ich möchte mich mit diesem und jenem harmonisieren.« Man kann dies tun, es ist nicht weiter schlimm und schadet auch den Bemühungen nicht, sofern es sich um vorläufige Prioritäten handelt – und nicht um starre Festlegungen.

Man hat eine Vorliebe für ein bestimmtes Musikstück, einen bestimmten Autor, eine Farbe oder ein Material. Gut. Dies kann daran liegen, daß man Harmonie dazu hergestellt hat, weil diese bestimmte Sache in genau dem Moment, als man sich in einem Zustand besonderer Wachheit befand, einen nachhaltigen Eindruck auf einen hinterlassen und sich einem eingeprägt hat. Man hat die Beziehung zu dieser Person, diesem Objekt, dieser Musik, dieser Farbe oder was auch immer es auch war, das man nach eingehender Analyse für stichhaltig empfunden hat und das somit zu einem Teil von einem selbst geworden ist, erkannt. Es ist kein fremdes Implantat, denn ein fremdes Implantat ist per definitionem ein deharmonisierendes Element.

Harmonie ist Gleichgewicht. Extreme sind Mißklänge, wie es Mißklänge in der Musik gibt, wie es einen Mißklang zwischen zwei »sich beißenden« Farben oder unverträglichen Materialien gibt, die an sich in ihrem eigenen Kontext wertvoll sein können. Man kann sie nicht zusammenzwingen, man erzwingt keine Harmonie oder Übereinstimmung.

Harmonie ist also Einklang mit der Natur. Ich meine damit nicht, daß man mit Blumen bekränzt durch die Wälder streifen soll; dies wäre die extreme Form einer allzu verallgemeinerten Harmonie. Harmonie sollte nicht abstrakt sein. »Oh, Harmonie ist ja so wunderbar« – ja, aber man muß sie fühlen; so wie man mit seinem Tastsinn die Harmonie eines Materials, einer Musik, einer Bewegung, einer Aktivität oder eines Texts fühlt.

Versuchen Sie den Begriff der Harmonie aus dem theoretischen Bereich herauszuholen, damit Sie sie benutzen und fühlen können. Fühlen Sie eine Beziehung, fühlen Sie eine harmonische Situation, und versuchen Sie, darauf Einfluß zu nehmen. Harmonie ist keineswegs eine vage Weltverbesserei; sie ist etwas sehr Greifbares. Sie ist ebenso greifbar, wie es schrille Disharmonie ist, zum Beispiel wenn ein Messer über einen Teller kratzt. Das andere Extrem ist jenes »O du schöne, heile Welt«*, was ja ganz nett ist, ich will es gar nicht schlechtmachen; ich mag das Lied selbst, aber bei dem Versuch, sein Leben danach auszurichten, würde man schnell scheitern. Es ist Kraft in der Harmonie, was nicht bedeutet, daß man sie mit dem Knüppel in der Hand auf Teufel-komm-raus erzwingt, gleich, ob bei sich selbst oder bei anderen, denn das wäre Disharmonie. Ob jemand nun ganz generell unharmonisch ist oder speziell Ihnen gegenüber: Ignorieren Sie ihn – oder bringen Sie ihn um, wobei Ignorieren vorzuziehen wäre, denn Umbringen ist keine schöne Sache, und durch all die Situationen, die es nach sich zieht, erzeugt es Disharmonie mit dem Gesetz.

Harmonie kann man also nicht in Form eines Entweder-Oder erzwingen. Man wird harmonisch, indem man harmonische Techniken benutzt und weiß, wann man verschiedene Arten von Harmonie jeweils anwenden muß, denn abhängig von den jeweiligen Umständen können sowohl Nachgiebigkeit als auch Festigkeit Harmonie erzeugen. Starre und feste Definitionen führen im allgemeinen in Extreme.

Harmonie ist ein ausgewogenes Verständnis, eine harmonische Beziehung zu den uns umgebenden Dingen. Dazu braucht man keinen großartigen Kreuzzug zu inszenieren: »Ich hasse meinen Nachbarn, aber ich werde mich mit ihm harmonisieren.« Man kann sich sehr einfach und in der

* Im Originaltext ist von dem Lied »All Things bright and beautiful« die Rede.

nettesten denkbaren Weise mit ihm harmonisieren: indem man ihn ignoriert. Harmonie überträgt Harmonie und erzeugt weitere Harmonie. Beunruhigte Gemüter, Spannungen und Frustrationen sind unharmonisch, aber dies alles weicht der Harmonie.

Harmonie sollte aber nicht nur als bloße Abwesenheit von Disharmonien verstanden werden. Die Abwesenheit von Uneinigkeit, Streit oder Zank bedeutet nicht zwangsläufig Harmonie. Was ich meine, ist, daß es um eine gemeinsame Grundhaltung geht, um die Durchführung gemeinsamer Ziele, um gemeinsame Ideen, Dinge, die man miteinander teilt, um diese Harmonie dann auf funktionale Weise zu verwenden. Zu Beginn muß man erst eine positive Situation aufbauen, in der Harmonie gegenwärtig ist und als Werkzeug eingesetzt werden kann.

Wenn man im allgemeinen Sprachgebrauch sagt, daß man mit einer Situation, einem Menschen oder einer Sache »harmoniert«, dann bedeutet dies in der Regel, daß man mit einem Menschen soeben zurechtkommt. Es sollte aber mehr bedeuten; es sollte bedeuten, daß man mit einem Menschen oder auch z. B. einer Musik »zusammenpaßt«: Man harmonisiert sich mit ihm, und dann entwickelt man auf der Grundlage dieser Harmonie die Situation, die Harmonie, die Beziehung, den Kontext weiter. Es genügt nicht zu sagen, daß keine Disharmonie besteht. Ich beharre auf diesem Punkt, weil er sehr wichtig ist und man ihn oft übersieht: »Ja, ja, wir streiten ja gar nicht – also, was sollen wir denn noch tun?« Nicht zu streiten reicht allein nicht aus – machen Sie etwas aus einer streitlosen Situation!

Indem man die Energie, die man erzeugt, benutzt und einsetzt, kann man darauf aufbauen. Wenn man eine »flurbereinigte« Situation hat, in dem Sinn, daß es keine Unkräuter und keine Steine gibt, bietet die Situation eine Möglichkeit zur Entwicklung; das heißt, es ist eine Situation und eine Haltung mit einem nützlichen Potential. Wenn sie nützlich sein kann, warum sollte man dann ihr Potential nicht weiterentwickeln, statt nur zu konstatieren: »Es ist alles in bester Ordnung, es gibt kein Unkraut, keine lästigen Steine, es gibt kein Problem, also ist alles bestens.« Wenn also klar ist, daß die jeweilige Situation harmonisch ist, dann schaut man sie daraufhin an, ob sie sich nicht noch mit anderen Situationen, Menschen oder Zusammenhängen verbinden läßt, so daß auch dort die Harmonie gesteigert werden kann.

Aber entwickeln Sie jetzt keinen paranoiden Drang, alles harmonisieren zu wollen. Nehmen wir als Analogie das Beispiel eines Bauern, der mehrere Felder hat. In einem Jahr pflanzt er Wurzelgemüse und Weizen, läßt aber ein Feld brach liegen, damit er im Fruchtwechsel wirtschaften kann. Wenn er die Zwangsvorstellung entwickelt, daß auch dieses brachliegende Feld Früchte tragen muß, bringt er seine Zeit damit zu, sich abzuhetzen und mehr und mehr Ernten einzufahren, und irgendwann erzeugt er mehr, als er eigentlich braucht. Dies kann sein Dilemma verschärfen, da er nun ein zusätzliches Produkt hat, von dem er nicht so recht weiß, was er damit anfangen soll, und es wird für ihn zu einer zusätzlichen Belastung. Wenn er aber darauf achtet, daß eines seiner Felder jedes Jahr brachliegt, kann der Boden ruhen, und genau an diesem Punkt wird dieses Stückchen Nutzland, weil es in einen Plan eingebunden ist, Teil der Gesamtheit seiner Aktivitäten. Er ist sich dessen bewußt, daß es da ist, aber er muß sich seinethalben keine Sorgen machen.

Wenn dann im Lauf des Jahres irgend jemand eine gute Idee hat, wie man das Brachland nutzen könnte, dann betrachtet er die Sache in einem umfassenden Zusammenhang, um zu erkennen, inwieweit sich die neue Idee in den gesamten Plan einfügt. Immer wird er aus den jeweiligen Situationen und Aufgaben den besten Nutzen ziehen. Er hastet nicht, weil er meint, daß er etwas mit diesem Land tun müsse; er ignoriert es aber auch nicht und sagt: »Im Augenblick fällt mir nichts ein, aber vielleicht kommt jemand vorbei« – nein: Wenn seine Planung richtig ist, wird die Vorbereitung für einen harmonischen Vorgang, einen harmonischen Kontext oder Ort auch wieder Harmonie anziehen. Echte Harmonie ist in einen ganzheitlichen Rhythmus eingebunden; nennen Sie es einen kosmischen, nennen Sie es einen galaktischen Kontext.

Diese Zyklen harmonischer Aktivität greifen ineinander; man kann sie nicht forcieren – weder sie noch ihren Takt. Wenn etwas in Harmonie mit einem natürlichen Ablauf, einer natürlichen Entwicklung ist, wird es und muß es harmonieren, aber nicht durch Forcieren, nicht durch Erzwingen einer falschen Harmonie, wie man auch nicht einfach ein Instrument in einem Orchester in einer anderen Tonart stimmen und erwarten kann, daß sich Harmonie ergibt. Man kann nichts und niemanden in einen harmonischen Zusammenhang zwingen. Das Einstimmen auf die Harmonie erfolgt im Zusammenspiel mit anderen Aktivitäten, die sich mit ihr verbinden.

Harmonie erzeugen

Wie erzeugt man Harmonie? Mit einer ganz ähnlichen Technik, wie man sie anwendet, um sich zu entspannen; nicht, indem Sie versuchen, stur mit allem und jedem zu harmonieren: mit jedem Menschen, jedem Umstand, jedem Ort und jedem Zusammenhang. Erstens nicht, weil das nicht möglich ist und man sich zudem leicht dabei übernimmt. Zweitens kann man es auch zu heftig versuchen: »Ich werde mich mit dieser Sache, dieser Person, diesem Ort harmonisieren – und wenn es mich umbringt!« Man sucht sich auch nicht anhand seiner persönlichen Vorlieben aus, womit man harmonieren will, weil dann die Gefahr besteht, daß man sich selektiv harmonisiert. Gehen Sie mit Bedacht den Mittelweg zwischen »Ich will mit allem, was es nur gibt, harmonieren« und »Ich will mich nur mit dem harmonisieren, mit dem ich harmonieren möchte.« Was man braucht und was man gern möchte, ist nicht unbedingt dasselbe, weshalb man Harmonisierung anfangs mit einer ganz einfachen Methode anstrebt: Wir sagen, daß »Gleiches Gleiches anzieht«.

Wenn nun eine Person danach trachtet, Harmonie in sich selbst herzustellen, so wird sie in dem Maß, wie sie innerlich harmonisch wird, Harmonie anziehen – von anderen Menschen und von Dingen aus ihrem Umfeld. Wo immer Harmonie existiert, wird sie sich in diese Harmonie einfügen. Man entwickelt Harmonie in sich selbst durch all die Techniken, Übungen oder Texte der Tradition. In der Tradition sind alle diese Aktivitäten sehr vielschichtig und wirken auf den unterschiedlichsten Ebenen. Und eine dieser Ebenen ist die Entwicklung von Harmonie in einem selbst. Wenn jemand diese Aktivitäten und diese Mechanismen mit dem Ziel benutzt, Harmonie in sich selber zu entwickeln, so wird dies automatisch Übereinstimmung mit anderen Harmonien, die es bereits gibt, herstellen. Also, man stimmt sich auf Harmonie ein. Wie versucht man nun, Harmonie zu nutzen? Wie kann man versuchen, sie zu benutzen – im gleichen Augenblick, in dem man sie entwickelt? Denn schließlich sollte der Aufwand, Harmonie in sich selber zu entwickeln oder sich mit Situationen zu harmonisieren, auch noch dazu reichen, diese Harmonie zu verwenden, die Situation selbst harmonischer werden zu lassen, auf Situationen, Treffen, Zusammenkünfte einen harmonisierenden Einfluß zu nehmen.

Es gibt verschiedene Harmonietechniken. Nehmen wir an, da ist eine Situation, die Ihrer Einschätzung nach nicht unbedingt harmonisch ist – erinnern Sie sich, daß ich zuvor erwähnt habe, daß Harmonie in ihrer besten Form nicht nur die Abwesenheit von Disharmonie bedeutet –; sie kann an einem Nullpunkt sein: keine Disharmonie, keine Harmonie, also genau in der Mitte. Wenn man nun die Harmonie steigern will, benutzt man eine der grundlegenden Techniken der Tradition, die mehr oder weniger in jedem Bereich benutzt wird, und das ist der Gebrauch von Energie.

Die Harmonie selbst ist eine Energie, die benutzt wird, um sich mit anderen Dingen kosmischer oder galaktischer Natur in eine harmonische Schwingung zu versetzen. Eine bestimmte Art dieser harmonischen Energie versorgt die Maschinerie, die Harmonie erzeugt und einsetzt mit Treibstoff. Wenn Sie feststellen, daß in einer Situation nützliche Harmonie fehlt, können Sie versuchen, Harmonie in diese Situation einzubringen, indem Sie in diese Situation hineingehen und versuchen, harmonisierend auf sie einzuwirken.

Das ist immer ein bißchen problematisch, denn Ihre Anstrengung, diese Situation auf ein Niveau positiver Harmonie anzuheben – und es muß durchaus kein außerordentlich hohes Niveau sein, nur ein Stückchen, einen Schritt weiter –, diese Anstrengung kann von der Situation aufgesogen werden und versickern. Sie können vermeiden, von der Situation überrollt zu werden, indem sie ein klein wenig mehr Energie einsetzen, um die Situation voranzutreiben.

Eine andere Möglichkeit, Energie zur Verbesserung einer Situation einzusetzen, besteht darin, sie von außen her zu beeinflussen, das heißt ohne selbst persönlich in die Situation verwickelt zu sein. So wie wir Energie von Individuum zu Individuum, vom Individuum zu einer Gruppe und von einer Gruppe zu einem Individuum übertragen, so kann auch Harmonie von einem Individuum oder von einer Gruppe in eine Situation übertragen werden, denn richtige Harmonie ist eine positive Form von Energie.

Es gibt verschiedene Möglichkeiten, dies zu tun: Sie können sich z. B. eine Situation oder eine Person oder eine Gruppe, mit der Sie sich harmonisieren möchten oder an die Sie eine bestimmte Menge harmonisierender Energie schikken möchten, anschauen oder sie sich vorstellen, und Sie können sich auf diese Gruppe konzentrieren, nachdem Sie sich über Ihre Absicht im klaren sind. Allerdings nicht, indem Sie einfach sagen: »Nun, ich könnte eigentlich mal an diese Person oder diese oder jene Gruppe denken«; denn so ist es zu unpräzise, die Streuung ist zu groß. Sie bündeln die Energie, Sie richten sie aus und geben ihr die Richtung durch Ihre Absicht. Wenn Sie sich über Ihre eigene Absicht im klaren sind, dann konzentrieren Sie sich in harmonischer Absicht.

So, wie wir uns zusammentun können, um die verschiedenen Energieformen einer Gruppe auf eine Situation oder eine Person zu lenken, um jemandem bei gesundheitlichen oder sonstigen Angelegenheiten zu helfen, genau so können wir diese Energie auch auf einen besonderen Aspekt richten. Wenn nun dieser Aspekt die Harmonie ist, dann wird durch Ihre Absicht genau der Typ von Energie verfügbar, den Sie einsetzen möchten. Machen Sie sich keine Gedanken darüber, ob Sie die erforderliche Energie haben oder ob Sie selbst in einem derartig harmonischen Zustand sind, daß Sie so etwas tun könnten. Wenn Ihre Absicht und Ihre Entscheidung klar und fest sind, dann wird die richtige Energieart verfügbar sein – im Rahmen Ihrer Fähigkeit, diese Energie zu empfangen, zu fassen und auszusenden.

Seien Sie in diesen Bereichen sehr präzise – kein Larifari, keine Ungenauigkeiten wie: »Ach, ich wünschte, jedermann wäre glücklich und alle würden singen und tanzen!« Ihnen stehen Energie und Technik zur Verfügung, benutzen Sie sie so präzise, wie es die Situation erlaubt. Planen Sie nicht im voraus, wohin die Situation sich Ihrer Meinung nach entwickeln sollte, denn das würde voraussetzen, daß Sie auch gleich ein Urteil darüber gefällt haben, wie man harmonisch zu arbeiten oder sich zu verhalten hat. An solch einem Urteil braucht man aber nicht festzuhalten, weil man sich sonst vielleicht sagt: »Ich tue es besser nicht; denn wer weiß, vielleicht ist meine Einschätzung falsch.«

Wenn Ihre Absicht richtig ist und Sie zu der Auffassung kommen, daß eine bestimmte Situation den Gebrauch von Harmonie als Energie erfordert, dann benutzen Sie sie, aber versuchen Sie nicht, die Wirkungen, die eine solche Harmonie auf die betreffende Person, die Gruppe oder den jeweiligen Ort haben soll, schon vorab festzulegen: »Mir schwebt vor, daß sich die Atmosphäre in dieser oder jener Weise entwickelt«, »Ich möchte, daß alle mit einer Rose im Haar tanzen«, weil Sie dann die Harmonie, die Sie übertragen möchten, mit Bedingungen verknüpfen. Wenn Sie beabsichtigen, zu einer harmonischen Situation beizutragen, dann benutzen Sie die Energie einfach; vorausgesetzt, Sie haben sie als harmonische Energie identifiziert.

Vielleicht funktioniert es nicht so, wie Sie es geplant haben! Falls Sie unbedingt eine ganz bestimmte Art von Ergebnis bezwecken wollen – es kann ganz anders kommen, als Sie denken, und dies kann zu quälenden Selbstvorwürfen führen: »Ich habe das und das beabsichtigt, und das ist nicht eingetreten. Habe ich etwas falsch gemacht? Ist die Energie falsch, oder ist sie falsch angekommen?« Das ist es aber nicht. Es kann eine Millisekunde Differenz geben zwischen dem Zeitpunkt, zu dem Sie die Energie senden, und dem Zeitpunkt, zu dem sie empfangen wird. Man muß zulassen, daß die Situation oder die Umstände darüber bestimmen, wie Sie diese harmonische Energie am besten nutzen werden. Und Sie sind immer diese Millisekunde hinterher. Wenn Sie erwarten, daß bei der Übertragung von Energie die Person, der Ort oder die Situation genau übereinstimmen, dann erlegen Sie dem Empfänger Einschränkungen auf. Es kann durchaus sein, daß die Dinge genau übereinstimmen – dem steht nichts entgegen –, und dann gibt es auch kein Problem. Aber wenn nicht: Solange die Absicht, eine harmonische Situation herzustellen, stimmt, wird die Energie von dieser harmonischen Absicht nicht verloren sein. In harmonischer Weise zu handeln erzeugt eine Art magnetische Ausstrahlung um die betreffende Person, womit nicht gesagt ist, daß alle zurücktaumeln, wenn so jemand mit seiner »Aura« zur Tür hereinkommt; die Absicht, mit der Sie arbeiten, sollte in jeder Hinsicht Ihr Geheimnis bleiben. Vielleicht bemerken Sie, wann und wie sie wirkt, vielleicht aber auch nicht, denn es kann auch sein, daß sie in einer Weise wirkt, die Sie nicht sehen oder erkennen.

Es ist für Sie selbst nützlicher und vorteilhafter, wenn Sie Ihren harmonischen Einfluß zwar nicht insgeheim, aber doch ganz ohne Aufhebens wirken lassen, statt »die große Harmonie-Show« abzuziehen. Natürlich kann man sagen: »Ich beabsichtige, harmonisch zu sein, und wehe, ihr glaubt es nicht!« Man kann aber auch harmonisch denken und sich so verhalten; man kann andere oder eine Situation am besten dann harmonisch beeinflussen, wenn man sich in die Situation oder das Umfeld hineinversetzt.

Wenn Sie aber das Verdienst dafür einheimsen möchten, daß Sie Harmonie erzeugt haben, dann gibt es hier eine möglicherweise aufschlußreiche Geschichte: In Bagdad lebte einst ein sehr wohlhabender Kaufmann, der sein ganzes Leben lang ziemlich rücksichtslos nach Reichtümern gestrebt hatte. Als er auf das sechzigste Lebensjahr zuging, kamen ihm mehr und mehr Befürchtungen. Deshalb ließ er also eine gewaltige Moschee bauen, die er sich Unsummen kosten ließ; sie war wunderschön gefliest und reich verziert, und eine Inschrift lautete: »Sultan Muhammad ließ diese Moschee zur Ehre Gottes erbauen.« Als er schließlich starb, mußte er am Tag des Gerichts vor einer riesigen Waage erscheinen, und alle seine Taten wurden in die eine oder andere Waagschale gelegt. Als die Waage sich eben gerade ein kleines wenig mehr auf die negative Seite neigte, sagten sie: »Also denn, schickt ihn nach unten!« Er aber entgegnete: »Nein, einen Augenblick, ich verlange eine Nachprüfung!« So brachten sie das Große Buch wieder her, und alles wurde nochmal durchgegangen, alles, was er getan hatte, das Gute wie das Böse, aber immer noch neigte sich die Waage ein ganz klein wenig zur unteren Seite. Da sagte er: »Halt, einen Augenblick, das Verdienst für die Moschee, die ich gebaut habe, wurde mir noch nicht angerechnet«; worauf man ihm aber erwiderte: »Nein, denn du hast daran schreiben lassen: »Sultan Muhammad ließ diese Moschee erbauen.« So ist dir das Verdienst bereits schon auf Erden dafür zuteil geworden, und jeder konnte bereits sehen, was du getan hast, weshalb dir hier nichts mehr dafür angerechnet werden kann.«

Es geht also darum, daß es vor allem auf die Absicht ankommt. Wenn man seine Absicht kennt, zu ihr stehen und mit ihr umgehen kann, dann ist es in Ordnung. Sich zu harmonisieren heißt nicht unbedingt, daß alle ein einförmiges Konglomerat bilden, ohne Faktoren wie Herkunft, Hintergrund, Rasse oder Familienzugehörigkeit zu berücksichtigen. Man harmonisiert sich so, wie es seiner Fähigkeit entspricht; ebensogut man kann, und je mehr man mit Harmonie umgeht, desto besser wird man es nach und nach können.

Eine der sozusagen simpelsten Formen des Harmonisierens besteht darin, jemandem gute Wünsche oder gute Gedanken zu schicken. In Afghanistan – und an anderen Orten gibt es das in ähnlicher Form – sagt man den Namen des Betreffenden und fügt hinzu: *Ya desh buchair* – »Möge er keine Schwierigkeiten haben«. Vielleicht sagt man das automatisch, aber die Absicht dahinter ist es, jemandem gute Wünsche zu senden. In England sagt man: »Meine besten Wünsche an Herrn oder Frau Soundso.« Man sagt das oft, ohne nachzudenken, aber wenn man wirklich die Absicht hat und nicht nur so dahinsagt: »Meine besten Wünsche an Herrn oder Frau Soundso«, dann ist dies eine einfache Weise, sich mit der Person zu harmonisieren. Rumi sagt: »Die Absicht gebiert die Handlung.« Ohne Absicht kann es kein Tun geben, und ohne gute Absicht kann es kein gutes Ergebnis geben.

Je besser Sie jemanden kennen, um so mehr können Sie sich mit ihm harmonisieren, und desto besser können Sie seine Handlungen aufgreifen und auf die Art, wie er auf einen Impuls hin reagiert, eingehen. Dies gilt nicht nur für geschäftliche Beziehungen, sondern es gilt auf verschiedenen Ebenen, ob nun bei persönlichen Beziehungen, hinsichtlich einer Gruppe, auf Länderebene – in welchem Kontext auch immer. Dies sind Beispiele dafür, wie man durch seinen Einfluß anderen helfen und ihnen den Rücken stärken kann – in ihrem Denken, ihrer Entwicklung, bei Problemen und wie man damit anfangen kann, als »ein Ganzes« zu denken.

Man kann sagen: »Schön und gut, aber kommen wir hier nicht in einen Bereich, wo man sich fragt: ›Bin ich der Hüter meines Bruders?‹« Nein, denn es gibt eine Grenze, jenseits derer man weder das Recht noch die Fähigkeit hat, einen Menschen »vor sich selbst zu retten«. Man ist nicht der Hüter seines Bruders in dem Sinn, daß man für alles und jedes verantwortlich ist, daß man sich ständig um ihn kümmern oder ihn auf Schritt und Tritt schützen und behüten muß. Es bedeutet vielmehr, daß in einer Gruppensituation, in der man selbst Teil einer komplexen Aktivität ist, sich alles, was irgendwie förderlich sein kann, auf den Gesamtorganismus der Gruppe auswirkt. Umgekehrt aber wird sich all das, was uns schaden könnte, nicht negativ auf den Gesamtorganismus auswirken. Die vorhandene Harmonie sollte jeglichen negativen Einfluß ausgleichen können.

Man ist vielleicht gar nicht selbst für eine Negativität oder ein Problem verantwortlich; aber wenn es zwischen den Gruppen eine gewisse Harmonie gibt – so wie sie es auch zwischen einzelnen geben sollte –, dann ist es einfacher, den Schaden, die Schwierigkeiten oder die Folgen eines unangenehmen Ereignisses zu begrenzen. Sie selbst oder eine Gruppe können von außen kommende Probleme angehen, bevor ihr störendes Element so groß wird, daß es umfassenderen Einfluß nehmen könnte. Die Harmonie kann jedoch nur dann zum Zuge kommen, wenn das Frühwarnsystem funktioniert: Man hat ein Gefühl, einen Eindruck, man sammelt all die kleinen Spuren und kleinen Andeutungen aus Gedanken, Handlungen und Geschehnissen, bringt sie zusammen, spielt sie durch, und schließlich kommt dabei das heraus, was man als Eindruck bezeichnet.

Dies gilt nicht nur für negative, sondern auch für positive Situationen. Ein einzelner ebenso wie eine Gruppe kann versuchen, eine sich entwickelnde positive Situation in einer anderen Gruppe ohne Nachteil für die Aktivitäten der eigenen Gruppe zu beschleunigen; wenn man also mit einer anderen Gruppe oder einem anderen Menschen harmonisch genug verbunden ist, ist es kein Opfer und kein Energieverlust, wenn man der anderen Gruppe als konkrete Unterstützung, Energie, Impulse, Hilfe oder harmonische Schwingungen sendet. Man weiß, wann, wo und wie man dies tun kann, denn wenn eine harmonische Beziehung besteht, wird die wichtigste Voraussetzung erfüllt sein, nämlich die Kommunikation. Man fühlt die Schwingungen von Negativität oder Positivität; wenn sie negativ wird, wird einen frühzeitig etwas warnen, so daß man die notwendigen Maßnahmen ergreifen kann. Handelt es sich um etwas Positives, kann man durch Gedanken und Taten dazu beitragen, daß die

Situationen schneller zu einem Ergebnis gelangen, als dies vielleicht sonst der Fall gewesen wäre.

Ein Individuum oder eine Gruppe verlieren nichts, wenn sie bestimmte Situationen »pushen«. Die Gruppe, die unterstützt wird, glaubt vielleicht zunächst, sie hätte es alleine geschafft. Das ist auch in Ordnung so, denn niemand wird sagen: »Haha, wir haben euch geholfen.« Aber wenn die Gruppen einmal eng genug miteinander verbunden sind, dann ist sich jede Gruppe, die etwas erfolgreich geschafft hat, ganz selbstverständlich dessen bewußt, daß sie mit hoher Wahrscheinlichkeit von irgendeiner Seite Unterstützung erhalten hat.

Das sollte nun kein Anlaß zu jammern sein. »Warum haben sie uns bloß nicht gelassen, wir hätten es doch auch alleine geschafft!« Man sollte einfach die Tatsache akzeptieren, daß es recht wahrscheinlich ist, daß man Unterstützung bekommen hat. Falls es so war, gut; falls nicht, macht es auch nichts. Man erwartet es, man erhofft es, und man wird es auch gerne in den gemeinsamen Pool von Anstrengung, Bemühung und Energie zurückgeben.

Harmonisierung auf allen Ebenen ermöglicht auch Kommunikation in alle Richtungen. Aber selbstverständlich heißt das nicht, daß man den anderen auf den Leib rückt oder sich Tag und Nacht dafür interessiert, was sich bei den anderen tut: Das ist nicht Harmonie; das ist schiere Neugier. Harmonie bedeutet, daß man mit den anderen mitdenkt, und nicht für sie. Man harmonisiert sich mit ihnen, und davon ausgehend, daß sie dieselben guten Absichten haben wie man selbst, unterstützt man sie moralisch und mit all den Energien, die man zur Verfügung hat. Es ist eine rein gedankliche Unterstützung, und man sagt in etwa: »Diese Person oder jene Gruppe tut dies oder jenes; ich hoffe, daß es gelingt.« Dies ist Identifikation, sei es mit einer einzelnen Person oder mit einer Gruppe. Das ist etwas Positives, und man hat die Hoffnung, daß man umgekehrt, falls nötig, auch etwas erhalten wird.

Harmonie ist nichts Abstraktes: »Sind wir uns darüber einig, Brüder und Schwestern, daß wir alle in Harmonie sind? Ja? Schön, der nächste Punkt der Tagesordnung...« Wenn man diese Art von Harmonie möchte, dann kann ich hier sitzen und schreien und toben und Harmonie fordern, und niemand wird sich mucksen. Dies ist dann aber keine Harmonie; sondern Angst, und die ist überhaupt nichts nutze, und obendrein wird sie auch noch eine Gegenreaktion hervorrufen, denn wenn man nicht weiß, welche Art von Harmonie, welchen Zusammenklang man erreichen will, kann man die Saite überspannen. Wenn man ein Klavier stimmt, hat man entweder das absolute Gehör oder man benutzt eine Stimmgabel. In einem Vakuum kann man keine Harmonie herstellen. Man harmonisiert sich immer mit irgend etwas, und Harmonie erlangt man per definitionem durch Vergleichen und Austauschen. Es gibt Einklang und es gibt Mißklang. Entweder man trifft zusammen, oder man geht in verschiedene Richtungen auseinander, und dann kann man sich logischerweise nicht treffen.

Man kann Harmonie fordern, bis man schwarz wird, und wenn man keine Harmonie bekommt, kann man damit drohen, dieses oder jenes zu tun, aber das wird nichts ändern. Es reicht auch nicht, den Leuten beizubringen, daß Harmonie eine Notwendigkeit ist, denn sosehr man auch darauf beharren mag, so heißt das noch nicht, daß sie auch zustande kommt. Dazu ist es erforderlich, auch zu erklären, wie und was Harmonie ist; wie man sie erreichen, benutzen und aufrechterhalten kann.

Sie können sich Harmonie als eine Art Welle vorstellen – eine Welle von Energie, die per Definition von harmonischer Art sein muß, denn sonst gäbe es eine Störung, sie wäre unterbrochen. Diese Welle geht auf und nieder und erreicht ein Niveau, von dem aus die Harmonie auf der anderen Seite von der jeweiligen Situation empfangen werden kann, und beide vermischen sich. Wenn dann beide, die sendende und die empfangende Stelle, auf derselben

Wellenlänge schwingen, wird es keine Übermittlungsschwierigkeiten geben und keine Störung der harmonischen Beziehung. Aus diesem Grund läßt sich auch weder der Empfang noch die Anwendung von Harmonie vorschreiben; harmonische Schwingung läßt sich nicht diktieren. Wenn Sie in einer Weise handeln, die Sie für harmonisch halten, und mit der Absicht, harmonisch zu sein, so wird das Ergebnis harmonisch sein.

Im normalen Alltagsleben tut man dies instinktiv. Wenn Sie zu einem wichtigen Termin oder einer geschäftlichen Besprechung gehen, kommen Sie nicht mit Taucherflossen und Melone. Normalerweise handelt man instinktiv auf harmonische Weise. Das mag oberflächliche Harmonie sein, aber es ist doch Harmonie, und die Absicht dabei ist, sich mit anderen Leuten und mit der Situation zu harmonisieren. Der nächste Schritt ist dann, daß Sie einen Anzug anziehen oder was immer erforderlich ist, um sich kleidungsmäßig und durch Ihre Erscheinung zu harmonisieren. Aller Wahrscheinlichkeit nach werden Sie auch in einer Weise reden, die mit den anderen Leuten harmoniert; und zwar sowohl was die Sprache betrifft, die Sie benutzen, als auch die Themen, die besprochen werden. Sie könnten Ihre Absicht auch dadurch steigern, daß Sie sich sagen: »Ich mag die meisten dieser Menschen, und deshalb hätte ich gerne eine sinnvolle, herzliche, erhebende, interessante und amüsante Diskussion und Konversation mit ihnen.«

So können Sie eine harmonische Situation noch positiver werden lassen. Vielleicht haben Sie Bedenken, daß Sie möglicherweise einen Mißklang erzeugen, weil Sie jemand werden kritisieren müssen, weil Sie bestimmte Zustände werden anprangern müssen oder weil Sie einfach nicht einverstanden sind mit dem, was passiert – obwohl Sie ganz vordergründig für Harmonie gesorgt haben; durch die passende Kleidung, durch gemeinsame Bezugspunkte und gemeinsame Sprache, und fragen sich, wie Sie reagieren sollen.

Zu dieser Frage gibt es zwei Gesichtspunkte. Erstens: Stammt Ihre Absicht, einen Mißklang aufkommen zu lassen, aus einer durchweg disharmonischen Motivation wie: »Ich möchte diese Besprechung platzen lassen.« Oder geht es Ihnen aufrichtig und ehrlich um einen nützlichen und positiven Beitrag oder eine Kritik, die Sie für notwendig halten, um eine bessere Harmonie in dieser Situation, dieser Gruppe oder dieser Aktivität zu erreichen?

Wenn Sie dies wirklich bejahen können, dann sagen Sie sich: »Also gut, weil ich möglicherweise gezwungen bin, diesen Mißklang hervorzurufen, will ich versuchen, meine harmonische Absicht zu vermehren und deutlich werden zu lassen, damit diese Kritik, wenn ich sie denn äußern muß, hoffentlich durch meine offensichtliche Absicht nicht gemildert wird, mit dieser harmonischen Kritik oder Handlung zu einer größeren Harmonie der Gruppe oder der Situation beizutragen.« Wenn man den Boden in dieser harmonischen Weise vorbereitet hat und die Beteiligten sowohl aus den oberflächlichen als auch allen anderen Anzeichen ersehen können, daß Ihre Absicht harmonischer Art ist, müssen Sie nicht befürchten, daß die Auswirkung Disharmonie sein könnte.

Wenn die Absicht unklar ist, wenn es eine Grauzone gibt, dann sollte man im Hinblick auf die Koordinaten, an denen man sich orientiert, sehr vorsichtig sein. Basieren sie auf einer bloßen Vorstellung von dem, was der Situation, der Person oder der Gruppe jetzt gut täte, dann könnten Sie sich auf gefährlichem Terrain bewegen, denn Vorstellungen können jede Menge Annahmen und Vermutungen beinhalten. »Hier muß einmal kräftig aufgeräumt werden«; »Hauptsache, es tut sich irgendwas«, oder »jede Bewegung ist besser als keine Bewegung«. Damit geht man aber von falschen Voraussetzungen aus.

Sicher kennt jeder von uns Leute, die dafür bekannt sind, daß sie in ihrer Eckkneipe ständig provozierende, ungeheuer witzige, schockierende, gehässige oder verblüffende

Dinge sagen – nicht unbedingt, weil sie einige Gläser zuviel getrunken haben, sondern einfach, um sich zu produzieren. Nach dem Motto: »Also ich weiß nicht, ich bin da anderer Ansicht...«, und dann gibt es kein Halten mehr. Ihr Stichwort ist gefallen, sie ergreifen die Gelegenheit, lassen sich über das Thema aus und ziehen die Aufmerksamkeit auf sich. Das Phänomen der eigenen Wichtigkeit. Das ist unerfreulich und der Betreffende bedenkt nicht, welche Konsequenzen sein Handeln auf lange Sicht hat.

So etwas kommt öfter vor, und eventuell können Sie hinterher, nachdem er aus der Kneipe hinausgeworfen wurde, zu ihm sagen: »Weißt du, was du da gestern abend von dir gegeben hast, war ziemlich blödsinnig, meinst du nicht?«, und er wird antworten: »Ich hätte nicht gedacht, daß es solchen Ärger geben würde.« Der entscheidende Satz ist hier das »Ich hätte nicht gedacht«. Die Folgen einer Handlung können aber weiter und weiter wirken, wie wenn man einen Stein ins Wasser wirft. Die Absicht sollte mit einer Prognose über die Folgen einer Situation aufgrund dessen, was gesagt wurde, einhergehen.

»Meine Absicht war gut.« Das reicht nicht, das ist zu ungenau. Wenn die Absicht nicht präzise ist, dann ist die Gefahr, Fehler zu machen, viel größer: »Eigentlich hatte ich es gut gemeint« – der Weg zur Hölle ist mit guten Vorsätzen gepflastert. Was heißt gut? Gut ist ein zu abstrakter Begriff.

Selbst wenn Ihre Absicht, sich mit der Situation zu harmonisieren, gut ist und Sie sich auch noch so harmonisch fühlen, nützt es nichts, sofern Ihre Einschätzung der Situation oder die angewendete Taktik fehlerhaft ist. Was man tun muß, ist, zuerst diese harmonische Absicht auszusenden und es so zu ermöglichen, daß die Harmonie von einer anderen Person, der jeweiligen Situation oder dem Kontext aufgegriffen und genützt werden kann. Man kann versuchen, eine Situation oder Verhältnisse in einer nützlichen Weise zu beeinflussen; hierzu muß man seine Fähigkeiten und sein Verhältnis zur Situation beurteilen können. Harmonie läßt sich nicht aufdrängen. Der Absicht, Harmonie herzustellen und zu benutzen, muß eine sehr sorgfältige Entscheidung zugrunde liegen, die Extreme vermeidet. Zuerst definiert man seine Absicht, und dann handelt man in einer solchen Weise oder tut etwas, das die in einer vorhersehbaren Weise beteiligten Personen, die Situation und die eigene Kenntnis des Ziels berücksichtigt – soweit man dies überblicken kann. Dann wird die Absicht die Harmonie verfügbar machen, so daß sie benutzt werden kann.

»Ich denke, die Leute sollten sich auf diese Weise harmonisieren« – der gefährliche Faktor ist hier das »Ich denke«. Wenn Sie sagen: »Ich weiß«, gut, das ist etwas anderes. »Ich denke, daß dies funktionieren könnte«, dann ist schon zweierlei zweifelhaft: »Ich denke« und »dies könnte«. Besser Sie sagen: »Meine Absicht, mich mit dieser Situation zu befassen, bedeutet, mich mit ihr auf angemessene Weise zu harmonisieren, um die harmonische Energie dieser Absicht auf das Ziel zu lenken.« Versuchen Sie nicht, die Situation voranzutreiben, und machen Sie keine Vorhersagen. Machen Sie Ihre Energie verfügbar, und senden Sie sie aus.

Finden Sie heraus, auf welche Weise Sie Harmonie einsetzen können, rufen Sie sich ins Gedächtnis, wann Sie bereits schon auf harmonische Weise oder unter harmonischen Umständen gehandelt, gedacht oder gefühlt haben – und handeln Sie dann danach.

In der Vergangenheit wurde das Wort Harmonie zu verschwenderisch gebraucht. Oft verwendet man bestimmte Ausdrücke viel zu ungenau: »Aber sicher, harmonische Entwicklung von . . .« Einen Augenblick, sehen wir uns dies einmal an. »Harmonische Entwicklung«: Das ist ein zweifaches und ein weitreichendes Konzept. Man könnte sagen: »Nun, das eine ergänzt das andere.« Gut, das eine ergänzt das andere, aber beides kann getrennt voneinander existieren. Es gibt Entwicklung ohne Harmonie, doch ist Entwicklung ohne Harmonie keine nützliche Entwicklung. Sie können Harmonie erreichen, und mit Harmonie können Sie

Entwicklung erreichen; von daher hat das Konzept von harmonischer Entwicklung seine Berechtigung. Es handelt sich hierbei um eine ernsthafte und tiefgreifende Angelegenheit, nichts, was sowieso verfügbar ist. Nein: Sie müssen sich darum bemühen.

Genausogut könnte man die einzelnen Bände des Masnavi aufeinanderstapeln, um an eine Banane zu kommen, die man auf einem Bücherregal gehortet hat. Man erreicht dadurch das unmittelbare Ziel, das darin besteht, die Banane zu bekommen, aber so zieht man keinen Nutzen aus all dem, was das Masnavi bewirken könnte. Rumis Masnavi harmoniert zwar in diesem Zusammenhang mit dem beschränkten Ziel, das sich der Betreffende für den Augenblick gesetzt hat, aber wenn man in seine umfassende Harmonie eindringen möchte, muß man es schon lesen.

Drängen Sie eine greifbare und positive Vorstellung, die im Einklang mit kosmischen Gesetzen steht, nicht auf die abstrakte Ebene, sondern befassen Sie sich damit, lernen Sie sie zu gebrauchen, und gebrauchen Sie sie angemessen, verständnisvoll und bewußt. Geben Sie sich nicht zufrieden, wenn Sie endlich Harmonie erreicht haben, denn es geht vielmehr darum, den harmonischen Kontakt aufrechtzuerhalten. Es genügt nicht, sich von Zeit zu Zeit zu vergewissern, ob sie noch da ist, denn an diesem Punkt kann die Sache mit der Harmonie fast zu etwas Bedrohlichem werden: als könne man sie auf Vorrat legen und müsse aufpassen, daß sie nicht von den Ratten gefressen wird. Für »professionelle Harmonisierer« ist die Idee der Harmonie geradezu zur fixen Idee geworden, die er unter Ausschluß jeder anderen Möglichkeit verfolgt, und dies ist sicherlich nicht der rechte Gebrauch der Harmonie.

Die Harmonie schließt Vorratshaltung aus: Wirkliche Harmonie können Sie nicht sammeln; sie entwickelt sich, indem man sie benutzt, sie versteht und die Techniken entwickelt, um sie zu gebrauchen und anzuwenden.

Übungen für einzelne und Gruppen

Sicher kennen Sie alle die Geschichten von Leuten, die LSD oder andere Drogen genommen haben und dann Dinge sagen wie »Der Baum hat zu mir gesprochen«. Hierbei handelt es sich um das sogenannte »unechte Phänomen«, einen Vergiftungszustand, bei dem verschiedene Sinne wie Gehör, Tastsinn und Farbensinn untereinander fehlgeschaltet sind, so daß der Mensch glaubt, z. B. Farben »hören« zu können usw.

Obwohl unecht, ist dieses Phänomen doch ein Zeichen dafür, daß eine derartige Kommunikation zwischen den unterschiedlichen Sinnen in einem höheren Bewußtseinszustand sehr wohl möglich ist und auch ganz normal – ohne Drogen – praktiziert werden kann.

Für ein abendliches Konzert im Freien wird die ganze Atmosphäre so arrangiert, daß sich Wohlbefinden und gesteigerte Aufnahmefähigkeit für die Musik einstellen. Hieran ist nichts Absonderliches; das ist ganz normal, üblich und verständlich. Im Kontext der Tradition aber geht es uns nicht so sehr darum, den Zustand gesteigerter Wahrnehmung durch eine bestimmte Atmosphäre, durch Licht- oder Farbenwirkungen hervorzurufen, sondern darum, daß das Szenario mobil ist.

Damit ist gemeint, daß man lernt, diese Atmosphäre in sich selbst wieder zu erzeugen, vorausgesetzt natürlich, daß man verstanden hat, was sie in einem hervorruft, und daß man das zu schätzen weiß. Man muß nicht unbedingt an einen bestimmten Ort gehen, um ein bestimmtes Musikstück zu genießen. Angenommen, jemand ist mehrmals bei so einem Freiluftkonzert gewesen, dann ist er in der Lage, die gesamte Atmosphäre wieder wachzurufen und den Zustand erhöhter Wahrnehmung zu erreichen, während er sich dieses Konzert auf einer Schallplatte anhört. Wer das kann, der kann auch in einer Übung, ob in der Gruppe oder einzeln, jedesmal gleich auf derselben oder einer höheren Ebene ansetzen, ohne alle niedrigeren Stufen immer wieder durchlaufen zu müssen. Man setzt möglichst nahe an dem Punkt an, wo man beim letzten Mal aufgehört hat.

Damit soll nicht gesagt sein, daß Übungen und bestimmte Aktivitäten in einer besonderen Atmosphäre nicht wirksamer sein können. Es gibt bestimmte Orte, die stärker aufgeladen sind, und entsprechend stärker ist dann auch das Feedback. Das sind Orte, an denen durch das Wirken der Lehrer, durch die Farben, durch das Licht und andere Faktoren die Situation intensiviert wird, so daß man sie besser nutzen und seine Beziehung zu ihr verbessern kann. Es gibt Situationen, in denen alle diese Faktoren gemeinsam wirken: der Ort, die Farbe, die Anordnung der Dinge, das Ereignis selbst und die Menschen. Alle diese Dinge wirken steigernd, und so wie man die verschiedenen Funktionen von Orten, Menschen, Farben, Klängen und anderen Techniken erlernt, ist es möglich, in seiner Erinnerung den tatsächlichen und greifbaren Einfluß dieser speziellen Dinge wiederzuerschaffen, und davon sollte man unbedingt Gebrauch machen.

Sie können nun sagen: »Ja, aber es gibt natürlich den Zeitfaktor!« Ganz richtig; ich habe gesagt, daß eine Aktivität nie dieselbe bleibt, weil der Zeitfaktor sie stets verändert. Aber sagen Sie deshalb nicht: »Ja, damals war das so, aber jetzt ist das anders«. Wenn Sie mit der jeweiligen Aktivität in Einklang sind, dann wird sie sich mit dem Zeitfaktor mit entwickeln.

Versuchen Sie aber wiederum auch nicht, jeden kleinsten Aspekt, jedes noch so winzige Detail einer Erfahrung zu rekapitulieren. Das kann zum Selbstzweck werden: »Zu dem und dem Zeitpunkt bin ich an den und den Ort gegangen«, und dann beginnen Sie in Ihrem Gedächtnis zu kramen: »Welche Farbe hatte der Ort?«, »Was war dort?«, »Wer war dort?«, »Wie waren die Menschen gekleidet?«

und »Wo saß ich?« Bis Sie damit fertig sind, ist der Tag vorüber. Ab einem gewissen Punkt haben Sie die Situation oder die Atmosphäre ausreichend rekapituliert, so daß Sie beginnen können zu handeln. Man muß nicht auf jedes noch so kleine Detail zurückgehen; es sei denn, man würde ausdrücklich dazu aufgefordert.

Ich meine, daß Sie sich bemühen sollten, alle Gegebenheiten solange deutlich wieder wachzurufen, bis sie Ihnen so vertraut sind, daß Sie sie für die Übung, die Sie machen, oder für die Musik, die Sie hören wollen – für das, was gerade erforderlich ist –, als Ausgangspunkt nehmen können. Bevor man anfängt, bereitet man den Boden dafür so sinnvoll wie möglich vor – und ohne daß es zum Selbstzweck wird und zu einer Art Erbsenzählen. Dieses Erinnernwollen an jedes Tüpfelchen auf dem i, an jeden Aschenbecher, der links oder rechts stand, kann nicht nur zum Selbstzweck werden, es kann einen auch zur Verzweiflung bringen. Denn wenn Sie sich in Kleinigkeiten verlieren, verlieren Sie den roten Faden. Diese Gefahr ist recht verbreitet. Es ist ein bekanntes Phänomen, das in die Reihe der stets präsenten, negativen Sabotagefaktoren und Fluchtmechanismen gehört.

Denken Sie daran, daß wenn ich vom Negativen spreche, nicht diese schreckliche Bedrohung des »Negativen, das einen überwältigen kann«, gemeint ist. Das Negative ist eine Art listiges und träges Element des Charakters. Wenn es die Möglichkeit hat, unsere Aufmerksamkeit von etwas Positivem – und sei es durch eine winzige Bewegung, eine winzige Richtungsänderung – abzulenken, dann wird es das tun. Die Bedrohlichkeit des Negativen ist nicht besonders groß; sie kommt mit der Nachlässigkeit, mit der man seinen inneren Spannungen, seiner Faulheit, seiner Ungeduld und was auch immer, nachgibt und es damit zuläßt, daß einen das Negative in eine irrige Richtung leitet. Diese Richtung führt nicht unbedingt in ein Desaster. Es kann eine törichte Richtung sein, und das wird die Ungeduld des Betreffenden vermehren, und wenn er dann merkt, daß er einen Augenblick lang ungeduldig war, und aus diesem Grund nun ungeduldig mit sich selbst wird, kommt es zu dem, was man in der Mathematik eine Permutation nennt.

Die Frage ist, wie man seine Aufmerksamkeit und seine Energien bei einer Aktivität oder einer Übung konzentriert und das Hauptaugenmerk auf alle vorhandenen positiven Energieströme und Einflüsse richtet. Dafür gibt es einen scheußlichen transatlantischen Ausdruck: »Maximierung«, und das ist exakt das, wovon wir reden. In gewisser Weise bedeutet Maximierung, sich sorgfältig zu erinnern; dies ist eine altvertraute Übung.

Eine andere Art, die Anstrengung zu maximieren, ist auch wohlbekannt und passiert, wenn man sich sagt: »Ich werde mir nun alles, an was ich mich nur erinnern kann, alles, was jemals schon einmal funktioniert hat, wieder ins Gedächtnis zurückrufen, um dann alles anzuwenden.« Danach ist man möglicherweise aber genauso schlau wie zuvor: »Wie soll ich denn damit umgehen? Was weiß ich denn schon?« Und auch das läßt sich noch maximieren: »Also, das sollte ich können!« Aber: »Ich sollte das können« und »ich würde es gerne können«, dies können zwei verschiedene Dinge sein.

Sie maximieren also, indem Sie das, an was Sie sich einigermaßen gut erinnern, zusammentragen und es so anwenden, wie es Ihren Fähigkeiten entspricht – aber ohne sich dabei bestimmte Teile auszuwählen oder sich etwas herauszupicken. Wenn Sie all die Teile zusammenbringen, wird sich herausstellen, daß die Teile davon, die Sie auf sinnvolle, nutzbringende und funktionale Weise anwenden können, untereinander in Beziehung stehen. Die anderen Teile, die etwas außen vor sind oder bei denen es einem nicht gleich gelingt, sie zu den anderen in Beziehung zu setzen und anzuwenden, sollte man nicht in die Struktur zwingen. Sie werden mit den anderen harmonieren, wenn es gebraucht wird, wenn es möglich ist und wenn Sie selbst etwas dazu beitragen können. Aber erzwingen Sie das nicht, sie lassen sich nicht gewaltsam nutzbar machen. Die harmonischen Einflüsse einer Situation bilden unausweichlich ihre eigene Struktur, und Sie können sie weder voneinander getrennt halten noch zusammenzwingen. Sie finden auf natürliche Weise zusammen; es ist ihre Aufgabe, dies zu tun.

Ihre Aufgabe dagegen ist es, zu versuchen, sie zu sammeln, sie zusammenzuhalten und gemeinsam mit ihnen als Teil dieser Struktur zu agieren. Weder werden Sie von ihnen benutzt, noch benutzen Sie sie, sondern Sie werden mit ihnen Teil der Struktur. Wenn es einem gelingt, mehr auf vorgefaßte Meinungen und eingefahrene Denkstrukturen zu verzichten, ist das hierbei hilfreich. Aber gleichzeitig ist es wichtig, feste Koordinaten zu haben. Hat man beispielsweise aufgrund seiner Neigungen oder seiner Konditionierung beschlossen, daß bestimmte Farben und Objekte gut, schlecht oder neutral seien, hat man sich gewissermaßen darauf festgelegt. Das kann zu einem Stolperstein werden.

Ich selbst zum Beispiel stamme aus einem Bergvolk, und ich versichere Ihnen, ich werde seekrank in meiner eigenen Badewanne. Ich kann das Meer nicht ertragen. Für mich ist es eine widernatürliche Angelegenheit. Wenn ich nun aber, weil das Meer grün ist, grün ablehnen würde, hätte ich ein Problem. Denn ich bin als Muslim geboren, und das Banner des Propheten ist grün. Ob ich nun grün und deshalb dann auch das Meer lieben würde oder ob ich es hassen würde; es gäbe in jedem Fall ein Tauziehen in meinem Inneren. So können vorgefaßte Meinungen und festgelegte Standpunkte oder Haltungen in der Tradition zum Stolperstein werden.

In der Tradition gibt es kaum Dinge, die in Widerspruch zu den normalen, vernünftigen Verhaltensweisen und Werten, wie Höflichkeit, Rücksichtnahme oder der Gebrauch seiner Intelligenz stehen. Man wird kaum jemals in die Situation geraten, daß man etwas Höfliches tun möchte, wie es die Gesellschaft verlangt, und dadurch in Konflikt mit der Tradition kommt. Hier gibt es keinerlei Widersprüche.

Es gibt keinen Widerspruch, aber man muß sich von sich selbst loslösen: Angenommen, man hört sich ein Musikstück an und weiß, es ist Musik der Tradition. Ein musikalisch geschulter Mensch wird es vielleicht als mißtönend oder sogar als schlicht falsch empfinden. Aber niemand zwingt Sie, Ihr Urteil völlig zurückzustellen und es statt dessen wunderschön und weihevoll zu finden, wenn ein Haufen Derwische auf alten Blechtöpfen herumschlägt. Eher denkt man: »Nun ja, etwas seltsam, aber da kenne ich nichts von!« Es verlangt schließlich niemand von Ihnen, daß Sie diese Musik mit Elgar oder Bach vergleichen, sondern daß Sie Ihr herkömmliches Urteil und Ihre gewohnten Richtlinien um ein weniges zurückstellen, aber das braucht keine Konfrontation zu geben.

Konfrontation gehört wie Spannung, Unterdrückung und Gewalt zu den unnatürlichen Zuständen. Auch wenn sie hin und wieder vorkommt, darf sie nicht die Regel werden. Traumatische Situationen, in denen man sich hin- und hergerissen fühlt, sind unnötig. Und falls sie doch einmal entstehen, muß man sie aus der Distanz überprüfen und der Vermutung nachgehen, daß, wenn derlei Konfusion aufkommt, sich das möglicherweise darauf zurückführen läßt, daß man einen Irrtum begangen hat. Vielleicht hat man versucht, eine Sache so hinzubiegen, daß es aussieht, als sei es etwas anderes. Dies bringt Druck und Spannungen mit sich. Wenn es zu solch einer Kollision kommt, zu solchen Mißverständnissen und Widersprüchen, sollte man – so meine ich – erst einmal seinen eigenen Standpunkt, seine Motivation, seine Konditionierung und seine Blockaden überprüfen, bevor man glaubt, die Schuld wäre in dem zu suchen, was einem die Tradition oder die Gesellschaft vermeintlicherweise auferlegt.

Damit meine ich nicht das mea-culpa-Syndrom: »Ich mache immer alles falsch!«, sondern ich empfehle, die Tatsachen anzuerkennen, daß Denkfaulheit, Gier, Ungenauigkeit – welche Schwäche auch immer man hat – sich zeigen wird. Das ist Murphy's Gesetz: Wenn es die Möglichkeit gibt, etwas Dummes zu tun, dann ist auch die Wahrscheinlichkeit da, daß Sie es tun werden. Dies ist leider so, aber wenn man das erkennt, dann kann man es auch anschauen, analysieren und benutzen.

Prüfen Sie die Situation so behutsam und leidenschaftslos wie möglich, schauen Sie sich an, was geschehen ist und was diesen Zustand sowohl in Ihnen selbst als auch um Sie herum hervorgerufen hat, denn dadurch kommen Sie mit den anderen Personen und den Umständen in Kontakt. Behalten Sie dabei stets im Auge, was Sie vorhaben, was Ihre Absicht ist. Dies ist die Kompaßnadel, gewissermaßen der Leitstern, an dem man sich ausrichtet. Wenn dann während einer Übung oder einer anderen Aktivität Ihre Gedanken zu wandern beginnen, können Sie sie wieder sammeln und wieder auf die beabsichtigte Richtung konzentrieren. Haben Sie aber Ihre Absicht nicht von Anfang an klar definiert, dann ist es leicht möglich, daß Ihre Aufmerksamkeit zerstreut und auf andere Dinge gelenkt wird, die Ihnen gerade wichtig, interessant oder faszinierend erscheinen. Sie springen von einem Thema zum nächsten, flattern wie ein Schmetterling von Blume zu Blume.

Sie haben eine Richtung, Sie haben eine Absicht, und Sie folgen ihr ruhig und leidenschaftslos. Nicht um jeden Preis, denn das bringt wieder Spannung mit sich. Flattern Sie nicht umher, schweifen Sie nicht ab, sondern nehmen Sie die Abkürzungen. Es gibt sie, diese Abkürzungen, diese verschiedenen Übungen und Aktivitäten, die Sie erfahrener werden lassen im Umgang mit bestimmten Energien und die Ihre Fähigkeit, sie sich zunutze zu machen, steigern. Diese Abkürzungen benutzt man nicht ausschließlich; eine nach der anderen und dann wieder von vorne, denn dann gäbe es nichts anderes mehr als Abkürzungen. Wenn man aber von A nach B will, warum soll man dann nicht die kürzeste Strecke nehmen?

Die Abkürzungen, die es in der Tradition gibt, werden

jedem einzeln und spezifisch gezeigt. Nur ganz selten wird eine Abkürzung einer ganzen Gruppe gezeigt, denn eine Gruppe besteht schließlich aus einzelnen Individuen. Meist ist es so, daß festgestellt wird, daß ein bestimmter Mensch, um diesen Weg zu gehen, nicht von A nach B zu gehen braucht, sondern daß er die jeweilige Erfahrung oder Übung durch eine bestimmte Aktivität, die speziell für ihn zugeschnitten ist, abkürzen kann. Wenn Sie weiter vorankommen, werden Sie merken, daß dies auch einer der Gründe ist, weswegen Sie das von mir als »Doktor's Wartezimmer« bezeichnete Syndrom wie die Pest meiden sollten. Damit meine ich: Ein Haufen Leute sitzt im Wartezimmer eines Arztes, und sobald jemand aus dem Sprechzimmer herauskommt, fragen sie ihn: »Was hat er Ihnen denn verschrieben?«, und kaum, daß er »Streptomycin« gesagt hat, laufen schon alle los und holen sich Streptomycin – auch der eine, der ein gebrochenes Bein hat –, und alles nur, weil es ein anderer der Patienten verschrieben bekommen hat.

Es gibt Gruppenaktivitäten, Gruppenübungen und Übungen, die unabhängig von der Gruppe sind; das ist allgemein bekannt. Wird jemandem aber eine besondere Übung aufgegeben, eine persönliche Aktivität oder ein bestimmter Text, mit dem speziell er sich befassen soll, sollte er dies für sich behalten. Es ist kein Geheimnis, mit dem man sich wichtig tun muß, aber es ist persönlich und privat und geht andere nichts an. Es könnte andere verwirren oder verleiten, es selbst zu benutzen. Das würde sie zwar nicht in Schwierigkeiten bringen oder ihnen ernsthaften Schaden zufügen, aber da es nicht für sie zugeschnitten ist, wäre es weder sinnvoll noch produktiv. Schlimmstenfalls wäre es verwirrend – und wer braucht schon Verwirrung?

Es ist Ihre Absicht, mit der Sie sich auf eine Aktivität fixieren. Dieses Fixiertsein bedeutet nicht, starr oder unbeweglich zu sein. Sie fixieren sich mit einer gewissen gelassenen Zielstrebigkeit. Also nicht: »Ich muß das tun, sonst ...« Nein, man weiß, wie es zu tun ist, und daß man es tun soll –

was schon mal hilft –, und wenn man dann seine Absicht mit der notwendigen Energie zusammenbringt, dann kann man es auch durchführen.

Niemals wird ein Lehrer von einer Person oder einer Gruppe mehr verlangen, als diese leisten können, d. h., es wird nichts Unmögliches verlangt. Was erforderlich ist, ist eine normale und zweckmäßige Anstrengung. Es passiert nie, daß es einfach da ist, es ist immer ein bißchen weiter weg, so daß zumindest eine kleine Anstrengung gemacht werden muß. Wer für das Lehren verantwortlich ist, muß beurteilen, ob der Betreffende die Kapazität hat, zu tun, was erforderlich sein mag, um Energie zu erlangen, oder wozu er fähig ist.

Das ist nur vernünftig, denn was kann für einen Menschen entmutigender sein als eine Reihe von Aufgaben, die er nicht erfüllen kann. Man macht sich dann selbst Vorwürfe, weil man sich für unfähig hält, oder wirft der Tradition vor, daß sie nicht klar und verständlich genug sei. Deshalb gehen Aktivitäten, die verteilt werden, zwar ein wenig über das Können des Betreffenden hinaus, aber sie liegen nicht außerhalb seiner Möglichkeiten.

Man sollte stets vorankommen wollen und nach oben streben. Es ist immer leichter, nach unten zu streben. Nach oben zu streben ist ein wenig anstrengender, aber wenn das Ziel innerhalb der Möglichkeiten des Betreffenden liegt, dann kann er es auch erreichen. So sollte es sein, denn es hat keinen Zweck, etwas anzustreben, was unerreichbar ist, und ständig zu scheitern.

Gruppenorganisation und Gruppenarbeit

Bei einem Treffen wie diesem, zu dem wir hier zusammengekommen sind, erzeugen Sie alle miteinander Harmonie und Energie. Sie geben sie untereinander weiter und teilen sie miteinander. Wenn Sie dann nach Hause kommen, stekken Sie diese Harmonie und Energie nicht in eine Schublade und lassen sie dort ein Jahr lang bis zum nächsten Treffen liegen. Sie haben für diese Harmonie und Energie hart gearbeitet, und so ist völlig in Ordnung, daß Sie sie richtig benutzen. Wenn Sie von einem Treffen zurückkommen, nehmen Sie sowohl bestimmte geistige Bilder mit als auch Ihre Erinnerung. Sie erinnern sich an die Gefühle, die Sie hatten, und Sie erinnern sich an ein Gesamtbild. Benutzen Sie diese beiden Faktoren, die Erinnerung an die Bilder und die Erinnerung an Ihre Gefühle, um sich das kommende Jahr über die Harmonie, die Sie erlebt haben, zurückzurufen.

Es gibt im Laufe eines Jahres immer Zeiten, zu denen ein einzelner oder eine Gruppe sich ein wenig energielos, ein wenig niedergeschlagen fühlen mag. Vor allem in solchen Augenblicken sollten Sie sich besinnen. Es ist nicht so wie bei Kopfschmerzen, wo man Aspirin nimmt, damit die Schmerzen verschwinden. Es geht darum, in sich die Erinnerung an die Harmonie, an die Stimmung, an die gesamte Umgebung, die man erlebt hat, zurückzurufen, so daß man dieses Gefühl wieder empfinden kann, wenn man sich einsam oder niedergeschlagen fühlt. Es geht nicht darum, zeitlich zurückzugehen; es geht vielmehr darum, sich mittels Erfahrungen vorwärtszubringen.

Harmonie fühlt man, sie ist etwas Konkretes und Reales, sie ist kein abstrakter Begriff, denn man kann sie benutzen, soll sie benutzen. Wenn Sie einmal Harmonie erfahren haben und sich mit ihr im Einklang fühlen, dann wird Ihnen das zeigen, wann und wie Sie sie benutzen sollen. Harmonie hat viele Formen. Höflichkeit oder Rücksichtnahme auf andere Menschen ist z. B. eine Form der Harmonie, die obendrein auch noch mehr Harmonie mit sich bringt. Wenn man sich Gedanken über das Wohlbefinden und Wohlergehen anderer Menschen macht, harmonisiert man sich mit ihnen. Dies ist etwas Positives, das wiederum positive Energie erzeugt.

Für die Freunde, die heute zum ersten Mal bei uns sind: Es kann sein, daß man auf das erste Treffen, an dem man teilnimmt, verwirrt reagiert, weil man verschiedenen Einflüssen aus unterschiedlichen Richtungen ausgesetzt ist, und wenn man diese Einflüsse von einem oberflächlichen oder konditionierten Standpunkt aus analysiert, erscheinen sie teilweise widersprüchlich, und man versucht dann vielleicht, sich mit Hilfe herkömmlicher Urteilskriterien Erklärungen zurechtzulegen.

Sie können aber das Unkonventionelle nicht mit konventionellen Maßstäben erklären. Schlimmer noch ist es, wenn Sie, da es keine offensichtliche Erklärung gibt, versuchen, Erklärungen herbeizuzwingen. Dies bringt mit Sicherheit Verwirrung oder vergrößert die vorhandene Verwirrung. Welche Haltung oder Technik ist also in einer solchen Situation angebracht? In gewisser Weise ist die Antwort konventionell, aber sie ist auch praktisch und in einer harmonischen Weise nützlich: Beobachten Sie, machen Sie Erfahrungen, hören Sie, denken Sie.

Denken Sie, aber zerbrechen Sie sich nicht den Kopf. Sagen Sie nicht: »Ich habe das heute nicht verstanden; was mache ich jetzt? Alle anderen scheinen es verstanden zu haben; was ist bloß mit mir los?« Jeden Tag und jede Woche und jedes Jahr sage ich Dinge, von denen Sie einen Teil sofort verstehen werden, während Sie anderes erst in einer Woche, in einem Jahr oder in zehn Jahren verstehen werden – aber Sie werden es verstehen. Dies ist ein Versprechen, keine Drohung.

Gebrauchen Sie die Sinne, die Gott Ihnen gegeben hat. Sie fühlen, Sie beobachten, Sie denken, Sie gehen, Sie erleben – Sie müssen nicht jeden Abend vor dem Zubettgehen darüber nachdenken, ob Sie alles verstanden haben, was den Tag über geschehen ist; ein derart unrealistisches und unzweckmäßiges Ziel sollte man sich nicht auferlegen.

Eine andere, sehr reale Frage ist die nach der Kommunikation, die ein ganz konkretes Problem sein kann. Bemühen Sie sich immer wieder, mehr zur Kommunikation beizutragen. Lassen Sie dies nicht zu einer fixen Idee werden, aber achten Sie immer auf Möglichkeiten zu verstärkter Kommunikation. Für den Fall, daß die Kommunikation zusammenbricht, sollte immer eine Alternative vorhanden sein. Wenn die Kommunikation vom elektrischen Strom abhängt und der Strom abgestellt wird, sollten Sie stets eine Ausweichmöglichkeit, eine Alternative in petto haben. Dieser Aspekt einer alternativen Kommunikationsmöglichkeit ist auch direkt auf den Austausch von Energien zwischen Individuen und der Tradition anwendbar. Es gibt Hunderte und Tausende unterschiedlicher Möglichkeiten zur Kommunikation zwischen den einzelnen und der Tradition, und diese Kommunikation kann niemals und in keiner Weise völlig unterbrochen werden.

Um eine Situation zu erleben, tatsächlich zu erleben und ihr tatsächlich auf den Grund zu gehen, dazu muß es sich nicht immer um eine problematische Situation handeln; das können Sie mit jeder Situation tun: Betrachten Sie sie, gehen Sie ihr auf den Grund, fühlen Sie sie, und dann – urteilen Sie! Wenn Sie das Gefühl haben, daß es richtig ist, und Ihr Urteilen Ihnen das bestätigt, dann verbinden Sie sich mit der Energie. Falls Ihr Urteil oder Ihr Gefühl falsch war, dann schadet Ihnen das nicht. War Ihre Entscheidung aber richtig, bekommen Sie den zusätzlichen Schubs oder was immer benötigt wird.

Sie urteilen also, Sie treffen Entscheidungen, wenn Sie das Gefühl haben, daß Sie das dazu erforderliche Wissen oder die notwendige Kapazität haben. Um sich dann über Ihre eigene Absicht Klarheit zu verschaffen, reicht ein kurzer, vernünftiger Wortwechsel, den man mit sich selbst führt. Und wenn ich sage kurz, dann meine ich das auch! Denn ansonsten wird der Wortwechsel zwischen Ihnen und Ihrem anderen Selbst weitergehen und weitergehen; Ihre Entscheidung wird erst einmal aufgeschoben werden, und falls Sie sie dann doch jemals noch treffen werden, dann kann es gut sein, daß Sie längst schon vergessen haben, um welches Problem es eigentlich ging.

Urteilen, Abschätzen oder Entscheiden sind Taktiken und Techniken, und Sie lernen an sich selbst, wie Sie sie anwenden. Wenn Sie sich dessen bewußt sind, daß jede Entscheidung – ich spreche von den wichtigen, nicht den alltäglichen Entscheidungen – auf etwas basiert, dann können Sie sie ganz physikalisch betrachten. Jeder hat bei Entscheidungen eine Liste seiner Prioritäten. Manchmal ändern die sich ein wenig; die Umstände ändern sich, und die Zeiten ändern sich sowieso ständig. Der Zeitfaktor ist das Schwierige bei einer Entscheidungsfindung.

Zeit ist etwas Eigenartiges; sie kann gedehnt oder verkürzt werden. Die Uhr läuft, das Datum ändert sich – aber ich meine nicht diese Art von Zeit. Ich meine die innere Zeit. Die innere Zeit kann angehalten, gedehnt oder verkürzt werden. In einer Situation, die tatsächlich mehr Zeit erfordert, kann die Zeit gedehnt oder verlängert werden. Der Mensch folgt einer Einteilung der Zeit in Stunden und Minuten. Innerhalb dieses äußeren Zeitfaktors gibt es aber einen inneren Zeitfaktor.

Wenn man einer Aktivität der Tradition nachgeht, z.B. etwas liest, und tut man dies in der richtigen Weise und mit der richtigen Absicht, kann man die innere Zeit dehnen, bis man genug Zeit hat, es zu tun. Das ist ein bißchen kompliziert. Man kann sagen, daß man sich bezüglich der äußeren Zeit nach der Uhr oder dem Kalender richtet, während die innere Zeit oder die innere Entwicklung nicht von diesem

Kalender oder dieser Uhrzeit abhängt. Die Natur hat verfügt, daß der Mensch ausreichend Zeit hat, um eine Aktivität zu Ende zu führen. »Wieviel Zeit? Wie lange? Welche Aktivität? Welche Aktivität ist besser?« Derlei lernt man durch Erfahrung, nicht aus Büchern.

Um es zusammenzufassen. Von Zeit zu Zeit tun Sie das gewissermaßen als zusätzliche Übung: Sie prüfen die Situation, Sie prüfen das, was Sie als Entscheidungsfindung bezeichnen. Sie prüfen sich geduldig und objektiv, nicht feindselig oder kritisch, nicht im Hinblick darauf, daß Sie schon etwas Falsches finden werden, weil Sie es dann natürlich auch finden werden. Wenn Sie andererseits sagen: »Ich werde es mir ansehen, aber ich bin mir sicher, daß nichts falsch sein wird«, dann werden Sie auch nichts finden. Schauen Sie es sich an und sagen Sie: »Es ist möglich, daß ich bei dieser Sache etwas Gutes entdecke; vielleicht finde ich aber auch etwas Schlechtes. Falls ich etwas finde, was nicht in Ordnung ist, dann werde ich nicht entsetzt sein, sondern werde mich damit befassen und versuchen, etwas zu unternehmen. Sollte es etwas Gutes und Positives sein, das ich finde, werde ich glücklich und zufrieden sein und nicht Tage damit zubringen, es wieder und wieder zu betrachten und festzustellen: »Wie großartig ist doch alles, ich bin ja so phantastisch!«

Selbstprüfung ist eine Aktivität, die Objektivität, Geduld und Einfühlsamkeit erfordert. Eine Aktivität, die langsam vonstatten geht und zu der Sie Geduld brauchen, denn mit Ungeduld funktioniert es nicht. Und wenn Sie nicht objektiv vorgehen, dann wird das, was Sie entdecken, nicht die objektive Wirklichkeit sein. Wenn Sie nicht einfühlsam vorgehen, dann wird sich der eine oder andere Teil Ihrer selbst gegenüber diesem Inspektor, der nach etwas fahndet, verschließen.

Wenn die Absicht, mit der Sie sich selbst gegenübertreten, richtig ist, dann stellt Ihre richtige Aktivität den Kontakt zur Energie, zur Tradition her. Versuchen Sie stets, diesen Kontakt zu nutzen und zu halten. Auch hier wiederum handelt es sich nicht um etwas, das isoliert für sich zu sehen wäre: »Da ist der Kontakt. Ich werde ihn auf den Kaminsims stellen, damit ich ihn mir dann und wann anschauen kann« – denn auf die Art setzt er Staub an und wird zu einem Objekt der Verehrung oder des Aberglaubens. Irgendwann im Lauf der Zeit haben Sie selbst oder Ihre Kinder oder Ihre Freunde vergessen, was er eigentlich einmal bedeutet hat.

Vor kurzem fragte mich jemand: »Warum gibt es bei den Sufis oder im Islam keine Entsprechung für das Kreuzzeichen?« Natürlich lautet die Antwort darauf, daß wir keinen Grund sehen, uns ständig ein Marterinstrument ins Gedächtnis zu rufen; und der zweite triftige Grund ist: »Ihr wollt das Kreuz – behaltet es; wir haben Jesus!«

Um effizient funktionieren zu können, muß eine Gruppe eine Struktur haben; aber die Struktur, die geschaffen wird, darf nicht zum Monolithen werden oder zu einer Art Ministerium, wie in einer Regierung. Entwickelt dieses Ministerium dann im Lauf der Jahre weitere Ressorts und Unterressorts und Unterressorts von Unterressorts, kommt es schließlich dann so weit, daß jemand, der zu diesem Ministerium geht, sich nicht mehr zurechtfindet oder niemanden mehr findet, der sich für sein Anliegen zuständig fühlt. Wenn ich also davon spreche, innerhalb einer Gruppe kleine Sub-Gruppen zu bilden, dann meine ich damit natürlich nicht, daß ein Monolith oder eine Bürokratie aufgebaut werden soll.

Eine Gruppe der Tradition muß sowohl hinsichtlich des Gruppenganzen als auch der einzelnen Mitglieder harmonisch funktionieren. Die von der Gruppe erzeugte Energie zirkuliert unter den einzelnen Personen, aus denen sich die Gruppe zusammensetzt, und wenn ein einzelner gut funktioniert, dann empfängt er die Energie und gibt einen Teil davon an eine andere Person weiter. Der Betreffende sollte die Energie nicht bei sich halten, ohne zu wissen, was er mit ihr anfangen oder wie er sie weitergeben soll, denn wenn dies geschieht, wird der Strom und die Verfügbarkeit dieser Energie unterbrochen. Sicher war jeder von Ihnen schon einmal auf einem Amt und hat dort eine Person hinter einem haushohen Stapel Akten an seinem Schreibtisch sitzen sehen. Was jemand wie er tatsächlich tut, ist, den Handlungsablauf der Regierung einzuschränken, den Energiefluß aufzuhalten.

Wenn eine Gruppe groß genug ist und wenn die Zusammenarbeit innerhalb der Gruppe harmonisch genug ist, die Gruppe funktioniert und mit anderen Gruppen zusammenarbeitet, dann ist es an der Zeit, in dieser Gruppe gewisse Unterfunktionen zu schaffen. In jeder Gruppe gibt es Personen, die die Funktion des Murshiden oder der Murshida ausüben. Meist sind sie schon länger in der Gruppe und haben mehr Wissen und Kenntnisse über die Tradition. Zu ihren Aufgaben gehört es – soweit ihr Wissen reicht –, neuen Mitgliedern gewisse Aspekte der Tradition zu erklären, für die Gruppe zur Verfügung zu stehen, vielleicht kleinere Diskussionsgruppen zu schaffen und zu leiten, zu erklären, wie eine Gruppe richtig funktioniert, dazu beizutragen, daß sie funktioniert, sowie bestimmte Übungen und Fachbegriffe zu erläutern, die wir in der Tradition benutzen.

Wenn eine Gruppe zusammenhängender zu funktionieren beginnt, muß die mehr oder weniger vage Stellung der Murshiden oder Murshidas klarer definiert werden. Man legt ihnen die Übernahme bestimmter Aufgabenbereiche nahe. Man bestärkt sie, ihre speziellen Fähigkeiten und persönlichen Stärken, die ja bekannt sind, im Kontext der Tradition einzusetzen.

Der Wert oder die Bedeutung einer Gruppe hängt weder von der Anzahl ihrer Mitglieder noch von der Anzahl ihrer Murshiden oder Murshidas ab. Der Naib wird nicht danach beurteilt, wie viele oder wie wenige Murshiden oder Murshidas oder wie viele Mitglieder seine Gruppe hat. Das einzige, was ich bei einer Gruppe bewerte, ist die Qualität ihrer Anstrengung. Der einzige Maßstab dafür, wenn ich jemandem eine verantwortliche Position übertrage, ist die Fähigkeit des Betreffenden in dieser Position zu funktionieren. Ich habe keine Favoriten, und ich fälle in diesem Bereich auch keine emotionalen Entscheidungen.

Die Energie, die eine Gruppe produziert, ist direkt proportional zu dem Maß der Anstrengungen, das sie investiert. Was das Ausmaß ihrer Anstrengungen anbelangt: Jede Gruppe sollte sich darum bemühen, ein bestimmtes Maß an Anstrengung konstant aufrechtzuerhalten, denn die Tradition muß in einer harmonischen und ausgewogenen Weise funktionieren, und das tut sie auch. Gleichgewicht und Harmonie bedeuten dasselbe. »Stop-and-Go« – das funktioniert nicht im Hinblick auf Harmonie.

Ein weiterer Grund dafür, warum ich manche Aktivitäten modifiziere, liegt in den sich ändernden Verhältnissen der Außenwelt. Die Tradition reagiert nicht auf äußere Einflüsse. Aber die Menschen, die die Tradition ausmachen, leben und arbeiten nun mal in der Außenwelt. Und da die Tradition ihrem Charakter und ihrer Natur nach vor allem Entwicklung bedeutet, können – obwohl die Tradition selbst keinem Druck von außen unterworfen ist – dennoch die Methoden und Techniken der Tradition so modifiziert werden, daß die Entwicklung der Außenwelt einbezogen wird.

Hinsichtlich der Grundwerte kann die Tradition in keiner Weise Kompromisse eingehen, und das hat sie auch niemals getan. Ob man etwas modifiziert oder einen Kompromiß eingeht – dazwischen gibt es einen sehr erheblichen und sehr wichtigen Unterschied.

Kein Lehrer der Tradition hatte jemals die Autorität, hinsichtlich der Grundwerte der Tradition Kompromisse einzugehen. Die große Flexibilität der Tradition macht ohnehin alle Kompromisse überflüssig. Die Klinge eines guten Damaszenerschwertes läßt sich von der Spitze bis zum Knauf biegen; dasselbe Schwert aber schneidet auch durch

Stahl. Salman i-Farsi schrieb, daß sich der Kirschzweig im Winter unter der Last des Schnees biegt, und er schläft unter der Schneedecke. Sobald der Schnee unter der Wärme der Frühlingssonne schmilzt, nimmt der Zweig wieder seine ursprüngliche Lage ein. Hätte er sie aber beibehalten und wäre starr geblieben, wäre er abgebrochen. Es ist aber seine Aufgabe, zu überleben, um im nächsten Jahr Kirschen hervorzubringen, und nicht seinen Mut zu erproben, und den Elementen zu trotzen.

Diejenigen von uns, deren Aufgabe es ist, sich in den verschiedenen Teilen der Welt um die Tradition zu kümmern, müssen zeitweilig weit vorausblicken, nicht nur um zu sehen, wie die Tradition bei den Ihren funktioniert, sondern auch, um klar und deutlich vorherzusehen, welche Änderungen notwendig sein können. Das bedeutet nicht nur technische Aktualisierung: So wie Lehrer im Mittelalter Boten mit ihren Anordnungen zu Pferde oder zu Kamel schickten, so benutze ich natürlich Telefon, Fax oder Tonband-Kassetten, weil dies effizient und nützlich ist. Man braucht nicht besonders weit in die Zukunft zu blicken, um sich den technischen Fortschritt zunutze zu machen.

Wenn ich sage, daß wir weit in die Zukunft blicken und Vorhersagen machen, hat dies nichts mit »Madame Fifi und ihrer Kristallkugel« zu tun. Wenn wir vorausschauen und die Techniken der Tradition für die Zukunft planen, profitieren wir von der vergleichbaren Arbeit, die die Lehrer vor uns geleistet haben und die uns spezifische und ausführliche Hinweise darüber, was zu tun ist, hinterlassen haben oder hinsichtlich spezieller Dinge, denen zu Beginn eines bestimmten Zeitabschnitts Aufmerksamkeit gewidmet werden sollte. So zum Beispiel der Hinweis, daß man zu einem gegebenen Zeitpunkt eine bestimmte revolutionäre Veränderung studieren und berücksichtigen müsse, daß man sie, sobald man merkt, daß sie kommt, einschätzen müsse, um die Tradition entsprechend dieser Entwicklung zu modifizieren.

Trotz dieser Mitteilungen aus der Vergangenheit ist dem Lehrer, der sich in der Situation befindet, daß er gewisse neue Aktivitäten initiieren muß, große Verantwortung auferlegt. Es ist ein blankgeputztes und funktionstüchtiges Instrument, das er bekommen hat, und er muß es während seiner eigenen Zeit blankgeputzt und funktionierend halten, damit er es im selben Zustand weitergeben kann. Seit etwa sieben Jahren beschäftige ich mich mit einem Aspekt, der für uns in der Tradition neuartig ist, und dies ist die neue Situation und die neue Stellung der Frauen in der heutigen Welt. Ich sage nicht, daß ich sieben Jahre lang hierüber nachgedacht und daran gearbeitet hätte, weil es erst seitdem Frauen bei uns gäbe. Ich meine damit, daß ich die Situation mit Methoden, Techniken und Vorschlägen zur Deckung bringen will, deren Wirkungsfeld vor sieben Jahren abgeschlossen war.

Die Notwendigkeit, sich mit diesem Thema zu beschäftigen, ist nicht durch das Aufkommen des Feminismus bedingt. Die Modifikation von Techniken wird durch eine Reihe von Faktoren begründet, von denen ich einige anführen möchte, ohne daß ihre Reihenfolge etwas über ihre Wichtigkeit oder Priorität aussagen soll.

Frauen nehmen mehr und mehr den ihnen zustehenden und angemessenen Platz in der Welt ein; in kommerziellen, politischen, medizinischen und vielen anderen Bereichen. Falls es jemand noch nicht bemerkt haben sollte: Es gibt sehr viele Frauen, und es ist normal, daß eine so große Gruppe der Weltbevölkerung an allen Funktionen der Gesellschaft beteiligt sein sollte. Man könnte sagen: »Nun, dies ist nicht so besonders neu, es ist eine sich natürlich entwickelnde Situation.« Und »Sollte dies ganz generell Einfluß auf die Frauen haben oder speziell auf die Frauen in der Tradition?«

Wenn die Frauen mehr und neue Berufe und Verantwortlichkeiten übernehmen, unterliegen sie immer stärkeren Zwängen und Spannungen, denen sie genetisch möglicherweise nicht gewachsen sind. Falls dies bedrohlich oder ominös klingen sollte – es ist es nicht.

Die ganze Weltbevölkerung unterliegt immer stärkeren Spannungen und Zwängen. Wenn ich sage, daß Frauen genetisch verletzlicher sind, meine ich damit nicht, daß sie schwächer oder anfälliger sind; es bedeutet, daß sie verletzlicher sind, weil sie einfach sensibler sind als Männer. Sie sind vorausschauender, als die Männer es üblicherweise sind, weshalb sie unter Umständen auch anfälliger für die Auswirkungen von Spannungen und anhaltendem Druck sind.

Wenn man Jahre oder Generationen vorausblickt, dann scheint es, daß die Beteiligung der Frauen an den Dingen dieser Welt vielleicht sogar zurückgeht, weil im Laufe der Jahre und Generationen die Spannungen und Zwänge immer größer werden. Sobald die Statistiken zeigen, daß immer mehr Frauen krank werden, wird entweder die Begeisterung der Frauen daran, voll beteiligt zu werden, zurückgehen oder die Gesellschaft wird sagen: »Frauen sind dem sich beschleunigenden Lebenstempo nicht gewachsen.«

Auch andere Faktoren können dieses Bild beeinflussen. Es läßt sich vorhersehen, daß gesellschaftliche oder medizinische Entwicklungen es den Frauen ermöglichen werden, solche Schwierigkeiten zu überwinden. Es ist durchaus möglich, daß gewisse Spannungen oder Zwänge, die es heute gibt, abnehmen werden, aber ob sie das nun tun oder ob die Psychologen und Ärzte eine Antwort entwickeln werden oder nicht, darauf möchte ich mich nicht festlegen.

Eine der Funktionen meiner Forschungsarbeit war es, diese Frage so zu studieren, so daß ich für den Fall, daß sich das düstere Bild von Spannungen und Druck, das ich gezeichnet habe, bewahrheiten sollte, ich meine Anweisungen oder Auffassungen hinterlassen haben werde, wie mit einer derartigen Situation umzugehen wäre, wie die Frauen in der Tradition und die Familien, die mit ihnen in unmittelbarem Kontakt stehen, unterstützt und bestärkt werden können. Dies erfordert, daß eine ganze Reihe von Techniken modifiziert werden.

Solch eine Technik könnte darauf abzielen, Frauen genauso dumm und unsensibel zu machen, wie es die Männer sind, so daß sie nicht zu leiden hätten – aber ich glaube kaum, daß dies ein besonders revolutionäres, der Entwicklung dienliches Konzept wäre! Die Methoden und Techniken der Tradition zu modifizieren ist viel einfacher, als die Frauen dümmer zu machen. Man modifiziert die Techniken, so wie es unter vergleichbaren Umständen immer getan wurde: so daß nichts an den wesentlichen Grundlagen geändert wird, aber sich doch insofern etwas ändert, als daß die Frauen in den verschiedenen Gruppen Grund zu Optimismus bekommen, sich nicht ignoriert fühlen oder Grund zu der Annahme haben, daß die Tradition ihre Bedürfnisse außer acht läßt.

Ich habe bereits erwähnt, daß man die Tradition über Generationen hin für eine Art privaten Herrenclub hielt, aber ich habe ebenso darauf hingewiesen, daß wir in der Tradition auch weibliche Heilige haben; obwohl im Verhältnis zur Anzahl der Frauen in der Tradition die Anzahl von Lehrerinnen sehr klein ist.

Auch habe ich einen der Gründe dafür bereits genannt: Er liegt in der Beantwortung der Frage: »Welche Charaktereigenschaften sind für einen Lehrer erforderlich?« Meine Antwort darauf war, daß es sich bei einigen dieser Charakteristiken, die von einem Lehrer erwartet werden, um Dinge handelt, die Frauen im allgemeinen nicht besonders leichtfallen. Ich meine damit zum Beispiel die Fähigkeit, in bestimmten Situationen kühl, leidenschaftslos, analytisch zu sein und sein Urteil durch keinerlei subjektive Gefühlsregungen trüben zu lassen, ja nötigenfalls den Menschen, die man lehrt, kühl oder sogar herzlos gegenüberzutreten. Solche Wesenszüge findet man bei Frauen im allgemeinen weniger.

Das macht es um so schwieriger, denn solche Eigenschaften müssen von einem Lehrer gelernt werden. Vielleicht sagen Sie jetzt: »Aber ich kenne eine Frau, die ein Herz aus

Stein hat; sie könnte einen hervorragenden Lehrer abgeben!« Ein solcher Mann, eine solche Frau wären aber mit Sicherheit am allerwenigsten geeignet. Am besten zum Lehrer geeignet ist jemand, der – oder die – warmherzig ist, aber nötigenfalls diese Eigenschaft außen vor lassen kann. Dies ist nur ein Kommentar am Rande, aber er erklärt zumindest zum Teil, warum es in der Tradition nur relativ wenige Lehrerinnen und relativ wenige große Werke von Frauen gibt.

In der Tradition können wir und müssen wir für die Unseren sorgen. Jede Modifizierung, Anpassung oder Änderung, muß, wie wir sagen, in die Technik des Systems »eingespeist« werden. Sie muß mit der Situation harmonieren, und deshalb sollten Sie keine dramatischen Änderungen der Richtung erwarten. Ich brauche Ihre Kooperation, und wenn es soweit ist, die notwendigen Modifizierungen einzuführen, dann werde ich jede einzelne klar und deutlich erklären, um jede Konfusion zu vermeiden. Wenn solche Modifizierungen oder Schwerpunktverlagerungen eingeführt werden, dann stürzen Sie bitte nicht zum nächsten Telefon, um einen Freund oder eine Freundin in einer anderen Gruppe anzurufen und herauszufinden, ob dort die Modifizierungen besser sind als bei Ihnen.

Hier ein Wort zur Disziplin in der Tradition. In manchen Kulturen hat das Wort »Disziplin« einen ganz bestimmten Klang. Wenn manche Menschen das Wort Disziplin hören, denken sie an eine starre, blinde, gehorsame Holzmarionette. Ich möchte aber von einer Disziplin sprechen, die mit diesem Bild sowenig wie möglich zu tun hat. Wir verlangen in der Tat von all denen, die in der Tradition sind, eine gewisse Disziplin. Wir bilden eine Organisation, und es wird erwartet, daß man sich diszipliniert verhält. Es werden Anweisungen weitergegeben und ausgeführt, und es werden Aktivitäten bestimmt. Bestimmten Personen werden Vollmachten erteilt, und deren Anweisungen werden ausgeführt, da es sonst offensichtlich Chaos gäbe.

Bei den anderen Formen von Disziplin handelt es sich um Disziplinen, die sich jeder in der Tradition selbst auferlegt. Im Körper funktionieren die verschiedenen Systeme wie z. B. Atmung oder Kreislauf in einer disziplinierten Weise und ergänzen einander. Es gibt keine Konkurrenz zwischen dem Atemsystem und dem Kreislauf. Wenn dies der Fall wäre, wäre das Chaos vorprogrammiert, und zudem würde man krank werden.

Jeder hält es für selbstverständlich, daß diese verschiedenen Systeme harmonisch zusammenwirken. In weniger leicht zu überschauenden Bereichen ergibt sich aber leider ein anderes Bild: So kämpft beispielsweise der Intellekt mit der Identität und der Persönlichkeit. Wenn man jemand aus dem Westen sagt: »Sie werden sich einer gewissen Disziplin unterwerfen müssen«, dann ist die übliche Reaktion: »Aber was ist dann mit meiner Identität oder meiner Persönlichkeit?« In der Tradition hat die Persönlichkeit keinen besonderen Wert. Andererseits ist aber auch nicht die Rede davon, daß man seine hochgeschätzte Persönlichkeit oder Identität verliert, wenn man in die Tradition kommt. Die Identität oder Persönlichkeit eines Menschen wird durch die Tradition höchstens klarer. »Ich werde meine Identität keiner Disziplin unterwerfen« – das Problem ist nicht, daß diese großartige Identität so wichtig wäre; das Problem ist, daß die Leute nicht verstehen, welche Art Disziplin von ihnen erwartet wird. So wie diszipliniertes Denken diszipliniertes Handeln hervorbringt, so hat auch eine innere Disziplin, die man sich selbst auferlegt, eine tiefe Wirkung.

Es gibt eine gängige Methode, um zu prüfen, ob jemand diszipliniert denkt oder nicht, und dies ist die Aufforderung, Fragen zu stellen. Ich tue dies häufig, indem ich sage: »Wenn Sie Fragen haben, stehe ich zu Ihrer Verfügung. Formulieren Sie eine Frage, fragen Sie mich.« Ich habe es oft erlebt, daß die Menschen mich für verrückt oder für einen Masochisten halten, weil ich so offen dazu auffordere. Ich bin aber weder das eine noch das andere. Auch wenn ich hier keines meiner Geheimnisse, in welcher Weise ich arbeite, preisgeben werde: Manchmal fordere ich dazu auf, Fragen zu stellen, damit die Betreffenden etwas »loswerden« können, was in ihnen ist. Manchmal nutze ich die Zeit, in der ich den Fragen zuhöre, indem ich an etwas anderes denke. Ich achte auf den Ton Ihrer Fragen und bin daher aufmerksam; ich höre Ihre Fragen sehr wohl. Manchmal messe ich Ihre Denkdisziplin daran, wie gut es Ihnen gelungen ist, eine disziplinierte Frage zu formulieren.

In einer disziplinierten Frage drückt sich ein disziplinierter Denkprozeß aus. Ich bringe meine Zeit nicht damit zu, mich in Sie hineinzuversetzen, um Ihr Denken zu disziplinieren. Was ich tue, ist, Ihnen systematisch zu zeigen, wie man auf disziplinierte Weise denkt. Ich erkläre, wie Disziplin funktioniert, damit Sie sich diese Disziplin aneignen und von den Ergebnissen profitieren können. Ich profitiere meinerseits davon, wenn Sie diszipliniert denken: Wenn ich Gelegenheit habe, dies feststellen zu können, erfüllt das den Profi in mir mit Befriedigung.

Wenn ich sehe, daß dies nicht richtig passiert, nehme ich Korrekturen vor. Ich stelle Ihnen die Technik zur Verfügung, damit Sie sie sich aneignen können und sie anwenden. Ich tue dies wieder und wieder, und ich modifiziere und ergänze meine Techniken ständig; aber, um es nochmals zu wiederholen: Das Denken kann ich Ihnen nicht abnehmen. Eine Gruppe zur Disziplin zu zwingen ist nicht schwierig. Ein Schäferhund hat keine großen Schwierigkeiten, eine Schafherde zur Disziplin zu zwingen. Ich habe aber keine Ambitionen, ein Schäferhund zu sein – inwieweit Sie Schafe sein wollen, bleibt Ihnen selbst überlassen.

Um Sie an ein ganz wesentliches Element der Tradition zu erinnern: Einen erheblichen Teil der Disziplin erlegt man sich selbst auf. Sie sind immer in Ihrer eigenen Gegenwart, und Sie haben die Möglichkeit, sich selbst zu korrigieren. Und Sie wissen – so hoffe ich doch –, warum Sie sich korrigieren. Es geht nicht darum, sich unaufhörlich selbst auf den Fersen zu sein und sich zu kritisieren, sondern darum, die Tatsache zu akzeptieren, daß Sie wissen, was gut für Sie selbst ist, und sich das wünschen. Wenn Sie nicht durch diesen grundlegenden Wunsch motiviert sind, sich zu entwickeln, dann kann weder ich noch irgend jemand anderer Ihnen eine solche Disziplin aufzwingen.

Wenn Sie davon überzeugt sind, daß Entwicklung erstrebenswert ist, dann müssen Sie auch die Notwendigkeit akzeptieren, sich einer Selbstdisziplin zu unterwerfen. Diese Disziplin ist nichts Abstraktes. Wenn man ein bestimmtes Dhikr oder eine bestimmte Übung machen soll, dann erlegt man sich selbst die Disziplin auf, dies zu tun. Wenn man nach einer Ausrede sucht, um das Notwendige nicht tun zu müssen, dann sollte man seine Selbstdisziplin dazu gebrauchen, es doch zu tun.

Es geht nicht darum, daß Sie sich selbst unter Druck setzen, oder darum, sich mit irgendwelchen Tricks zu disziplinieren. Vielmehr handelt es sich um die klare Erkenntnis der Tatsache, daß es etwas zu tun gibt, und indem Sie es tun, folgen Sie einer Disziplin und erfüllen Ihre Verantwortung gegenüber sich selbst. Sie tun es nicht aus Angst, daß Sie Ihr Lehrer sonst bestrafen könnte. Von Bestrafung ist keine Rede, aber Sie bekommen eben nicht das Ergebnis, das Sie brauchen.

Sich selbst zu disziplinieren ist auch ein wichtiges Element der Teilnahme an bestimmten Gruppenaktivitäten. Sie sind diszipliniert, weil Sie sich selbst klargemacht haben, daß dies notwendig ist. Sollte es Ihnen gelungen sein, sich einzureden, daß es nicht notwendig oder wertvoll sei, dann haben Sie keine Selbstdisziplin angewendet.

Sie werden vielleicht glauben, daß ich soviel über Disziplin rede, weil ich Soldat bin; und man weiß ja, daß Soldaten Disziplin über alles stellen. Sowohl als Soldat als auch als Lehrer habe ich den Wert der Disziplin erfahren, und ich versichere Ihnen, daß ich mir beide Seiten sehr genau angeschaut habe; die des Lehrers und die des Soldaten – ich habe Sterne auf meinen Schultern und nicht auf meinen Augen!

Ein Soldat hat den Befehl seines Vorgesetzten unverzüglich zu befolgen. Und wenn ein Offizier einen seiner Soldaten losschickt und sagt: »Gehen Sie!«, dann geht er. Aber ein guter Offizier wählt auch den richtigen Soldaten für die jeweilige Aufgabe aus. Er wird einen gut ausgebildeten Soldaten losschicken, einen, von dem er weiß, daß er mit »Köpfchen« losmarschieren wird. Und aufgrund seiner Ausbildung und seiner Disziplin wird dieser Soldat auch nicht, statt loszumarschieren, aufstehen, einen Blick in die Runde werfen und sich nachdenklich am Kopf kratzen, um alsdann gemächlich loszuspazieren. Wenn er das tut, wird er eine Kugel in den Kopf bekommen.

Man könnte in dem Fall sagen: »Der Offizier, der ihn ausgewählt und losgeschickt hat, trägt die Schuld«. Und es wäre tatsächlich seine Schuld, falls er einfach irgend jemand beliebigen ausgesucht haben sollte; nicht aber, wenn er aus dem Wissen heraus gehandelt hat, daß der Soldat gelernt hat, wie er sich in einer Schlacht zu verhalten hat, daß er vorwärts marschieren und seinen Kopf unten halten wird, damit er keine Kugel in den Kopf bekommt. Wenn es also ein Soldat ist, der eine gute Ausbildung bekommen und Disziplin gelernt hat, dem der Offizier den Befehl zum Losmarschieren gegeben hat, und er dann losmarschiert, kann der Offizier das Voranmarschieren des Soldaten überwachen. Die Verantwortung aber, wie dieser seine Befehle ausführt, liegt bei dem ausgebildeten Soldaten.

Während der Schlacht kann der Offizier ihn anleiten, ihm helfen und versuchen, die Situation zu beeinflussen, aber niemand wird erwarten, daß sich der Offizier nebenhin stellt und sagt: »Ein wenig mehr links!«, »Jetzt nach rechts unten!«, »Halten Sie den Kopf runter!« und »Halten Sie das Gewehr hoch!«. Der Offizier hat das Recht, vom Soldaten zu erwarten, daß er sich so verhält, wie man es ihm in der Ausbildung beigebracht hat, und der Soldat hat das Recht, zu erwarten, daß der Offizier weiß, was er tut.

Die Ausbildung in der Tradition erfolgt in bestimmten Schritten. Zum Beispiel wird verlangt, daß man seine Ungeduld zügelt; das Wissen, die Informationen und die Energie, die jemand braucht, stellen sich zur richtigen Zeit ein. Wenn man zur Ungeduld neigt, muß man diese Neigung disziplinieren, was aber nicht bedeutet, sie zu unterdrücken. Falls man meint, daß man gerne mehr wissen oder schneller vorankommen würde, wäre die disziplinierte Fragestellung: »Kann ich im Augenblick mehr Informationen brauchen? Ist es für mich im Augenblick sinnvoll, schneller voranzukommen?«

Meine Aufgabe ist es weiterzubringen, nicht zurückzuhalten. Manchmal frage ich mich, ob diese einfache Tatsache verstanden wird. Je mehr Information, je mehr Energie ich geben kann, desto besser funktioniere ich; aber man kann mich nicht mit Geld und guten Worten dazu bewegen, etwas zu geben, wenn es nicht an der Zeit ist.

Wenn ich von Selbstdisziplin spreche, dann empfehle ich keinen schwerwiegenden und großartigen Akt der Selbstprüfung, weil dies selbstzerstörerisch wirken kann. Wenn jemand diszipliniert denkt, dann wird sich die nächste Aktivität, der nächste Gedanke von selbst ergeben.

Gleiches zieht Gleiches an, Positives zieht Positives an, und Disziplin darf nicht mit Beherrschung oder Kontrolle verwechselt werden. Disziplin bedeutet Disziplin beim Denken und Disziplin im Verhalten; sie bedeutet, sich mit der Situation zu harmonisieren. Setzen Sie sich von Zeit zu Zeit mit Aspekten der Tradition wie z.B. der Disziplin auseinander und stellen Sie eine Beziehung dazu her. Machen Sie sich mit ihnen vertraut, und harmonisieren Sie diese Aspekte miteinander.

Situationen bewerten und nutzen

Als mich kürzlich jemand fragte, was man eigentlich unter einer »Unperson« verstehe, antwortete ich, das könnte ein böswilliger Sektierer sein, ein Diktator oder Politiker mit negativen Absichten. Wenn ein Mensch mit dem positiven Potential eins jemand anderen unterdrückt, so vermindert sich sein positives Potential um eins. Wenn er das gleiche mit zwei anderen Menschen tut, die jeder das positive Potential eins haben, so wird sich sein eigener Quotient um zwei vermindern. Je nachdem, mit wie vielen Menschen er dies unternimmt, um so stärker gerät sein Potential ins Minus und damit auch seine Möglichkeiten. Das bedeutet auch: Je niedriger er ansetzt, desto niedriger wird er sinken. Auf diese Weise gerät seine Beziehung zu unmittelbarer Harmonie und der natürlichen Ordnung als auch die Beziehung zum eigenen Wesen in ein Minusverhältnis gegenüber dem Positiven. Sollte man in dieser Lage härter arbeiten, um das Minus auszugleichen? Die Antwort ist: nein. Wer das Positive verliert, ist verloren. Er hat, wie man sagt, seine Ehre verloren.

Das liegt daran, daß ein geordnetes kosmologisches System sich Störungen widersetzt, weil die Ordnung nicht aus dem Gleichgewicht kommen will. Es reagiert sehr unmittelbar, stark und schnell – nicht, indem es die Auswüchse des anderen sogenannten Systems, das sich etablieren will, abschneidet, es beschneidet – nein, es zielt auf die Wurzel. Und diese Wurzeln sind fast allemal die politischen, finanziellen und sonstigen gesellschaftlichen Strukturen, die dieses andere sogenannte System tragen und stärken. Schneidet man diese Wurzeln ab, so fällt das Gewächs in sich zusammen, denn innerhalb des galaktischen Gleichgewichts hat es keinen Wert. Es ist ein Pilzgewächs: Trennt man es ab von seinen negativen künstlichen Nahrungsquellen wie Angst und Furcht, so wird es in sich zusammenfallen und zerbröseln. Menschen von dieser Art werden weggewischt, aber sehen Sie, sie tragen nicht die volle Verantwortung dafür, daß sie als Geschöpfe etwas Bestimmtes getan haben, so daß man sagen könnte: »Sie kommen in die Hölle, ins Feuer und in die Verdammnis« – so ist es nicht. Das ist zu vereinfacht. Vielmehr werden sie zu Beispielen, aus denen die Menschen hoffentlich etwas lernen.

Je höher man steigt, desto tiefer der Fall, denn sie haben eine Pyramide erbaut, die auf einer künstlichen Machtstruktur basiert. Deshalb werden nicht nur die an der Spitze stürzen, sondern die ganze Pyramide, die aus allen, die sie unterstützt haben, besteht. Alle, die diese künstliche Gesellschaftsstruktur mitgetragen haben, werden auch mitleiden. Vielleicht leiden sie weniger, da sich die Auswirkungen nach unten hin vermindern, aber sie sind doch noch da. Sie sind eine Lehre, eine sehr einfache Lehre, wie alle Lehren der Geschichte, aus denen die Menschen lernen sollten.

Eine negative Kraft oder ein negatives System verzehrt sich selbst; das muß so sein. Das ist kategorisch; keine Frage von »hoffentlich« tut es das, weil es doch so negativ ist, weil es doch auf Menschenverachtung beruht. Es gibt im Menschen Raum für alle seine Schwächen, Irrungen, Dummheiten, Faulheiten und dergleichen. Dem Menschen nicht nur ein Recht auf seine Schwächen abzusprechen, sondern ihn deswegen herabzusetzen ist ineffizient. Man kann Millionen töten – und Menschen haben dies getan und tun es. Aber auf lange Sicht hin ist das nicht möglich; es bedroht das Gleichgewicht und ein gestörtes Gleichgewicht steht im Gegensatz zum Gesetz dieses Sonnensystems, und so ist es einleuchtend, daß das Ende nur eine Frage der Zeit ist. Menschenverachtung erzeugt Verachtung für die Bedingungen des menschlichen Lebens, für das Leben selbst, für Leiden und Tod. Die Beziehung zu diesen Dingen wird damit angstbesetzt, und wenn dann dazu noch Anmaßung und Manipulation hinzukommen, gerät das ganze Gebäude ins Wanken.

Das folgende ist eine sehr pauschale Aussage, aber manchmal leiste ich mir solcherart Luxus. In der Sowjetunion gibt es eine vorwiegend bäuerliche Bevölkerung. Durch Erziehung, Erfahrung und andere Faktoren haben die Menschen dort eine langsamere Reaktion, weil sie sich in ihrem Verhalten beispielsweise an den Jahreszeiten oder der Vegetation ausrichten. Sie reagieren daher auch als Volksganzes langsamer. Während und nach der Oktoberrevolution wurden die sogenannte Aristokratie und die Intelligenzija vom Sowjetsystem systematisch, brutal und gnadenlos ausgerottet oder vertrieben. Ebenso wurde jedermann, der sich auflehnte, entweder umgebracht oder mundtot gemacht, und diejenigen, die aufgeboten wurden, um die Lükken zu füllen, waren dann aber ihrer Aufgabe nicht gewachsen. Die Spannungen und der Terror innerhalb der Gesellschaft nahmen zu, weil man gewissermaßen versuchte, die Arbeit eines Mannes von einem Kind, dem das Wissen, der Kontext und der Rückhalt fehlten, verrichten zu lassen.

Nehmen Sie den tüchtigsten Erntehelfer von Nitsuperkosk oder sonstwo, und machen Sie ihn zum Landwirtschaftsdirektor eines beliebigen Gebiets – er wird völlig versagen. Er ist sich seiner Grenzen bewußt und hat außerdem Angst, weshalb dies unausweichlich zur Katastrophe führen muß. Man kann von jemand nicht mehr verlangen, als er zu leisten imstande ist.

Sie werden sich daher langsam weiterentwickeln. Der Grund dafür, daß sich in den Satellitenstaaten sozusagen immer mehr zusammenbraut, liegt daran, daß die Intelligenzschicht bei ihnen ebenso gnadenlos ausradiert wurde wie in der Sowjetunion. Es ist unausweichlich, daß das Volk reagiert; es ist ja kein Vieh. Vielleicht verträgt es mehr Schläge als ein Aristokrat, aber vielleicht tut es ihm doch genauso weh. Eines Tages erhebt es sich und sagt: »Genug!«

Der Grund, warum man Situationen genau wahrnehmen

und sich auf sie einlassen sollte, ist der, daß man sie dann nutzen kann – etwas, was jeder sowieso tut: Man geht morgens aus dem Haus, stellt fest, daß es kalt ist, kehrt wieder um, zieht sich etwas Warmes an und geht wieder weg; man reagiert natürlicherweise auf Umstände, das ist ein ganz natürlicher Vorgang, an dem nichts Besonderes ist; und es wird – hoffentlich – niemandem einfallen, sich hinzusetzen und die Angelegenheit esoterisch, psychoanalytisch oder sonstwie anzugehen. Selbstverständlich gibt es Bereiche, wo man kompliziertere Richtlinien anzuwenden hat oder für die man Rat braucht. Auch hier wieder muß man die Extreme vermeiden: Man geht hinaus und es regnet – deshalb wird man nicht den Versuch unternehmen, sich in einer aufwendigen Prozedur an die Gegebenheiten anzupassen, sondern man wird seinen gesunden Menschenverstand gebrauchen und folgerichtig zum Regenschirm greifen. Andererseits, wenn es gilt, etwas Wichtiges auszuarbeiten oder eine komplizierte Angelegenheit zu lösen, wird man wohl kaum zum Regenschirm greifen.

Und doch gibt es Leute, die Derartiges tun, und das führt dann leicht zu Verwirrung, Feindseligkeit und Reibungen. Manchmal kann das daran liegen, daß zwei Menschen auf eine bestimmte Situation unterschiedlich reagieren. Wenn sie sich dann hinterher mit der Situation beschäftigen und versuchen herauszufinden, was sie zu bedeuten hat, kommen sie zu zwei völlig unterschiedlichen Erklärungen und lehnen die Sichtweise des anderen jeweils als feindselig, diktatorisch oder irgendwas in diesem Sinn als gegen sie Gerichtetes ab. Dies gilt für fünf, sechs, zehn, fünfzig oder einhundert Menschen, und es ist leider möglich, daß man am Ende fünfundzwanzig oder fünfundvierzig unterschiedliche Darlegungen von ein- und derselben Situation haben kann und jeder glaubt, er habe verstanden. Was aber ist die gemeinsame Erkenntnis, die alle aus dieser Situation ziehen sollten? Die übliche Antwort hierauf ist, daß man eine Situation nicht zu Tode analysieren sollte. Man hat ja meist schon irgendwie mitbekommen, welchen Stellenwert die jeweilige Situation hat oder warum sie notwendig ist, aber wenn man übertrieben kompliziert herangeht, dann läßt man leicht das, was man bereits selbst schon gefühlt hat, außer acht und redet sich ein, es sei »zu einfach«, »es müsse mehr dahinterstecken« oder »man müsse sich noch intensiver damit beschäftigen«.

Nun liegt aber eine Gefahr in diesem »intensiver beschäftigen«, weil es zum Selbstzweck werden kann. Man sagt sich, daß man es sich als Intellektueller schuldig sei, die Angelegenheit aus jedem nur erdenklichen Winkel heraus zu untersuchen, und schließlich gelingt es einem auch, etwas ungeheuer Komplexes zutage zu fördern, wobei sehr oft sowohl der rote Faden als auch der ursprüngliche Anlaß der Situation längst verlorengegangen ist. Weitaus mehr Situationen, als man es sich vorstellt, beruhen auf ganz einfachen Dingen. Niemand will gerne für einfach gehalten werden, weshalb man sich möglichst komplizierte und komplexe Motivationen zuschreibt; das kann man jeden Tag aufs neue in den Zeitungen nachlesen. Ist beispielsweise ein Einbrecher gefaßt worden, taucht gewiß ein Sozialarbeiter oder Psychiater oder irgendein anderer Neunmalkluger auf und erklärt: »Aha, diesem Mann hat man als Zweijährigem seine Banane fortgenommen, weshalb er sich jetzt gegen die Gesellschaft wendet; dies ist eben seine Art, dies auszudrükken.«

Der Mann ist ein Dieb. Seine Motivationen sind Habgier und Trägheit, und da er zu faul ist zu arbeiten, erscheint es ihm einfacher, anderer Leute Häuser auszuräumen und von deren Arbeit zu profitieren. Aus gesellschaftlicher Sicht ist er ein Dieb und ein Geächteter, und als solchen hätte man ihn vor hundert Jahren auch betrachtet. Dies bedeutet natürlich nicht automatisch, daß jeder, der ein Einbrecher oder ein Dieb ist, in diese Kategorie gehört. Ich will gerne einräumen, daß es Menschen gibt, die durch unglückliche Umstände dazu getrieben wurden, andere zu bestehlen oder zu berauben, und ich will damit auch nicht sagen, daß man nicht die persönlichen Verhältnisse prüfen soll, wenn jemand einer Sache überführt wurde. Dessen Verteidiger sollte aber nicht alles und jedes heranziehen, um die Tatsache wegzuerklären, daß der Betreffende verantwortungslos gehandelt hat und für ihn kein Platz ist in dem, was man früher eine geordnete Gesellschaft nannte.

Wenn jemand nachweislich aus dem Gleichgewicht geraten ist und wenn die Umstände, die ihn zu diesem Diebstahl veranlaßt haben, erklärlich sind, dann sollte diese Angelegenheit auf der, wie ich es nenne, »Dorfebene« abgehandelt werden. Wenn vor hundert Jahren jemand in einem Dorf etwas gestohlen hat, dann wurde er nicht zu einem Gerichtshof gebracht, sondern man brachte ihn normalerweise vor ein paar Ältere, den Rat des Dorfes sozusagen, und diejenigen, die ihn kannten, erklärten seine Vorgeschichte und seine spezielle Situation zu dem Zeitpunkt.

Da ihn alle kannten, wäre es ihm damals nicht möglich gewesen, mit ethnischen, rassistischen oder sexistischen Benachteiligungen herumzuargumentieren, weil man ihm darauf geantwortet hätte: »Was für ein Geschwätz! Du bist der-und-der, der Sohn von dem-und-dem, und du warst schon immer ein Taugenichts und Faulpelz!« Man hätte ihm eine Tracht Prügel verabreicht und ihm gesagt: »Arbeite und ernähre deine Familie!« Gesetzt den Fall, der arme Kerl wäre nun tatsächlich ein Opfer der Umstände, wäre das auch allgemein bekannt. Solch eine Situation beispielsweise wäre noch vor zehn Jahren in Afghanistan folgendermaßen gehandhabt worden: Wenn sich herausstellte, daß die persönlichen Verhältnisse des Betreffenden derart waren, daß er gezwungen war zu stehlen, dann wurde dem ganzen Dorf die Strafe dafür auferlegt, weil die Gemeinschaft es hatte dahin kommen lassen, daß eines ihrer Mitglieder zum Dieb wurde. Dies, denke ich, ist eine ausgewogene Haltung.

Ich bin auf dieses Thema gekommen, weil es sich auch hier wiederum um Wissen und Kontakt dreht. Kontakt bringt mit sich, daß man die Verhältnisse und die Absichten eines Menschen leicht nachvollziehen kann, sie sind erklärlich – weil man sie kennt. Seitdem es diese hauptberuflichen Sozialarbeiter und Psychiater gibt, die automatisch Stein auf Bein zu schwören pflegen, daß der jeweilige Straftäter eigentlich das Opfer sei, wurde einer natürlichen Art von Gerechtigkeit der Garaus gemacht.

In der Situation, wie sie sich in einem Dorf darstellt, wo die Dinge aus einer einfachen menschlichen Sicht betrachtet werden, heißt die Frage: »Ist dieser Mensch ein nützliches Mitglied unserer Gemeinschaft?« Auf welcher Ebene die Antwort auch kommt, ob es sich bei dem Betreffenden um einen guten Straßenfeger, Fensterputzer, Friseur oder Anwalt handelt – was er auch tut, er steuert etwas für die Gesellschaft bei, und diese gibt ihm dafür einen Platz und belohnt ihn angemessen. Das ist sozusagen natürliche Gerechtigkeit. Wenn jemand den Boden dieser natürlichen Gerechtigkeit verläßt und zum Parasiten, zum Vampir wird und wenn er – mit welchen Methoden auch immer, ob durch Nötigung, Angstmache oder Erpressung – auf Kosten anderer Menschen lebt, dann muß man seine Motivation prüfen.

Wenn es seine Motivation ist, zu kontrollieren, zu dominieren, den Leuten mit Drohungen, Beschwatzen oder leeren Versprechungen das Geld aus der Tasche zu ziehen, dann ist er nichts weiter als ein Scharlatan. Es gibt sie überall: Man braucht nur auf einen Jahrmarkt zu gehen und dort den Zigeunern zuzusehen, die aus Kristallkugeln, aus Spielkarten und aus den Händen lesen und ein wenig mit der Drohung nachhelfen: »Gib mir eine Münze, Süßer, denn sonst...« Gut, die Arbeit muß bezahlt werden: »Eine Mark für einen Blick in die Kristallkugel!« Ich meine, daß man sich damit seinen Lebensunterhalt verdienen kann, und es ist nicht die verwerflichste Art. Wendet sich aber jemand gegen die natürliche Ordnung, begnügt er sich nicht länger mit seiner Kaffeesatzleserei und Scharlatanerie, dann bringt er tatsächlich das normale Gleichgewicht dieser Dorfgemeinschaft durcheinander.

Je mehr jemand andere Menschen ausbeutet, desto verabscheuungswürdiger ist sein Vergehen. In Comics sieht man manchmal Menschen als Geier dargestellt. Sie sind aber keine Geier, denn ein Geier mag zwar ein abstoßendes Tier sein, aber trotzdem haben so ein Aasgeier oder so eine Rabenkrähe in der Dorfgemeinschaft ihre Funktion: Sie fressen Totes, verwerten den Abfall, sind gewissermaßen Vorfahren des Müllmanns. Schön, man greift keine Müllmänner an oder schießt auf sie, wie unappetitlich ihr Beruf auch sein mag, aber weil man unmöglich Geier im Hyde-Park haben kann, gibt es eben Müllmänner. Ein Mensch, der andere ausplündert, indem er Autorität und Druckmittel einsetzt, ist kein Geier, sondern ein Parasit. Denn ein Parasit ernährt sich von dem Organismus, dessen Teil er ist, um zu wachsen und sich auszudehnen. Um bei dem Beispiel unseres Dorfes zu bleiben: Hier wird normalerweise alles Parasitäre auf natürliche Weise eingegliedert. Wenn ein Dorf oben auf einem Hügel steht, dessen Gelände durch Erosion abrutscht, wird es abgestützt; man unternimmt etwas.

Wenn also, wie gesagt, eine negative, feindselige oder beunruhigende Situation besteht, ist es oft sinnvoll, darauf zu schauen, wie die Situation entstanden ist. Ob sie nun durch den Kontakt mit einer Person oder bestimmten Umständen entstanden ist; man fragt sich, wo die Ursache und das Motiv liegen. Voraussichtlich wird in 95 von 100 Fällen die Ursache offen zutage treten: Gier, Faulheit, Bequemlichkeit, Herrschsucht – oder eine Mischung aus alldem; auf welche Weise auch immer sich das zeigen mag.

Aber man sollte auch nicht überanalysieren. Es heißt zwar: »Beurteilen Sie den Inhalt der Flasche nicht nach dem Etikett«. Gut. Aber man ignoriert auch nicht das Etikett und nimmt einen Schluck, um dann festzustellen, daß es Salpetersäure war. Falls nun jemand auf dem Etikett gelesen hat, daß »Salpetersäure« draufstand, dann aber sagt: »Ich richte mich aber nicht nach dem Etikett«, und nimmt einen Schluck – der ist dann selber schuld.

Es gibt einen Mittelweg zwischen den beiden Extremen: das, was man gemeinhin als gesunden Menschenverstand bezeichnet, der in unserem intellektuellen Zeitalter gänzlich unterbewertet wird. Wenn die Leute das hören, dann heißt es gleich: »Oho, das können Sie nicht sagen – nicht mir! Ich habe summa cum laude an der Universität von Bombay abgeschlossen!«, und dann hält man Ihnen irgendwelche Diplome unter die Nase. Dies hat weiß der Himmel überhaupt nichts zu bedeuten oder allenfalls, daß der Betreffende vielleicht eine Busfahrkarte lesen kann. Wenn man das Gefühl hat, daß etwas faul ist, sollte man, auch wenn es einem nicht gleich auf Anhieb gelingt, herausfinden, was es ist, und dabei seine natürliche Empfindung, die einem das sagt, nicht außer acht lassen. Man sollte sie nicht zurückstellen und schon gar nicht zugunsten der Überlegung, vielleicht bei Schopenhauer mehr darüber zu erfahren. Nein. Bei der Beurteilung einer Situation oder eines Menschen kann man sehr gut vorankommen, ohne daß man gleich auf Phantasie oder intellektuelle Etikettierungen zurückgreifen müßte. Im allgemeinen wird der Mensch von seinem Machtstreben angetrieben, das sich in einer ganzen Skala von Drohgebärden manifestiert. »Tun Sie das, sonst...« heißt es dann. Tun Sie das, sonst – was?

In solch einem Fall würde ich persönlich eher sagen: »Ich hielte es für gut, wenn Sie dies täten.« Ich habe noch niemals jemanden aufgefordert: »Tun Sie dies – oder ich werde Ihnen die Hölle heiß machen!« In extremen Fällen habe ich vielleicht schon gesagt: »Wenn Sie dies nicht tun, werde ich sehr unglücklich sein.« Manchmal, nur selten, mache ich auch deutlich, wie unglücklich. Wenn ich jemandem drohe, so drohe ich ihm meistens mit sich selbst: »Wenn Sie dies tun, handeln Sie unverantwortlich gegenüber sich selbst.« Sie haben eine Pflicht, sich selbst gegenüber, Ihrer Familie und der Gesellschaft – enttäuschen Sie sie nicht.

Und wenn Sie mich enttäuschen? Nun, ich möchte gerne glücklich sein, und wenn ich etwas sage, und der Betreffende ignoriert es, dann bin ich nicht glücklich; aber es ist weder meine Art, noch meine Neigung, noch meine Befugnis, jemanden zu bestrafen oder ihm Angst zu machen. Das erklärt auch, warum sich meine kategorisch ablehnende Reaktion auf Juju*, Macumba** und den ganzen Zauber nie geändert hat; auch habe ich weder die Absicht noch den Auftrag, das zu ändern. Jegliche Art von Drohungen mit Phantasiegebilden wie den »Dämonen aus dem Geisterreich« können niemanden schrecken: Solche Dinge sind Auswüchse einer kranken Phantasie. In dieser Hinsicht können Sie meine Worte anhand der Schriften aus der Tradition prüfen: Niemand, der wirklich autorisiert war zu lehren, hat jemals irgend jemandem mit irgend etwas gedroht.

Ich spreche über diese Dinge, weil es auch hier wiederum auf die grundsätzliche Absicht ankommt. Wer droht, bedient sich einer üblen, schamanistischen Taktik, die vielleicht theatralischen Zwecken dienlich sein mag, im wirklichen Leben aber unsinnig ist. Wer droht und einschüchtert, bedient sich einer Technik, wie sie der Tradition nicht ferner sein könnte, und das ist die Erzeugung von Furcht; die Angst vor dem Unbekannten. Aber das »Unbekannte« ist nicht unbekannt; es ist bekannt. Die »Dämonen aus dem Geisterreich« oder die »Macht der Umstände, die jenseits unseres Einflusses liegt«, die über uns hereinbrechen und uns zerstören können oder die aufgrund von Beschwörungen über uns kommen und was auch immer anrichten könnten – es gibt sie ganz einfach nun mal nicht.

Da gab es diesen besessenen Kaiser Bokassa, der Juju betrieb, Menschen zu Tode foltern ließ und sie dann aufaß

* Sammelname für magische Riten in Westafrika (Anm. d. Übers.).
** Voodoo-ähnliche Religion in Südamerika, hauptsächlich Brasilien (Anm. d. Übers.).

und darüber hinaus mit aller nur erdenklichen Form von Schrecken drohte. Der Kerl war paranoid, wahnsinnig und ein Mörder; aber das Grundmuster dahinter ist wieder die Machtgier, diese latente Drohung; sie kann aber nur bestehen, wenn der Betreffende sie für real hält. Nichts ist einfacher, als etwas dagegen zu unternehmen: Man muß es nur als den Bluff, der es ist, benennen. Ich habe diese Beispiele angeführt, weil sie zeigen, daß es letztlich auf die Absicht ankommt. Wenn man nicht die Absicht hat, jemandem zu nützen, sondern ihm etwas gewaltsam abzupressen, ist die Waffe, derer man sich hierfür bedienen wird, Angst.

Die Taktiken, die man anwendet, um solche Situationen aufrechtzuerhalten oder eskalieren zu lassen, sind denen ähnlich, die diese Situation ursprünglich erzeugt haben. Wenn die Situation negativ ist, wird sie sich auch auf negative Weise fortsetzen und wird zu einem negativen Ergebnis führen. Es ist nicht möglich, negative Impulse mit positiver Energie zu nähren, weil sie im Minusbereich beginnen. Je abscheulicher die eingesetzte Vorgehensweise ist, das heißt, um so negativer sie ist, desto negativer wird die Situation werden. Selbst wenn es möglich wäre, da Positivität hineinzubringen, so würde es nicht einmal reichen, um auf den Nullpunkt zu gelangen. So erzeugt ein Nichts ein Nichts.

Um es kurz zusammenzufassen: Die Bewertung von Personen oder von Umständen kann verwirrend sein. Das heißt aber weder, daß man keinen Blick darauf werfen soll, noch bedeutet es, daß man sich keinesfalls darauf einlassen soll, denn dies würde bedeuten, daß man sich völlig von allem und jedem absondert, und dies wäre falsch.

Es bedeutet vielmehr: Urteilen Sie nicht zu tiefgründig; aber auch nicht zu oberflächlich. Berücksichtigen Sie Faktoren wie die bisherige Entwicklung, die Umstände, Ihr eigenes Gefühl, und unterschätzen Sie dergleichen nicht.

Aber geben Sie auch kein rein emotionales Urteil über etwas ab, bei dessen Beurteilung sowohl Emotionalität als auch gesunder Menschenverstand verlangt werden. Noch einmal: Sie müssen Ihre Maßstäbe und Ihre Koordinaten kennen. Urteilen Sie nicht über alles und jeden, aber verzichten Sie auch nicht darauf zu urteilen, und hier ist der nächste heikle Punkt: Trauen Sie sich zu zu urteilen. Sie müssen dabei nicht »Urteil sprechen«, das ist ein großes Wort, und solch ein Wort kann Angst machen. Wenn Sie gebeten werden, sich über eine bestimmte Sache Gedanken zu machen oder sie zu bewerten, dann lastet dieses Urteil nicht ein für allemal auf Ihren Schultern. Man kann Urteile ändern, wenn sich die Zeiten ändern; Situationen ändern sich, wenn die Leute mehr Erfahrung bekommen, und ein einmal gefälltes Urteil muß nicht für immer gelten. Es handelt sich nicht um ein Gesetz, das vom Parlament erlassen wurde und unumstößlich ist. Man ändert sein Urteil nicht ständig, aber man läßt es auch nicht ein für allemal unverändert; man modifiziert es anhand seiner Erfahrungen und seines gesunden Menschenverstandes.

Weil das englische Recht ein konstitutionelles Recht ist, basiert es auf Präzedensfällen. Man meldet sich zu Wort und sagt: »Euer Ehren, ich verweise auf den Fall Müller gegen Müller«, und jeder weiß dann Bescheid oder kann es nachschlagen. Das Gesetz muß nicht ständig neu erfunden werden; es wird jedoch so aktualisiert, daß es auf die Gegebenheiten angewendet werden kann.

Man sollte sich daher nicht schämen zu sagen: »Ich habe dieses oder jenes gefühlt«, aber man sollte dieses Gefühl nicht mit einem feststehenden Urteil verwechseln. Man läßt Person und Situation auf sich wirken, verarbeitet sie und kommt dann aufgrund dessen, was man fühlt und denkt, zu einem vernünftigen Ergebnis, das darüber hinaus dann auch auf Diskussion, Informationsaustausch und dem Einholen von Ratschlägen beruhen wird, damit man schließlich den Gegebenheiten entsprechend handeln kann. Dies beruht weder auf Schwäche noch auf Stärke – sondern auf Flexibilität.

Spannung

Sich auf Entspannung zu konzentrieren ist nur scheinbar ein innerer Widerspruch, und für ein System, das der menschlichen Entwicklung gewidmet ist, ist es eine grundlegende Voraussetzung. Entspannung ist eine außerordentlich gute Grundlage für jegliche Entwicklung. Wenn ich sage, daß dies ein innerer Widerspruch zu sein scheint, dann deshalb, weil das Wort »konzentrieren« hier im Westen einen unglücklichen Beigeschmack hat in dem Sinn von: »Ich konzentriere mich auf etwas, das ich studiere«. Dies ist das genaue Gegenteil von Aufmerksamkeit; das ist Anspannung.

Anspannung kann körperlicher oder geistiger Art sein; beides aber ist für sinnvolles Arbeiten ineffizient und hinderlich. Körperliche Anspannung verbraucht ein gewisses Maß an körperlicher Energie; man benötigt Energie, um seine Muskeln anzuspannen. Das ist vielleicht grobe und oberflächliche Energie, und man achtet auch nicht jedesmal darauf, aber sobald man sich angespannt auf etwas konzentriert, vergeudet man Energie.

Dasselbe gilt auf der geistigen Ebene. Ich gebrauche das Wort »intellektuell« überaus ungern, weil es mit so einem Beigeschmack belastet ist, aber sagen wir hier, daß man sich intellektuell entspannen soll, daß man nicht versuchen soll, auf einer geistigen oder intellektuellen Ebene einen tieferen Kontakt mit etwas herbeizuzwingen, denn selbst wenn man mit seinen Bemühungen Erfolg hat, erzeugt man ein entsprechendes Maß an Spannung. Ist diese Spannung einmal da, dann ist ein Teil des Gehirns unvermeidlich damit beschäftigt, dieses Maß an vermeintlicher Aufmerksamkeit aufrechtzuerhalten.

Ein bestimmter Teil des Gehirns, das motorische Zentrum, steuert, prüft und mißt z. B. Muskeltonus, Blutdruck,

Körpertemperatur, den Flüssigkeitsaustausch. Wenn dieses recht grundlegende Zentrum ruhig und mit seiner normalen Geschwindigkeit funktioniert, dann hilft das dem Körper und dem Geist, sich zu harmonisieren und sich auf das, was gerade ansteht, zu konzentrieren.

Das Grundproblem bei den meisten Unklarheiten und Mißverständnissen ist die geistige und körperliche Spannung. Das ist zwar eine pauschale Aussage, aber sie ist absolut richtig. Spannung manifestiert sich sehr vielfältig: als Reizbarkeit, Hast, bei übereilten Entscheidungen und in all den lästigen Nebenwirkungen des westlichen Alltags, die einem wohlvertraut sind. Jeder hatte schon einmal Anzeichen von Spannungskopfschmerz oder ganz allgemein ein Gefühl der Aggressivität oder Feindseligkeit. Kopfschmerzen, Fehleinschätzungen, Mißverständnisse und Hörfehler sind oft die Folge von Spannungen. Es besteht bei Psychiatern die Tendenz, dies je nach Therapieschule, der sie angehören, wegzuerklären. Dabei handelt es sich um eine ganz einfache grundlegende Angelegenheit: Man spürt, daß man aggressiv oder verwirrt ist, und das verspannt einen.

Dies mag kulturspezifische Ursachen haben, aber meistens werden die Vorgänge im menschlichen System übertrieben kompliziert dargestellt. Fangen wir doch einfach bei der Basis an: Wenn es Ihnen gelingt, die Bereiche Ihres Denkvermögens, die für eine bestimmte Aufgabe nicht benötigt werden, zu entspannen, so machen Sie sie dadurch für sinnvolle Aufgaben frei. Sie befreien sie damit von jeglicher Tätigkeit und vermeiden so die Verschwendung von Energie, die so für sinnvollere Dinge zur Verfügung steht.

Daher können also sämtliche Techniken, die wir benutzen, dann am wirkungsvollsten eingesetzt werden, wenn sie mit soviel Ent-Spannung wie nur möglich unterstützt werden. Alle natürlichen und künstlichen Hilfsmittel, die der Ent-Spannung dienen, können und sollten angewandt werden; es ist keinesfalls eine Schande, sich ihrer zu bedienen. Wenn man sich dadurch entspannt, daß man sich auf den

Fußboden legt oder auf den Kopf stellt – warum nicht, das ist völlig in Ordnung. Schlimm ist es dagegen, wenn man feststellen muß: »Ich kann mich einfach nicht entspannen!« Dem liegt meist die bekannte Situation zugrunde, daß der Betreffende in einer seltsamen und unbequemen Lage sitzt oder liegt und sagt: »Ich werde mich entspannen – und wenn es mich umbringt.« Es wird Sie zwar nicht umbringen, aber ganz gewiß wird es Sie auch nicht entspannen. Anstrengung und Energie müssen richtig eingeschätzt und eingesetzt werden.

Wenn Aktivitäten der Tradition bei einem ständig Adrenalinstöße auslösen, dann stimmt etwas nicht. Denn »Adrenalinstoß« ist nur eine zeitgemäße Formulierung für steinzeitliches Verhalten. Was macht der Neandertaler, wenn er sich unversehens vor seiner Höhle mit einem Säbelzahntiger konfrontiert sieht? Er braucht einen Adrenalinstoß, der ihn alarmiert und bewirkt, daß er sich schnellstens über die nächste Felswand davonmacht. Ein anhaltend hoher Adrenalinspiegel ist nicht sinnvoll, weil er fortwährend aufgetankt werden muß, und dieses Auftanken führt in einen Teufelskreis: Der Körper produziert Adrenalin für den Energieschub, dann setzt er den Energieschub um und erzeugt weiteres Adrenalin. Deshalb beruhen in der Tradition alle Übungen auf Entspannung, wodurch es möglich wird, die eingesetzte Energie optimal zu nutzen.

Sehen wir uns einmal die verschiedenen Arten von Spannung an: Es gibt Muskelspannung und psychische Spannung, die man auch als nervöse Anspannung bezeichnet. Dies sind die beiden Hauptspannungen. Beide können einzeln oder durch ihr Zusammenspiel den Menschen sowohl psychisch als auch physisch bei all seinen normalen täglichen Aktivitäten erheblich beeinträchtigen; beim Essen, Arbeiten, Spazierengehen – bei allem. Man weiß es meist selbst, wenn man körperlich oder seelisch angespannt ist. Niemand fühlt sich in diesem Zustand wohl; man bemüht sich nach Kräften, diese Spannung loszuwerden und wendet dazu die unterschiedlichsten Techniken an, und das ist auch richtig.

Dabei sind aber zwei wichtige Punkte zu beachten. Wir haben bereits darüber gesprochen, was es heißt, positiv oder negativ zu sein, und wie das Negative und das Positive physisch und geistig wirken. Spannung ist negativ, und sie hat einen ausgeprägten Einfluß. Sie müssen lernen, beides – das Negative wie das Positive – zu erkennen. Wenn etwas geschehen ist, das Sie für negativ halten oder das wirklich negativ war, dann messen Sie bei Ihrer Selbstprüfung diesem Negativen nicht zuviel Bedeutung bei. Es ist da, es ist immer ein wenig vorhanden, es sucht immer nach einer Möglichkeit, sich geltend zu machen.

Wenn Sie sich sagen: »Ich darf nicht negativ denken oder handeln«, dann ist dies bis zu einem gewissen Punkt ganz in Ordnung, solange man nicht soweit geht zu sagen: »Dieses Negative kann Macht über mich gewinnen, wenn ich nicht immer und hundertprozentig auf der Hut bin.« Das ist nicht richtig; es kann keine Herrschaft über Sie gewinnen. Es verführt vielleicht zu Fehlern, es verursacht Verwirrung, Mißverständnisse und ungezählte kleine Unannehmlichkeiten, die man dann zusammengefaßt »meine Probleme« nennt. Es ist nicht so, daß es das Negative nicht gäbe, aber man muß es im richtigen Maßstab sehen. Es kann von Ihnen nicht Besitz ergreifen; es kann Sie stören, irritieren oder nervös machen, aber das ist auch schon alles. Wenn Sie einmal erkannt haben, wie das Negative in Ihnen wirkt oder Ihr Denken beeinflußt, dann können Sie es benennen und sagen: »Nein, das wird dir nicht gelingen«, wie man zu einem Kind sagen würde: »Nein, du wirst mich nicht zum Narren halten, ich weiß, daß du kein großes Monster mit Hörnern bist.« Daraufhin verschwindet die Wirkung, die es auf einen hatte, denn nur was unbekannt ist, kann einen verwirren und Schwierigkeiten hervorrufen.

»Bin dies wirklich ich, oder ist es eine tiefe negative Freudsche oder Schopenhauersche Kraft, die mir zu schaffen macht?«Messen Sie dem Negativen nicht soviel Bedeutung bei; seien Sie sich darüber im klaren, daß Sie damit fertig werden können; identifizieren Sie es und gehen Sie es mit Methode an. Dasselbe gilt für die Spannung. Manche Leute sagen: »Ich werde mich nicht verspannen – koste es, was es wolle!« oder »Ich mache mir keine Gedanken, ich denke nur nach!« Das ist nicht nur nicht wahr, das ist psychologisches Gewäsch. Denken Sie ernsthaft nach, aber spätestens, nachdem Sie etwas zum vierten Mal durchgegangen sind, sollte es genug sein.

Man kommt durchs Denken weiter, nicht durchs Sorgenmachen. Es ist ein Unterschied, ob man denkt oder ob man sich Gedanken oder Sorgen macht, und sagt: »Was mache ich bloß, ach, was mache ich bloß!« Wenn Sie zum fünftenmal über etwas nachgedacht haben und immer noch nicht wissen, was zu tun ist, dann haben Sie die falsche Technik benutzt. Das kann zur Gewohnheit werden: »Sprechen Sie Herrn Soundso jetzt nicht an; er denkt nach.« Das tut er aber nicht; er sitzt da und sagt zu sich selbst: »Allmächtiger Gott, ich weiß nicht, was ich tun soll, ich habe schon alles überlegt...« Nein, er hat sich nicht alles überlegt. Gehen Sie auf Distanz zu dem Problem, und betrachten Sie es dann, und falls es eine Lösung gibt – dann ergreifen Sie sie. Wenn es keine Lösung gibt, dann warten Sie auf eine. Lösen Sie sich von dem Problem und entspannen Sie sich. Machen Sie eine Übung, irgend etwas, um es loszuwerden, aber messen Sie vor allen Dingen dieser Spannung keine unnötige Bedeutung bei.

Die Leute sagen: »Ich bin so angespannt, ich kann nicht denken.« Nun, das ist richtig: Anspannung ist wie Furcht, sie blockiert alle Denkkanäle. Jemand sieht eine Schlange: »Iih!« – das ist die spontane Reaktion. Es ist völlig normal, in dieser Weise zu reagieren, aber wenn Sie das dann eine halbe Stunde lang weitermachen, dann stimmt etwas nicht. Sie vergeuden nicht nur eine halbe Stunde, sondern lassen der Schlange auch Zeit, heranzukommen und zuzubeißen, und dies ist nicht der Sinn der Sache. Gut, Sie reagieren erstmal, und diese Reaktion führt dann zu einer Handlung. Klettern Sie auf einen Baum, laufen Sie weg, erschlagen Sie die Schlange, schreien Sie, unternehmen Sie irgend etwas, aber bleiben Sie nicht in diesem Zustand und sagen: »O je, jetzt bin ich total angespannt«; denn der Schlange ist es egal, wie angespannt Sie sind; Hauptsache, sie kann Sie beißen! Die Spannung entsteht, weil der starke Selbsterhaltungstrieb alle Kommunikationskanäle überflutet: Aus dem einen tönt es: »Lauf«, aus dem anderen: »Schrei«, aus dem dritten: »Schließ die Augen, es wird vorbeigehen.« All dies geschieht gleichzeitig, und das Handeln wird blockiert: »Ich bin zu nervös, um etwas zu tun« – dies ist ineffizient, und es kommt von der Anspannung.

Spannung wirkt psychisch genauso wie physisch. Wenn Ihre Hand angespannt ist, arbeitet das ganze System, d. h. die Muskeln, die Sehnen, die Durchblutung, ineffizient, denn mit einer verspannten Hand können Sie nichts anfangen. Sobald ich einen Gegendstand in die Hand nehme, treten die Sehnen, Nerven und Muskeln in Tätigkeit, sie registrieren, welcher Kraftaufwand benötigt wird, und sie dosieren die Kraft richtig. Sie tun dies nicht, bevor der Gegenstand angefaßt wird, aber dann schicken sie eine Botschaft an das übrige System, um Unterstützung zu bekommen. Wenn aber die Kommunikation ineffizient ist, dann arbeitet das ganze System nicht richtig. Falls Sie nicht merken, daß Ihre Hand angespannt ist, wird Ihnen Ihr Körper dies nach fünf oder zehn Minuten schon signalisieren: Sie werden nämlich einen Krampf bekommen und den Schmerz spüren. Das ist ein Signal, daß etwas nicht in Ordnung ist.

Genauso ist es bei einer Spannungssituation im psychischen Bereich. In diesem Fall ist es dann das psychische System, das die Spannung signalisiert, zum Beispiel durch ein so einfaches Symptom wie Kopfschmerzen oder auch dadurch, daß es lächerliche Gedanken, Ideen oder Reaktionen produziert. Wenn dies geschieht, heißt es nicht, daß man verrückt wird; es ist ein Signal, daß es mit dem Denken in dem Fall nicht so ganz klappt. Um wieder einen klaren Kopf zu bekommen, sagt man sich: »Das ist aber lächerlich.« Dies ist dasselbe, wie wenn man seine Hand hebt,um den Krampf zu lösen, so daß Durchblutung und Beweglichkeit wiederhergestellt werden.

Wenn das Negative oder das Positive in Aktion treten, wirken sie in jeweils unterschiedlicher Weise: Spannung drückt sich durch Zorn, schlechte Laune oder Konzentrationsschwäche aus. Sie mögen jetzt sagen: »Aber wieso? Wenn ich mich auf etwas konzentriere, dann muß das doch mit einer gewissen Anspannung einhergehen.« Das ist falsch: Konzentration funktioniert mit Entspannung; Anspannung versucht, etwas herbeizuzwingen, wenn es nicht an der Zeit ist oder wenn man nicht genügend Informationen verfügbar gemacht hat.

Wirkliche Konzentration ist nicht Anspannung. Anspannung ist eine negative Form der Konzentration, die sich in Zorn, Nervosität, Aggressivität, ja sogar mangelndem Selbstvertrauen äußert. Wenn jemand etwas tun möchte, das vielleicht etwas schwierig ist und Sorgfalt erfordert, so muß er zunächst klar denken, denn sonst schaltet sein Gehirn auf Automatik, und man wiederholt alte Verhaltensmuster, nur weil man bereits einmal Erfolg damit hatte.

Es kann leicht zu Anspannung führen, wenn man sagt: »Schaffe ich das, oder hatte ich beim letzten Mal bloß Glück?« Hier ist wieder das Negative: »Vielleicht war es nur Glück.« Wenn man aber sagt: »Nein, denn ich habe das ja letztes Mal doch selbst gemacht, und es ist mir gelungen«, dann kommt man an einen Punkt, wo manche Leute wieder sagen: »Nein, ich sollte so etwas nicht sagen, weil dies Selbstlob ist, Eigendünkel.« Hier muß man eine wichtige Unterscheidung treffen. Sie haben etwas getan, und Sie wissen, daß es gut war, dann stellt sich daraus eine Art stille Befriedigung ein. Wenn Sie statt dessen auf die Straße gehen und alle Leute anhalten, um ihnen zu erzählen, wie gut Sie gewesen sind, dann ist dies Angeberei und dazu ein etwas eigenartiges Verhalten. Vielleicht sind die Leute auch alle ganz höflich, aber irgendwann kommen dann die Männer mit den weißen Kitteln und nehmen einen mit.

Wenn man sich also sagt: »Ich habe etwas erreicht, ich habe etwas geleistet«, dann brüstet man sich deswegen nicht. Denn wenn man ehrlich zu sich selbst ist und sich daran erinnert, wie es gewesen ist, dann weiß man, was man getan hat, ob es schwierig oder leicht war, und man weiß, daß man es kann, und kann sagen: »Ich werde es wieder schaffen.« Es gibt überhaupt keinen Grund, warum man es nicht schaffen sollte, und deshalb halten wir es in der Tradition für sehr wichtig, wenn einem etwas gelungen ist – ob es ein Problem ist, das man gelöst hat, ob man etwas verstanden hat, ein Gespür für etwas entwickelt, einen Ort besucht hat, etwas gelesen, eine bestimmte Musik gehört, eine Übung gemacht, etwas Positives getan und dadurch etwas gewonnen hat –, daß dann der (oder die) Betreffende sagen sollte: »Ich habe es geschafft.«

Wenn jemand sagt: »Ja, schön, aber wenn Sie nicht die Schulung und die Bücher gehabt hätten, dann hätten Sie es auch nicht geschafft«, dann frage ich, wofür die Bücher und die Schulung denn sonst da sind? Sie sind nicht dazu da, daß sie ungelesen ins Regal gestellt werden, damit man sagen kann: »Seht euch diese vielen Bücher an, soviel Wissen ist in ihnen, wie herrlich!« Diejenigen, die diese Bücher geschrieben haben – Jami, Hafiz, Suhrawardi oder Rumi –, haben all das erfahren, was andere auch erfahren. Sie haben aus dem Kontext der Tradition geschrieben, weil sie wußten, daß die Tradition fortgeführt werden würde, solange es Menschen gibt. Und daß die Menschen ihre Bücher brauchen würden; Bücher, die mehr beinhalten würden als ein: »Lesen Sie von Seite 1 bis zum Ende, und Sie sind ein vollendeter Sufi«, sondern, die zum eigenständigen Denken und Handeln anleiten würden. Sie wußten, daß diese Bücher in Verbindung mit den Kontakten, Einflüssen und der Energie der Tradition, die von den unterschiedlichsten Orten stammen, eine große Wirkung erzielen würden.

Dies ist die ganze Funktion der Tradition. Eigentlich wollen wir nicht mehr Leute. Immer wenn mir jemand erzählt: »Vor zehn Jahren haben Sie mir etwas gesagt, und gestern habe ich entdeckt, wie es funktioniert«, dann ist das für mich Erntedankfest, Walpurgisnacht oder was auch immer, weil es endlich passiert ist. Wenn Sie nun denken, daß es Ihnen gelungen ist, darauf zu kommen, dann werden Sie möglicherweise von Leuten zu hören bekommen, Sie sollten sich lieber ein Buch besorgen, das Ihnen hilft, umsonst Bus zu fahren. Aber so funktioniert es nicht. Es ist schwierig, und man arbeitet daran. Man ist konditioniert, und das gibt Verwirrungen, und es werden auch Dinge in diesen Büchern stehen, die für Sie im Augenblick keinen Sinn ergeben. Behalten Sie sie im Sinn, und sie werden Ihnen wieder einfallen, wenn es an der Zeit ist, wenn sie gebraucht werden und wenn es einen Sinn macht. Es gibt Widersprüche, über die man philosophieren kann oder die man einfach läßt, bis man sich mit ihnen auseinandersetzen kann.

Physisch und psychisch wirkt Spannung als negativer Hemmschuh. Sie hält einen vom Handeln und vom Denken ab. Sie erzeugt innere Spannung, Frustration und mentale Blockierungen, weil sie Informationen in den hochentwikkelten Computer einspeist, den das Gehirn und das Nervensystem darstellen, die nur teilweise zutreffend sind. Das können Bruchstücke von Information über etwas sein, das man im Augenblick gerade für richtig hält oder halten möchte. Stellen Sie sich vor, daß Sie draußen ein Auto stehen haben. Jeder weiß, daß Autos mit Flüssigkeit fahren. Wie lange werden Sie brauchen, bis Sie alle Flüssigkeiten, die es gibt, durchprobiert und herausgefunden haben, mit welcher Sie Ihr Auto zum Fahren bringen? Probieren Sie es aus – wir leben in Freiheit und Demokratie. Fangen Sie mit Orangensaft an. Aber falls Sie ein fahrtüchtiges Auto besitzen, falls es Benzin gibt und Sie Autofahren können, dann probieren Sie doch nicht jeden Morgen aufs neue, Ihren Wagen mit einem anderen Kraftstoff zu starten. Sie machen auch nicht immer wieder eine neue Erfahrung dabei. Wenn es einmal funktioniert hat, macht man das automatisch wieder und kann anfangen, Verbesserungen vorzunehmen.

Wenn es Ihnen gelungen ist, den Motor zu starten, dann springen Sie auch nicht wieder aus Ihrem Wagen und rufen den Passanten zu: »Ich habe das Auto in Gang bekommen, ich habe das Auto in Gang bekommen!«, denn die Leute werden erwidern: »Ja, und?« Das Auto läuft, Sie können damit fahren, Sie wissen, wohin die Straße führt. Also fahren Sie, und wenn Sie das einmal getan haben, dann tun Sie es beim nächsten Mal mit Ihren neuen Erfahrungen und Techniken ein wenig besser; Sie fahren etwas effizienter, und Sie bekommen jene stille Befriedigung darüber, daß Sie vorankommen, etwas erreicht haben und daß die Dinge funktionieren. Denken Sie darüber nach. Dies ist eine sehr einfache und zugleich eine sehr vollständige Antwort.

Sir Edmund Hillary, der den Mount Everest bestieg, wurde einmal gefragt: »Warum haben Sie diesen Berg bestiegen?« und er antwortete: »Weil er eben da ist.« Wir sind wie Forscher, die zum Ursprung des Amazonas vordringen: weil er eben da ist. Die Tatsache, daß es so etwas wie die Tradition gibt, die Technik und den Weg, den zu benutzen und damit zu arbeiten jedem freisteht; die bloße Tatsache, daß das funktioniert, ist Beweis für seine Existenz.

Was einen Menschen aufhält, ist das Negative, die Spannung und die Furcht, die aus dem Negativen oder der Spannung kommt, das Gefühl, etwas falsch zu machen und die Fragen, die man sich dann stellt wie: »Ist das für mich bestimmt?« Die Zweifel, die philosophischen Interpretationen, das alles ist ganz unnötig. Wenn nun jemand glaubt, daß andere keine Zweifel hatten oder haben, keine Schwierigkeiten, keine Fragen oder Zeiten größerer oder geringerer Begeisterung – es ergeht jedem so. Aber das ist kein Maßstab, weder für die eigenen Fähigkeiten noch für die

Effizienz der Tradition, denn verwendet man hier den herkömmlichen Maßstab, tappt man wieder in die altbekannte Falle: »Wenn ich mich fünf Jahre lang damit beschäftigt habe, werde ich dann König von Brasilien?« Die Antwort ist: »Nein.« Und falls darauf die Erwiderung kommt: »Besten Dank, dann probiere ich es anderswo«, schön, lassen Sie es mich wissen, wenn Sie es gefunden haben.

Worum geht es also? Es geht darum, daß die negative Seite des Menschen im Verhältnis zum Ganzen betrachtet werden sollte. Sie ist nur ein kleiner Teil der Persönlichkeit, der, der Furcht und Spannung verursacht, wodurch wiederum Nervosität, Zweifel und all das entstehen. Es läuft letztlich auf dasselbe hinaus: Unsicherheit. Sie fühlen sich unsicher, und sofort ist das Negative da und sagt: »Aber ja, Sie befinden sich tatsächlich in einer sehr unsicheren Lage.«

Das wirklich Schlimme daran ist nun, daß die Leute wegen ihrer Konditionierung auf solche Dinge hören. Wenn Sie in einen Raum kommen, in dem zwanzig Personen sind, und sagen: »Ich habe ein schreckliches Problem, ich bin völlig ineffizient«, werden Sie von allen Seiten zu hören bekommen: »Ja, es ist so.« Dann sagen Sie sich: »Die sehen das alle auch so, also muß es so sein.« Sie könnten sich aber auch sagen, daß zwar alle dafür gestimmt haben, daß Sie ineffizient sind, aber Demokratie hin oder her, darüber läßt sich nicht abstimmen. Ob es so ist oder nicht, das können nur Sie selbst herausfinden oder beweisen. Wer solche Pauschalurteile akzeptiert, handelt tatsächlich ineffizient.

Beobachten Sie das Ausmaß der Spannung, beobachten Sie, wie sie entsteht, wie sie sich zeigt, was sie unter den verschiedenen Umständen erzeugt, die Sie nicht erwartet haben, in welchen Verkleidungen sie sich verbirgt. Das Negative ist winzig klein, und für etwas so winzig Kleines ist ein sehr kleiner Sieg schon etwas. Deshalb ist es bereits schon glücklich, selbst wenn es bloß zwei Minuten lang Verwirrung schaffen konnte, denn es hat etwas bewirkt. Es hat Sie zwei Minuten gekostet. Sie können jetzt sagen: »Was fange ich schon mit zwei Minuten an?« Richtig, aber zwei Minuten voller Sorgen sind eben zwei Minuten voller Sorgen, und wenn Sie sich des öfteren im Laufe eines Tages zwei Minuten lang Sorgen machen, dann sind Sie schnell bei einer Stunde. Vielleicht ging es dabei jedesmal um verschiedene Dinge, aber trotzdem haben Sie insgesamt die Energie und die Zeit einer Stunde vergeudet.

Man muß gegen Negativität und Spannung, die sich gegenseitig nähren, hervorrufen und unterstützen, angehen, aber keinesfalls so, als handle es sich um einen gleichwertigen Gegner. Nicht daß man ihnen überhaupt keine Aufmerksamkeit schenken sollte – man tut das ja, denn schließlich verursachen sie eine Störung; also sagen Sie sich: »Was ist es, das mich stört? Ich werde feststellen, was es ist, und damit genug.« Aber die Negativität zersplittert unsere Aufmerksamkeit so raffiniert, daß Sie, auch wenn Sie noch soviel zu tun hätten, schließlich sagen: »Wahrscheinlich ist es das beste, wenn ich überhaupt nichts unternehme...«

Sie können es entweder an diesen Punkt kommen lassen oder sagen: »Gut, ich muß mich jetzt mit diesen Dingen befassen; ich sehe sie mir unter wirtschaftlichen, gesellschaftlichen, physischen oder sonstigen Prioritäten an und erledige sie nach und nach. Es ist klar, daß ich sie nicht alle auf einmal erledigen kann, denn wenn ich das versuchte, würde ich vermutlich die Hälfte davon vermasseln.«

Nehmen Sie sich die Dinge nacheinander vor, und arbeiten Sie sich durch, ohne sich dabei nervös machen zu lassen. Jedes bißchen Aufmerksamkeit, das Sie von dem, womit Sie gerade beschäftigt sind, abziehen, ist vergeudete Zeit, und wenn Sie am Ende alles vermasselt haben, dann sagt das Negative zu Ihnen: »Siehst du, siehst du? Du bist ineffizient, du schaffst es nicht, nicht wahr?« »Ja, wenn ich Zeit gehabt hätte...« Sie hatten Zeit, aber Sie haben der Aufgabe nicht genügend wirkliche Aufmerksamkeit gewidmet – und das führt nicht zum gewünschten Ziel.

Katastrophen und Unglück

In einem sich ausdehnenden Universum und auf einem relativ jungen Planeten wie dem unseren gibt es bestimmte natürliche Entwicklungen, die sich innerhalb der Erdkruste und in der Atmosphäre vollziehen. Es gibt also auch jetzt noch bestimmte Setzungsbewegungen und Umgestaltungen wie zum Beispiel Kontinentalverschiebung, Vulkanausbrüche, Flutwellen und ähnliche Ereignisse, die zu Katastrophen werden, wenn sie in dicht besiedelten Gebieten auftreten. Geschieht dergleichen in weniger dicht besiedelten oder gar unbesiedelten Gebieten, dann handelt es sich offensichtlich nicht um Katastrophen.

Neben dem natürlichen Zusammenziehen oder Ausdehnen des Planeten gibt es auch noch andere Faktoren, die Einfluß auf derartige Naturkatastrophen oder Unglücksfälle haben. Zum Beispiel wird von dem beschränkten Grundwasser-Reservoir zu häufig Gebrauch gemacht. Der Wasserbedarf der Industrie steigt mit ihrem Wachstum, und in den Privathaushalten wird immer mehr Wasser verbraucht, weil mehr gewaschen, mehr gekocht wird, mehr Waschmaschinen und derlei benutzt wird. Die Wasservorräte der Erde sind nicht unerschöpflich, auch wenn sie in gewissem Umfang durch die Niederschläge wieder aufgefüllt werden.

Die Niederschläge können durch die zunehmende Wärmeerzeugung durch Fabriken, Städte, Flugzeuge und anderes beeinflußt werden. Dies hat wiederum Einfluß auf die Wolkenbildung, die Niederschlagsmenge auf der Erde und die Speicherung von Wasser. Wenn große Mengen Grundwasser abgezapft werden, können sich bestimmte Schichten von Gesteinsformationen, die auf diesen unterirdischen Seen ruhen, senken. Wenn dies geschieht, kommt es zu Erdbewegungen oder zur Verlagerung von Kontinentalplatten, die sich übereinander schieben, oder vulkanische Kanäle werden nicht mehr so stark gekühlt wie bisher, wodurch das Magma, der flüssige Kern der Erde, durch Vulkanschlote austritt, statt wie bisher in der Tiefe auf kalte Schichten zu stoßen, an denen sich Verschlüsse bildeten, die dem Druck widerstanden. Dadurch kann die Erdkruste an dünnen Stellen durchbrochen werden.

Die Entwicklung in Industrie und Privathaushalten kann also in gewissem Umfang an solchen Naturkatastrophen mit beteiligt sein. Eine Reihe von Katastrophen könnte man industriebedingt nennen, Vorkommnisse wie Chemieunfälle und Reaktorkatastrophen. Es ist die Frage aufgetaucht, ob die Katastrophe von Tschernobyl in der Sowjetunion wohl mit anderen Naturkatastrophen in Zusammenhang stand. Die Antwort darauf lautet: eigentlich nicht, denn in dem Fall ging es um etwas anderes. Es war eine Katastrophe aufgrund von Ineffizienz, und die entscheidende Frage war nicht, ob einer dieser Reaktoren in die Luft fliegen würde, sondern wann es geschehen würde. Es ist hier nicht erforderlich, mit Erörterungen technischer Art zu beginnen, warum man nicht früher etwas unternommen hat oder warum man den Reaktor nicht eingekapselt hat, warum man es zur Kernschmelze kommen ließ, statt vorher etwas zu unternehmen, und so weiter. Dies gehört alles in den politischen und gesellschaftlichen Kontext, mit dem es verknüpft ist. Es genügt hier zu sagen, daß die Katastrophe die Folge einer ganzen Reihe verschiedener Umstände war, wozu unter anderem die technischen Mängel gehören. Hinzu kommt ein Faktor, der bestimmte Bereiche für etwas prädisponiert, was man halbe Naturkatastrophen nennen könnte. Sie haben mich schon öfter sagen hören, daß Gleiches Gleiches anzieht. Es gibt zu jedem Zeitpunkt ein großes Sammelbecken oder eine Wolke von Negativität, die durch negative Handlungen, Gedanken und Impulse erzeugt wird, und diese Negativität wird von Schwachstellen angezogen, wie es sie an bereits schon stark negativ geladenen Orten gibt.

Dies bedeutet, daß es Länder oder sogar ganze Kontinente geben kann, die man im Hinblick auf die Menschheit und hinsichtlich des menschlichen Wesens als deutlich negativ ansehen kann. Ich meine damit, daß dort die Bedürfnisse der Mehrheit der Bevölkerung nicht nur ignoriert werden, sondern daß jegliches Interesse an ihrer harmonischen Entwicklung bewußt erstickt wird, und das erzeugt mehr Negativität als ein bloßes Ignorieren. Weil eine gezielte Politik betrieben wird, kann man dies als ein Gebiet der Negativität bezeichnen. Wenn diese negative Kraft oder Wolke umherzieht und nach Möglichkeiten sucht, sich mit anderen negativen Ansammlungen zu verbinden, dann ist die Prädisposition für negative Vorfälle bereits gegeben. Im Lauf der Geschichte haben Historiker, Philosophen und andere Fachleute das beobachtet, und sehr oft hat man es dem »Willen Gottes« oder ähnlichen Konzepten zugeschrieben.

Ich will mich nicht damit befassen, ob dies nun wahr ist oder nicht; zumindest ergibt sich aus der Geschichte, daß negative Situationen, die das Wohlbefinden eines Volkes entscheidend beeinflussen, eine Tendenz besitzen, noch negativer zu werden. Bis zu einem gewissen Punkt neigen die Dinge eher dazu, schlechter zu werden, als sich entscheidend zu bessern.

Andererseits ist auch eine riesige Menge Positivität in Bewegung. Die Positivität aber wirkt per definitionem langsamer, weil sie einen erheblichen Zeitverlust aufzuholen hat. Sie kann nicht etwas so unübersehbar Auffälliges provozieren, wie es die Negativität tut. Und was Negativität betrifft, war die Explosion von Tschernobyl ein überaus auffälliges, sichtbares, signifikantes, schädliches, gefährliches, negatives Ereignis. Dies war wirklich spektakulär, aber dabei ist es überhaupt nicht schwierig, solch eine Kernschmelze zustande zu bringen. Dagegen ist es sehr schwierig, eine vergleichbare Menge positiver Energie plötzlich irgendwo zum Ausbruch zu bringen. Dies heißt, daß es einfacher ist, etwas Negatives zu tun, als etwas Positives, weil einem für ersteres schon die menschliche Tendenz zur Faulheit, Ineffizienz, Verschlagenheit, Unaufrichtigkeit und dergleichen entgegenkommt. Ein Taschendieb braucht nur einen kleinen Anstoß, eine kleine Ermunterung, um zum Bankräuber oder Schwerverbrecher zu werden. Um ihn aber aus seinem unehrenhaften Leben als Taschendieb herauszuholen und ihn nicht nur zu einem ehrbaren Bürger, sondern zu noch weit mehr zu machen, dazu sind größere Anstrengungen auch seinerseits notwendig.

Negative Dinge werden durch Negativität verstärkt; aber auch positive Dinge werden verstärkt, doch sind sie per definitionem weniger spektakulär als die negativen. Die spektakulären Ereignisse sind es, die Schlagzeilen machen: Ein Passagierschiff ist gesunken und Menschen sind ertrunken – dergleichen macht natürlich Schlagzeilen, denn es sind Tragödien. Wenn ein Passagierschiff eine Kreuzfahrt von Antigua nach New York macht und niemand ertrinkt, dann ist dies keine Nachricht wert. Wenn aber zum Beispiel die gesamte Besatzung dieses Passagierschiffs beim Auslaufen von Antigua betrunken und das Schiff in schlechtem Zustand wäre, dann wäre die Möglichkeit einer Katastrophe größer, weil nur noch ein geringer Zuwachs der sogenannten latenten Negativität erforderlich ist, um die Situation außer Kontrolle geraten zu lassen.

Soweit die mögliche Bandbreite der weltweiten Situation, wenn man so will. Dies gilt ebenso für einzelne Länder, Organisationen und Gruppierungen. Die Menge an positiver Energie, die erzeugt und eingesetzt wird, ist offensichtlich proportional zur unternommenen Anstrengung. Es ist weitaus schwieriger, positive Energie zu erzeugen als negative, und es ist wiederum eine Frage der Absicht, wie man diese positive Energie einsetzt. Wenn man eine positive Absicht hat, dann wird man dadurch zu Entscheidungen positiver Art tendieren, wodurch wiederum weitere Positivität auf das Handeln oder in die Situation gelenkt wird.

Langfristig gesehen, was hier heißt in der Perspektive von Generationen, kann ein Teil unserer Aktivitäten als »Energieinvestition« bezeichnet werden. Zu jedem Zeitpunkt der Geschichte können beliebig viele Menschen oder auch ein einzelner mit Hilfe der richtigen Methodik und unter der Voraussetzung, daß die Umstände dafür geeignet sind, bestimmte Energien in diesen Planeten deponieren, die dann zu einem gegebenen Zeitpunkt in der Zukunft wieder an die Oberfläche kommen können.

Dies gilt genauso für das Negative. Negative Situationen und Ereignisse haben einen zweifachen Einfluß. Der eine besteht darin, daß sie einen Ort oder eine Gemeinschaft infiltrieren oder beeinflussen können. Jeder kennt wahrscheinlich das Gefühl, wenn man einen Ort besucht, an dem es eine Tragödie oder eine Reihe von Tragödien gegeben hat, vielleicht ein Gefängnis oder ein Schlachtfeld, einen Ort, an dem Menschen gelitten haben, und man hat sich dort möglicherweise unwohl gefühlt, weil es kalt oder schaurig war. Gleichermaßen haben Orte, die in einer besonderen Weise positiv aufgeladen sind, Einfluß auf den Menschen.

Negative Umstände oder ein negatives Ereignis durchstrahlen einen Ort und projizieren eine gewisse Menge negativer Energie, weniger über die Erdoberfläche; es handelt sich eher um einen ortsgebundenen Einfluß, den sie wie eine Welle durch die Dimension der Zeit schicken. Irgendwo tritt ein negatives Ereignis auf, und je nach dem vorhandenen Potential kann es irgendwann in der Zukunft wieder auftauchen. Die Menge an negativer Energie, die von einem Ereignis oder von einem Ort ausgeht und in das Potential übergeht, hängt offensichtlich vom Grad der Negativität der jeweiligen Situation ab, und das beeinflußt den Zeitpunkt, zu dem sie zutage tritt. Zum Glück kann negative Energie nicht präzise auf einen bestimmten Punkt gerichtet werden, weil sie weniger effizient ist und sich schneller verbraucht. Sie ist einfach vorhanden, in Form von grober

Energie, und pflanzt sich fort, tritt zutage, und vielleicht trifft sie auf eine nur geringfügig negativ geladene Situation, die sie dann in eine gänzlich negative verwandeln kann.

Gleichermaßen wird sich auch die positive Energie eines Orts oder einer Situation in der Zeitdimension auswirken. Positive Energie aber läßt sich ganz gezielt lenken, so daß sie an ganz bestimmten Orten zu ganz bestimmten Zeiten zutage tritt. Nun könnte man aber sagen: »Wenn diese positive Energie immer in vorbestimmbaren Intervallen an die Oberfläche kommt, warum ist es dann nicht möglich, beispielsweise Weltkriege und Katastrophen im vorhinein zu verhindern?«

Nun, aus technischer Sicht ist das ganz verständlich. Nehmen wir an, es wäre möglich vorherzusagen, daß am 12. Oktober 1989 an dem und dem Ort ein Bürgerkrieg ausbricht. Gut. Man kann sich umtun und möglicherweise die Zeit und den Ort und so weiter vorhersagen. Schön. Aber das Problem, mit dem Sie es dann zu tun bekämen, ist nicht ganz so einfach. Stellen Sie sich vor, Sie würden in so einer Situation also sagen: »Nun gut, geben wir doch jetzt einfach etwas Energie hinein, damit sie dann genau im entscheidenden Augenblick zutage tritt: Und sobald der Anführer, der Umstürzler oder wer auch immer aus seiner Haustür kommt, wird er in den nächsten Kanalschacht fallen, weil gerade jemand den Deckel weggenommen hat, und dann ist es aus mit ihm; kein Problem.« Wenn es so einfach wäre – und es gibt Situationen, in denen es so einfach ist –, dann könnte man sehr viel tun. Nun gibt es aber, um bei unserem Beispiel zu bleiben, folgende Unwägbarkeiten:

Wieviel Negativität wird sich an jenem Ort bis zum Oktober 1989 aufgebaut haben? Voraussichtlich x Grad. Wenn es mehr wird, dann kann man sagen: »Gut, wenn es mehr wird, dann wird unsere Gegenmaßnahme zum ›Underkill‹; die Situation wird zwar etwas besser werden, aber immer noch schlimm genug sein.« Warum also keinen Overkill: Nehmen wir das Doppelte der zu erwartenden Menge.

Schön und gut, aber hinzukommt, daß dies nicht das einzige Ereignis ist, das zu diesem Zeitpunkt irgendwo in der Galaxis passiert. Man muß sich also entscheiden, ob man nicht lieber die Insel Wright oder irgendeinen anderen Ort rettet.

Wenn dies die gesamte Negativität ist, die 1989 möglicherweise auftreten wird, dann ist es gar kein Problem – dann können Sie die Insel Wright retten. Aber es gibt eine Prioritätenliste, und die Prioritäten ändern sich ständig. Somit wäre es ein fast unmögliches Kunststück, alles so zu gestalten, daß es genau mit dem Energiebetrag, der aufzuwenden ist, konform geht, so daß man weder einen »Overkill« und damit Vergeudung erzielt noch einen »Underkill«, der Probleme übrigläßt.

Was bedeutet dies für uns? Ziehen wir die Parallele zu unserer eigenen Familie, zu unseren Kindern. Man ist bestrebt, in sie zu investieren, indem man ihnen z. B. eine gute Ausbildung gibt, für ihre Gesundheit und für gute Manieren sorgt; man möchte ihnen ein wenig Geld hinterlassen oder es für sie anlegen. Wenn Sie sagen: »Ich möchte heute für mein Kind zwanzigtausend Mark anlegen, damit es nach dem Studium eine kleine Starthilfe hat«, dann beruht dies auf bestimmten Annahmen, die die Möglichkeit außer acht lassen, daß vielleicht die Währung zusammenbricht und möglicherweise der Tauschhandel wieder eingeführt wird. Wenn etwas in dieser Richtung passieren würde, dann wäre es besser gewesen, ihm einen Rübenakker zu kaufen, weil es dann wenigstens etwas zum Tauschen hätte, statt mit zwanzigtausend Mark auf der Bank dazusitzen, die dann gerade mal zwei Rüben wert wären.

Es bleibt Ihnen daher in bestimmter Hinsicht nichts anderes übrig, als Ihre Entscheidungen auf vernünftige und fundierte Annahmen zu gründen, die Sie dann entsprechend modifizieren können, um »auf Nummer Sicher zu gehen«, wie man sagt. Nun ist es aber ziemlich schwierig, »auf Nummer Sicher« zu gehen, wenn es sich um so umfassende Belange wie die unseres Planeten dreht, weil man da – um es vorsichtig auszudrücken – sich leicht überengagiert, überverpflichtet und man überenthusiastisch ist, und dies kann zu Fehlern führen. Man muß bestimmte Koordinaten und Prioritäten festlegen, die zu verstehen man in der Lage ist, so daß sie zumindest greifbar sind. Meinetwegen können sie bis zu einem gewissen Grad im Reich der Träume oder Visionen liegen; aber sie sollten nicht völlig traumtänzerisch sein, denn sonst sind sie nicht greifbar.

Zum Beispiel sagt man sich: Gut, ich persönlich bin imstande, einen bestimmten Aufwand an Energie, Aufmerksamkeit und Disziplin zu investieren, um mich harmonisch zu entwickeln. Ebenso ist jede Teilnahme an einer Gruppenaktivität eine Investition in die harmonische und ausgewogene Entwicklung der Gruppe. Jede solche in der Gruppe produzierte Energie kann mit anderen Gruppen geteilt und auf diese übertragen werden – ohne jeden Nachteil für die produzierende Gruppe.

Jede Aktivität, der man nachgeht und die den harmonischen Kontakt mit anderen Menschen mittels der Energie der Tradition vermehrt, vermehrt automatisch die Positivität zugunsten der eigenen Familie und der eigenen Kinder. So beeinflußt jede Investition positiver Art die Zukunft.

Ich habe erwähnt, daß im Lauf der Geschichte Naturkatastrophen und Seuchen als »göttliches Strafgericht« und ähnliches betrachtet wurden und werden. Ich will das hier nicht interpretieren, um zu erläutern, daß dem so ist oder nicht. Wenn Sie sich aber mit diesen Dingen befassen, werden Sie einen Faktor sehen, der sich wie ein roter Faden hindurchzieht. Manche sagen, es ist der Faktor »Was man sät, wird man ernten«; es ist auch der Faktor »Man hat es auf sich gezogen«. Dies gilt gleichermaßen für Einzelpersonen wie für ganze Völker, Gruppen oder Parteien.

Ich persönlich glaube nicht, daß Gott nichts Besseres zu tun hat, als Flutwellen zu erzeugen oder ab und zu einem Despoten den Garaus zu machen: Ob er das tut oder nicht, liegt ganz bei Ihm, und ich werde da gewißlich nicht zu argumentieren anfangen. Aber die entscheidende Frage hier ist, ob solche Dinge immer die sogenannten »Unschuldigen« treffen. Gibt es immer unschuldige Opfer von Katastrophen oder grauenvollen Unfällen? Ich spreche hier nicht von Erbsünde und ähnlichen Dingen, aber man hört z. B. in den Nachrichten, daß »unbeteiligte Zuschauer verletzt wurden«. Soll dies heißen, daß es auch »beteiligte« Zuschauer gibt? Sind das die Sünden unserer Väter: Jemand hat einen Priester gehängt, und deshalb trifft eine spätere Generation ein furchtbares Unheil?

Nein. Es bedeutet, wenn man es geophysikalisch, geodätisch, geopolitisch betrachtet, daß ein Gebiet jahrhundertelang oder generationenlang unter den Folgen einer Ansammlung von Negativem in diesem Bereich leiden kann. Es ist ganz undenkbar, daß es Leute gibt, denen nicht bewußt sein könnte, was in einem bestimmten Bereich vor sich geht, zumal wenn Menschen dort zu Schaden kommen, auch wenn sie sagen: »Wir haben es nicht gewußt«, »Wir haben nicht darauf geachtet« oder »Wir konnten nichts tun«. Es ist gut möglich, daß unter bestimmten Umständen in den vergangenen zweihundert oder zweihundertfünfzig Jahren Dinge wie Mißbrauch von Macht aufgetreten sind. Sie konnten passieren, weil man faul war, weil die Leute faul waren, weil niemand etwas unternommen hat oder durch mangelnde Kommunikation, weil die Menschen nicht wußten, wie sie zusammenkommen könnten, um etwas zu unternehmen. Nun, kein Richtspruch der Zeit, kein Richtspruch der Geschichte hat dieses Volk oder diesen Kontinent hierfür bestraft.

Wenn aber etwas in einem Dorf, einer Stadt, einem Land, einem Kontinent passiert ist, das für das Wohlergehen eines Volkes in einem kosmischen Sinn eindeutig schädlich ist, dann ist es leider so, daß ein gewisses Maß an latenter Negativität dort verbleibt. Diese latente Negativität tritt zutage, wenn die Menschen, das Land oder der Kontinent am wenigsten darauf vorbereitet sind – daß dem so ist, ist absolut sicher und unausweichlich.

Es handelt sich dabei nicht um den »Richtspruch der Geschichte« oder ein »Göttliches Strafgericht«, sondern vielmehr um die Tatsache, daß diese Negativität den Boden durchtränkt. Sie begleitet dieses Volk oder wer auch immer davon betroffen ist und kommt zu einer bestimmten Zeit an die Oberfläche, und die Unschuldigen der zweiten oder dritten oder vierten Generation sind die Leidtragenden. Ist das gerecht? Ich sage nicht, daß es gerecht ist, und ich sage nicht, daß es ungerecht ist. Es ist einfach so, daß hier dieser Faktor wirksam wird, von dem ich vorhin gesprochen habe. Selbst, wenn man wüßte, daß dann und dann ein Bürgerkrieg ausbrechen wird, und man deshalb da Energie einsetzt, damit sie zu dem festgesetzten Zeitpunkt zutage tritt und den Bürgerkrieg verhindert; so weiß man doch nicht, was während dieses Zeitraums alles geschehen wird. Es kann sein, daß sich Negativität aufbaut; es kann aber auch sein, daß sich Positivität aufbaut, so daß sie in Verbindung mit der zusätzlichen positiven Energie die Negativität stoppt.

So ergeben sich also zwei Zeitpunkte: der Zeitpunkt, zu dem sich etwas deutlich Negatives ereignet, und der Zeitpunkt, zu dem die Negativität zutage tritt. Wenn sich während dieser Zeitspanne zwischen diesen beiden Zeitpunkten ausreichend Positivität einstellt, dann wird die zutage tretende Negativität aufgehalten und ausgelöscht. Dieses Phänomen tritt fortwährend auf, da andernfalls praktisch unaufhörlich und in jedem Moment erneut in der ganzen Welt Probleme, Katastrophen und ähnliches auftreten würden.

Worauf es ankommt, ist, daß sowohl Einzelpersonen als auch ganze Länder und Völker, wenn Kriege, Hungersnöte und Katastrophen geschehen sind, Anstrengungen unternehmen, positive Anstrengungen für den Wiederaufbau und für die Wiederherstellung aufzubringen. Diese Anstrengung regeneriert sie nicht nur und stellt wieder her, was sie vielleicht verloren haben, sondern sie baut auch genügend Positives auf, um die Negativität, die nachkommen wird, auszulöschen, so daß nicht sofort die nächste Katastrophe folgt. Wenn sie diese Anstrengung nicht auf sich nehmen, weil sie es entweder nicht für nötig erachten oder weil sie gar nicht wissen, daß so etwas geschehen ist, oder wenn die Betroffenen nicht wenigstens jemand anderen diese Arbeit für sie tun lassen, dann wird diese frühere Negativität nicht ausgelöscht.

Es gibt also den Vergeltungsfaktor; es ist keine Bestrafung Unschuldiger: »Warum sollte ich büßen müssen, was mein Urgroßvater angestellt hat?« Nein, die eigentliche Frage muß lauten: »Was haben Sie selbst im Laufe Ihres Lebens unternommen, um das, was Ihr Urgroßvater vielleicht angerichtet hat, zu annullieren oder auszugleichen?« Ich betone hier aber nochmals, daß dies keinesfalls bei jemandem den Komplex der Erbsünde erzeugen sollte oder den Glauben, man trüge »die Schuld für die Sünden früherer Generationen«. Wenn man in ganz natürlicher, normaler und harmonischer Weise positiv handelt, dann hat das nichts damit zu tun, ständig ein Schuldgefühl für die Taten seines Urgroßvaters abzutragen. Warum sollte man nicht bei allen Aktivitäten von vornherein und ganz selbstverständlich positiv sein? Und dies nicht bloß als Gegengewicht gegen das Negative, sondern als Investition für die Zukunft zu seinen eigenen Gunsten?

Manche Katastrophen, seien es Naturkatastrophen oder unnatürliche, künstliche Katastrophen, waren als Lektionen für die Menschen gedacht, wenn sie entweder zu arrogant oder zu gleichgültig geworden waren, und zwar sowohl gegenüber ihren eigenen Bedürfnissen wie gegenüber denen ihrer Mitmenschen. Manchmal wird ihnen deutlich gemacht, wie unbedeutend sie letztlich trotz ihrer intellektuellen oder industriellen Potenz, Muskelkraft oder Arroganz sind. Es ist wiederum eine Frage des Gleichgewichts.

Eine Nation kann wirtschaftlich, industriell, intellektuell

und in anderer Weise weit entwickelt und hierauf stolz sein – und warum nicht. Nationen sind per definitionem nicht bescheiden. Sie können auf ihre Leistungen stolz sein, solange sie ihr Gleichgewicht wahren, und dieses Gleichgewicht ist das Wissen um ihren Platz in der Galaxis. Und dieser unser Planet Erde ist im Verhältnis zur restlichen Galaxis außerordentlich unbedeutend. Dies bedeutet in keiner Weise, daß der Planet so unbedeutend ist, daß man auf ihn verzichten könnte; wenn man auf ihn verzichten könnte, wäre er längst ausgemustert worden, denn wer will sich schon mit unnötigem Ballast herumplagen? Sein Potential liegt in seinen Bewohnern, und solange sie willens sind, sich zu entwickeln und etwas in die künftige Harmonie des Planeten als eines Planeten, der in das System eingebunden ist, zu investieren, wird seine Nützlichkeit zunehmen.

Wenn der Planet hierzu nicht bereit ist und wenn es deutlich wird, daß er nicht nutzen will, was er besitzt, und wenn er nicht bereit ist, diese Investition zu tätigen, kann er theoretisch ausgesondert werden, wie man ein untätiges Mitglied einer Gruppe oder eines Teams ausschließt. Dies ist sozusagen kosmische Gerechtigkeit. Wenn die Menschen bereit sind, aus diesen Katastrophen, Naturereignissen so wie aus anderen Dingen die richtigen Schlüsse zu ziehen – und ohne dabei das Gefühl zu haben, unter einem Damoklesschwert zu stehen, dann können sie hieraus lernen.

Wenn in einem Haus ein Fenster aus den Angeln fällt, dann steht der Besitzer oder der Baumeister nicht staunend davor und schreibt es dem »Göttlichen Strafgericht« zu. Es ist einfach Rost, oder die Schrauben haben sich gelockert, und dies bedeutet, daß es sich hier um ein folgerichtiges und technisches Phänomen handelt. Schaut man sich unter dieser Prämisse ein Land, eine Gesellschaft, ein Volk oder einen Kontinent an, der aus den Fugen geraten ist, erkennt man, daß es dafür meist einen handfesten Grund gibt. Wenn es ein System direkter göttlicher Vergeltung gäbe, warum sollte sie dann derart verzögert werden? Warum den Umstand mit sieben Plagen, warum nicht eine einzige richtige Plage, um dem Gesindel den Garaus zu machen? Es sei denn, es wäre doch so, daß es in verschiedenen Epochen Völker gibt, die Negativität anziehen, durch sie und in ihr gedeihen und dadurch weitere Negativität anziehen.

Wenn gelegentlich Korrekturen erfolgen, wird den Menschen das Ausmaß ihrer Negativität wie mit einem Spiegel vor Augen gehalten, nicht damit sie das Grauen erfaßt oder damit sie leiden, sondern in der Hoffnung, daß sie sehen, was es ist und woher es kommt und wie sie es schlechter oder besser machen können. Die Zahl der sogenannten übernatürlichen, unheimlichen Phänomene ist praktisch gleich Null. Die Dinge sind so übernatürlich, wie man es glauben möchte, und nicht, weil sie es tatsächlich sind.

Die Leute messen Spukphänomenen ebensoviel Bedeutung zu, wie sie daran glauben, und wenn wirklich ein besonderes Phänomen auftreten sollte, dann erschwert dieser Aberglaube die richtige Analyse dieses Phänomens. Jemand sagt: »Ich habe gesehen, wie jemand im Hof herumschwebte«. Die herkömmliche Reaktion hierauf wird in einer persönlichen Weise erfolgen, entsprechend der jeweiligen Konditionierung oder Haltung; je nachdem, ob der Betreffende trunken oder nüchtern oder was auch immer ist, bekreuzigt er sich, läuft weg, betrinkt sich, vergräbt seinen Kopf im Sand – aber was auch immer er tun mag –, seine Reaktion ändert nichts an dem eigentlichen Phänomen. Wenn solche Phänomene auftreten, dann sollten Sie sie nicht automatisch a) darauf zurückführen, daß Sie etwas Unbekömmliches gegessen haben, oder b) so auslegen, daß Sie dem Untergang geweiht sind, weil es »drei Krähen« waren, was in Donegal etwas Furchtbares bedeutet. In Europa bedeutet eine schwarze Katze Unglück; in Afghanistan geht man morgens nicht aus dem Haus, wenn einem eine weiße Katze über den Weg läuft. Wenn man an alle diese Dinge glaubt, wird man in seinen Aktivitäten erheblich beeinträchtigt.

Es gibt Phänomene, die uns etwas lehren, aus denen wir etwas lernen können, aber nützliche Phänomene sind niemals bedrohlich. Sie können ungewöhnlich oder verwirrend sein – und das sind sie auch eigentlich fast immer –, aber sie sind niemals so grotesk, daß sie Angst erzeugen. Solche Phänomene kann man wahrscheinlich eher auf den Genuß unbekömmlicher Speisen oder auf eine überhitzte Phantasie plus unbekömmliche Speisen zurückführen. Dies ist die übliche Kombination von Faktoren, die die schlagzeilenträchtigen sogenannten »satanischen« Phänomene und dergleichen mehr hervorrufen.

Im Lauf der Jahrhunderte wurden tatsächliche Phänomene und das »Übernatürliche« so miteinander vermischt, daß bedeutsame Phänomene oft aus einem falschen Blickwinkel betrachtet werden. »Die Schwäne, die über das Kapitol zogen, kündigten den Untergang des Römischen Reiches an, siehe Gibbon Seite 72« – was geschieht, wenn Sie Schwäne über Ihr Rathaus fliegen sehen? Vielleicht sagen Sie, daß Sie in dem Fall nicht ganz soweit gehen würden, aber dennoch handelt es sich hier doch um ein vergleichbares Geschehen, wenn vielleicht auch in etwas abgeschwächter Form. Aber vielleicht sind es wirklich nur sieben Schwäne, die zufällig von A nach B fliegen.

Die sogenannten deutbaren Phänomene können eine zweischneidige Sache sein: Nasrudin war in einen ziemlich faulen Kamel- und Eselhandel verwickelt. Er hatte für jemanden gebürgt, der seinen Kredit nicht zurückzahlte, weshalb einige sehr aufgebrachte Leute hinter ihm her waren und nicht nur das Geld wollten, das er nicht hatte, sondern ihm auch an die Wolle wollten. Er war in einem fremden Land und kannte die Gegend nicht, mußte sich aber irgendwo verstecken. Er erinnerte sich, daß er einmal gehört hatte, daß sich mit dem Schulterblatt eines Schafes Dinge vorhersehen lassen. Glücklicherweise fand er ein Schafskelett, das dort herumlag, und hob es auf, um es zu betrachten. Und wie er so daraufschaute, sah er einen kleinen Pfad, der durch das Gebirge zu einer Höhle führte, vor der ein Baum stand, und er war begeistert. Er rannte los, kletterte auf den Berg, fand die Höhle mit dem Baum davor und verbarg sich dahinter. Leider fanden auch die Leute, die hinter ihm her waren, das Skelett, hoben das Schulterblatt auf und sahen dasselbe wie Nasrudin, folgten ihm und prügelten ihn erbärmlich durch.

So können manche Dinge nützlich sein, während andere nicht unbedingt nützlich sein müssen, womit nicht gesagt ist, daß man sie deshalb ignorieren sollte. Sicherlich gibt es weltweit im galaktischen Kontext von Zeit zu Zeit gewisse Hinweise, aber das heißt auch nicht, daß es jedesmal eine Springflut geben wird, wenn Saturn in den Fischen steht oder was immer auch sich die Leute ausdenken. Die Dinge sind dazu da, daß man aus ihnen lernt.

Es ist wie mit Menschen, die stark von ihrer Umwelt abhängig sind, wie Bauern oder Wildhüter. Sie gehen am frühen Morgen hinaus und sehen sich die Bäume oder die Vögel an und machen ihre Vorhersagen anhand von Naturerscheinungen. Bei diesen Phänomenen handelt es sich nicht um spektakuläre Ereignisse. Eher darum, daß die Maulwürfe dieses Jahr tiefer graben oder daß die Igel schon im Winterschlaf sind. Für diese Menschen sind dies bedeutsame Zeichen, es sind Phänomene, die ein Stadtmensch nicht verstehen wird und auch nicht zu verstehen braucht, denn er hört den Wetterbericht im Radio und muß nicht mit diesen Dingen in Einklang sein. Aber der Lebensunterhalt eines Bauern hängt vom Einklang mit diesen Dingen ab, und die Informationen, die er dazu braucht, stehen zu seiner Verfügung.

Wenn der Mensch sein Element verläßt und sich mehr und mehr auf das verläßt, was man ihm vorsetzt, statt auf das, was er empfindet oder denkt oder in sich entwickelt, entfernt er sich immer weiter von der Realität. Natürlich muß man zu einer gewissen Anpassung fähig sein. Man mag vielleicht bestimmte Dinge oder Leute oder eine bestimmte

Arbeit nicht, aber man kann nicht zu seinem Chef gehen und sagen: »Für mich existieren Sie nicht; Sie sind nicht wirklich!«, denn darauf wird er sagen: »Nun, ich bin wirklich genug, um Ihre Kündigung zu unterschreiben!« Schön, großartig, Sie haben bewiesen, daß Sie es sich zu sagen trauen, aber er ist real, in einer sehr spürbaren Weise real. Realismus oder kosmische Harmonie sind nicht vom alltäglichen Leben zu trennen.

Es gibt hier keine Notwendigkeit zu großartigen Kompromissen, so daß es nicht nötig ist zu sagen: »Ich weigere mich, diesbezüglich Kompromisse einzugehen«. Privat schließt man vielleicht bei vielen Dingen keine Kompromisse. Man nimmt die natürliche Färbung der Umgebung an, oder man versetzt sich in eine natürliche Harmonie mit den Umständen. Wenn man die Neigung hat und es sich leisten kann, sich einen Elfenbeinturm zu bauen und nur mit denjenigen Menschen und Dingen zu kommunizieren, die man mag – gut, aber hier besteht dann wieder ein Ungleichgewicht.

Sie haben hier also eine halbe Antwort auf die Frage, ob diese großen Unglücksfälle und Phänomene der jüngsten Zeit in einem Zusammenhang stehen. In dem Sinn, daß Gleiches Gleiches anzieht, wird das Anwachsen negativer Energie unvermeidlich Menschen, Orte und Gegenden zu bestimmten Situationen einnehmen und mit hineinziehen. Diese sind vielleicht nicht unbedingt so spektakulär, daß sie die Weltpresse beschäftigen. Sie können z. B. in Form einer lokal begrenzten Dürre oder Hungersnot auftreten, aber sie sind fast immer die Folge davon, daß nicht genügend positive Energie investiert wurde, so wie es vom System selbst, vom galaktischen System gefordert wird.

Man kann sich dem nicht entziehen. Man kann nicht endlos schmarotzen, wenn es eine andere Möglichkeit gibt. In Fällen, wo sie nicht vorhanden ist, können andere Menschen stellvertretend für einen investieren, doch diese Hilfe muß man sich verdienen.

Politik, Konditionierung und Fundamentalismus

Es gibt Fragen, die immer wieder auftauchen und die ich für wichtig genug halte, um auch wiederholt auf sie einzugehen – nicht nur zur Erinnerung, sondern auch, damit man nicht überrascht und ohne die geeigneten Anhaltspunkte dasteht, falls eine Situation eintritt, in der man sie bräuchte. Auch wenn es sich meist um recht einfache Angelegenheiten handelt, so treten sie doch mit ziemlicher Regelmäßigkeit auf und können zu Problemen werden und zu Verunsicherung führen, wenn man nicht richtig mit ihnen umzugehen weiß. Dies gilt auch für Fragen zu politischen Themen. Heutzutage ist Politik in der ganzen Welt ein großes Geschäft, und wir werden täglich mit politischen Meldungen vollgestopft. Man ist der Politik ausgeliefert. Uns wird gesagt, daß wir politisch bewußt und politisch orientiert sein sollen und daß wir unser Stimmrecht nutzen sollen – möglichst für den, der uns das gerade sagt. Alles soll politisiert sein und obendrein möglichst auch noch so, wie es die verschiedensten Gruppen gerne hätten. Ob es nun ein extrem linker oder ein extrem rechter oder sonst ein Standpunkt ist – solange es sich um ein Extrem handelt, impliziert das Gefahren, Probleme und Schwierigkeiten, und es tauchen immer wieder Fragen über diese Dinge auf.

Was nun die beiden extremen Flügel anbelangt: Ein Volk ist nicht dadurch freier, daß man ihm nahelegt, politisch zu denken und zu handeln. Seine Freiheit wird dadurch eingeschränkt. Und keiner sagt: »Hören Sie sich das, was ich sage – was wir, was jemand sagt – in Ruhe an, und dann wählen Sie!« Sie haben das Recht zu wählen, Sie haben eine Stimme. Denken Sie über alles in Ruhe nach; darüber, was es für Ihre Familie, Ihre Gesellschaft bedeutet, erwägen Sie es hinsichtlich Ihrer Überzeugungen und Ihrer Religion – und dann gehen Sie wählen.« Nein. Statt dessen heißt es: »Geben Sie mir Ihre Stimme!«, oder »unser Weg ist der Beste!« Aus meiner Sicht ist dies ein Schwindel, der die Freiheit einschränkt. Was also soll man tun? Läßt man sich politisieren, geht man auf die Straße und demonstriert, weil Politik auch Straßenkampf ist? Ist es das, was man tun soll? Die Antwort ist: nein.

Ich spreche über diese Dinge aus dem Kontext der Tradition, in der Raum ist für alle möglichen Einflüsse, Strömungen und Querverbindungen zu den verschiedenartigsten Dingen; die Politik eingeschlossen. Vielleicht haben Sie eine bestimmte Überzeugung und die Versuchung, jemanden anzuschreien, der etwas verkündet, was nach Ihrer eigenen Überzeugung destruktiv, tyrannisch oder gefährlich ist, ist groß. Wenn Sie das tun, fühlen Sie sich hinterher vielleicht besser, aber es ist ein nutzloses Unterfangen, weil die meisten politischen Kundgebungen in hohem Maß organisiert sind. Sie werden möglicherweise fotografiert, vielleicht greift man Sie auch heraus und stellt Ihre Identität fest, und in extremen Fällen werden Sie vielleicht sogar zusammengeschlagen. Damit meine ich auch nicht: »Bleibt zu Hause, das Ende der Welt ist nahe!« Ich sage nur, wohin die Extreme führen und male ein vielleicht düsteres, aber zutreffendes Bild. Wie also sollen wir reagieren?

Im Kontext der Tradition sind wir idealerweise unpolitisch und unterstützen auch keine bestimmte Partei, weil unsere Lehre per definitionem ein Weg der Ausgeglichenheit ist. Damit ist nicht unbedingt der goldene Mittelweg gemeint, denn den zu wählen kann auch bedeuten, daß man nur unentschlossen ist, nicht weiß, was man tun soll. Aber, daß sie überhaupt nichts unternehmen sollen, das ist nicht gemeint. Im kommunalen Bereich kann es durchaus von Bedeutung sein, wem Sie Ihre Stimme geben, vorausgesetzt, Sie kennen den Betreffenden – sei es weil Ihnen seine Familie bekannt ist oder weil Sie sich über ihn informiert haben und wissen, daß er in Ordnung ist. Es ist besser, sich an eine Person zu halten als an die Partei, die sie vertritt.

Wenn der Betreffende für eine Sache eintritt, die vernünftig klingt – gleichgültig, in welcher Partei er ist –, und wenn man weiß, daß er bisher ordentliche Arbeit geleistet hat, dann ist das eine gute Grundlage, um zu entscheiden, ob man für ihn stimmen will oder nicht. Natürlich hat auch das seine Tücken, denn bis sie gewählt sind, versprechen die Leute viel und zeigen sich von ihrer besten Seite – was dann nachher kommt, kann man nicht wissen. Gehen Sie ruhig wählen, aber seien Sie in dem Sinne politisch bewußt, daß Sie sich das Recht vorbehalten, Ihr Wahlrecht auszuüben, und wählen Sie vernünftig und richtig, und auch hier wieder mit Gefühl.

Die Leute sagen: »Wählen Sie Rechts« oder »Wählen Sie Links«. Aber wer repräsentiert diese »Rechte« oder diese »Linke«? Man sollte sich stets für Personen engagieren, seine Stimme für Personen abgeben und dabei auch darauf achten, ob man das Gefühl hat, daß der Betreffende sich vielleicht nur für eine bestimmte Sache einsetzt, um Stimmen zu bekommen, oder ob man bei ihm eine gewisse Aufrichtigkeit spüren kann. Letzten Endes reduziert sich Ihre politische Aktivität also auf die Frage der Stimmabgabe.

Nun sollte man natürlich verfolgen, was auf der nationalen und der kommunalen Ebene geschieht, und darüber kann man auch eine Meinung haben. Kommen Sie nicht damit: »Ich denke, man soll keine Meinung haben?« Jeder hat eine Meinung, und in der Tradition unterdrücken wir sie nicht. Wenn Sie eine Meinung haben, dann sollte sie allerdings das Ergebnis sinnvollen Nachdenkens, von Kontakt zur Situation und Gespür sein. Wenn Sie meinen: »Wir sind Derwische, wir haben nichts mit Politik zu tun« – gut, aber Sie müssen sich auch das Recht vorbehalten, in eine Situation einzugreifen, insofern Sie in kommerziellen, wirtschaftlichen, politischen oder religiösen Bereichen etwas für jemanden, mit dem Sie zu tun haben, tun können.

Vermeiden Sie es lieber, sich in eine Diskussion oder ein politisches Streitgespräch hineinziehen zu lassen, denn falls Ihr Gegenüber entschieden rechts oder links ist, wird er alles daransetzen, um Sie zu überzeugen. Dazu ist er fest entschlossen, und er hat jede Menge Zeit; und vielleicht hat man selbst nicht die Zeit oder das Interesse, soviel Zeit aufzubringen, um sich zu erklären. Hinzu kommt, daß er Ihren Standpunkt meist gar nicht zur Kenntnis nimmt; er möchte Sie nur überzeugen. Falls der Betreffende aufrichtig wirkt und seine Argumente logisch und vernünftig sind, kann man ihm zuhören, darüber nachdenken und entsprechend reagieren. Aber machen Sie sich nicht selbst zum Trottel: »Tut mir leid, ich habe keine Meinung!« Das ist Unsinn, denn Sie haben Meinungen; zum Beispiel darüber, welches die beste Fußballmannschaft der Welt ist oder welches die beste Fluggesellschaft ist. Und warum auch nicht?

Achten Sie darauf, ob er Ihnen Aufrichtigkeit und Positivität vermittelt, prüfen Sie, ob es sich bei dem, was Sie von ihm spüren, um etwas Richtiges und Brauchbares handelt. Wenn Ihnen Ihr Gegenüber das Paradies verspricht, das Blaue vom Himmel, eine goldene Zukunft – wunderbar, nur, wo bleiben die konkreten Tatsachen? Eine emotionale Stimmabgabe ist eines – aber dann kann man genausogut auch überhaupt nicht wählen. Die Unterstützung einer politischen Gruppe, die mit den Bedürfnissen und Fähigkeiten der Leute vertraut ist – dies ist die Wahlentscheidung, die man treffen sollte.

Können wir etwas tun, um politischer Konditionierung entgegenzuwirken? Ist dieser Einfluß mittels Rundfunk und Fernsehen zum Beispiel, durch die Zeitungen oder über die Erziehung schädlich? Es wird oft gefragt, ob man etwas bezüglich dieser Art propagandistischer Konditionierung unternehmen soll, und wenn ja, was soll man unternehmen? Ist diese Propaganda für uns und unsere Kinder schädlich?

Die Antwort ist, daß man nichts Spezifisches dagegen zu unternehmen braucht. Politische Propaganda kann lästig werden. Sagen wir, man hat was dagegen, soweit ist das noch in Ordnung; aber man sollte es nicht soweit kommen lassen, daß es einen aus dem Gleichgewicht bringt oder man die Nerven verliert, denn das ist eine ihrer Funktionen. Ihr Grundprinzip ist Desinformation; Sie sollen mit soviel Desinformation gefüttert werden, bis sie die Orientierung verlieren. Es genügt, wenn Sie nur insoweit darauf reagieren, daß Sie ihr Vorhandensein zur Kenntnis nehmen, und sie mit derselben Technik identifizieren, die sie auch anwenden, um Ihre eigenen Probleme zu identifizieren und sie in Angriff zu nehmen: Sie zerlegen sie in ihre einzelnen Elemente, schlüsseln sie auf und betrachten sie, eines nach dem andern.

Identifizieren Sie diese Propaganda, lassen Sie nicht zu, daß Sie von ihr beeinflußt werden, daß sie Sie beschäftigt und so lange beunruhigt, bis Sie endgültig verwirrt auf die Straße gehen und demonstrieren. Es gibt elegantere Möglichkeiten, mit solchen Dingen umzugehen.

Was die Beeinflussung von Kindern betrifft, so wird ein positiver oder negativer Einfluß auf sie einerseits durch ihr eigenes Gefühl begrenzt, das sich aber vielleicht nicht deutlich zeigt oder noch nicht fertig entwickelt ist, und andererseits durch die Haltung ihrer Eltern und die Kontakte und Gespräche, die Sie mit ihnen haben. Es ist einfach eine Frage der richtigen Erziehung. Eltern haben das Recht, ihre Kinder in einem gewissen Umfang zu konditionieren, und das sollten sie sich auch vorbehalten. Hier werden Sie vielleicht sagen: »Nun hören wir seit Jahren, daß wir die Konditionierungen abbauen sollen, und nun schlagen Sie offenbar vor, daß wir die eine Konditionierung einfach durch die nächste ersetzen!«

Kinder sind empfänglich für Stimmungen, aber sie sind noch nicht konditioniert. Wenn jemand meint, daß wir in der Tradition eine Konditionierung gegen eine andere austauschen, dann ist das nicht richtig. Was wir tun, erweckt und fördert im Menschen die Fähigkeit, eine Sache, eine

Angelegenheit, ein Gefühl, eine Energie anzuschauen und dies dann auf der Grundlage von Richtlinien zu akzeptieren oder abzulehnen, die sie für gültig erachten, weil sie über sie nachgedacht haben, weil sie sie erprobt und mit ihnen gearbeitet haben. Und das hat nichts zu tun mit: »Wir Franzosen machen das eben so und denken eben auf diese Weise, denn das war schon bei unseren Großvätern so.«

Es hat vielmehr damit zu tun, daß den Menschen die Fähigkeit zur bewußteren Wahrnehmung gegeben wurde. Wenn Sie sich nun daraufhin diese ganze Propaganda anschauen, werden Sie sehen, daß es wie mit des Kaisers neuen Kleidern ist. Wir sagen niemandem: »Glauben Sie das!« sondern: »Sehen Sie, das sind die Fakten, und es gibt all die Bücher und Schriften der Tradition, die Aktivitäten. Denken Sie daran, schauen Sie es sich an, und machen Sie es sich zu eigen. Wenn Sie Schwierigkeiten haben, Zweifel oder Unklarheiten bestehen, dann sprechen Sie darüber, fragen Sie mich.« Es handelt sich also nicht um einen operativen Eingriff, bei dem eine Sache durch eine andere ersetzt wird.

Nun sagen Sie: »Was ist nun mit dieser Konditionierung und alldem? Ist das nicht irgendwie ein unverdauter Brokken?« Nein, denn so wie der menschliche Körper die Fähigkeit hat, Speisen durch Auflösung, Oxidation und durch Verwendung von Säuren und Magensäften zu verdauen, so hat auch das innere Wesen diese Fähigkeit, nur daß es viel wirksamer und schneller arbeitet, weil es mit einer viel wirksameren und reineren Energie arbeitet. Das Verdauungssystem funktioniert ähnlich wie ein Kessel, in dem es blubbert und brodelt und sich Säuren bilden. Es funktioniert wie eine Wasserleitung; eine Technik, die sich seit sechshundert Jahren nicht geändert hat: Sie drehen den Wasserhahn auf, und schon kommt Wasser aus der Leitung. Das Wasser fließt durch Rohre. Elektrischer Strom funktioniert im Prinzip in derselben Weise, weil er ebenfalls durch eine Art Rohr fließt, auch wenn es sich um ein komplizierteres Rohr aus Kupferdrähten handelt. Es gibt auch noch kompliziertere Drähte wie Glasfiberkabel, die pro Kanal 758 000 Gespräche übertragen können.

Je verfeinerter, exakter und reiner die Energie und die Technik sind, desto komplizierter erscheinen sie, aber desto einfacher sind sie in Wirklichkeit. Da Sie nicht zwischen höherwertiger und geringwertiger Energie hin- und herschalten können, bekommen und assimilieren Sie genau die Energie, die Sie für eine bestimmte Funktion brauchen.

Wenn ich sage, daß man seine Kinder in gewissem Umfang konditionieren sollte, dann meine ich damit, daß man ihnen bestimmte Richtlinien anbietet. Sie sind wie kleine Tiere instinktnah und wach genug, um einen positiven Strang zu identifizieren und anzunehmen. Die Konditionierung, die sie dadurch bekommen, ist nur eine dünne Schicht, so daß sie für sie kaum zu einer Beeinträchtigung wird. Dadurch werden sie nicht umgekrempelt, nicht gebrochen – es ist nichts gegen sie Gerichtetes. Sie stellen Ihnen nur eine alternative Technik zur Verfügung, mit der Sie sie ihre eigenen Erfahrungen machen lassen. Damit Sie auch die Möglichkeit haben, die beiden divergierenden Standpunkte und unterschiedlichen Auffassungen zu vergleichen, behalten Sie die bisherige Konditionierung erst einmal bei. So können Sie bei Bedarf auf sie zurückgreifen und sie benutzen, aber ebenso die neue Konditionierung erproben. Sie sind geistig sehr rege, sie experimentieren, und schließlich werden sie selbst herausfinden, welche für ihr Gespür und ihren Geschmack am besten ist. Dabei handelt es sich nicht um Konditionierung in der Art von: »Wir sind Engländer, wir denken so«, sondern um Konditionierung in dem Sinn, daß man ihnen Informationen auf eine ihnen verständliche Art zukommen läßt, die sie auflesen und sinnvoll verwenden können.

Ein anderes Thema ist das in jüngster Zeit zu beobachtende Phänomen des sogenannten »Ausbruchs des religiösen Fundamentalismus«. Jeder ist eifrig dabei, »Fundamentalist« zu werden. Dies ist ein wichtiges Phänomen, und weil es immer wieder auftaucht, sollte Klarheit darüber bestehen, wie wir der Tradition und als einzelne diesen Dingen gegenüberstehen.

Zunächst einmal sollte man von vornherein Leuten gegenüber, die sich selbst als »Fundamentalisten« bezeichnen, mißtrauisch sein, und hierfür gibt es reichlich Grund. In Iran, im Libanon und in gewissem Umfang im Sudan und in Pakistan gibt es einen sogenannten »fundamentalistischen« Islam. Daß dieser sogenannte Fundamentalismus eine Fehlentwicklung ist und sehr weit entfernt von dem, was als »orthodoxer« Islam bezeichnet wird, ist offensichtlich.

Wenn in den Vereinigten Staaten jemand sagt: »Ich bin Fundamentalist«, hat man dabei das Bild eines wackeren bibelschwingenden Präriepredigers aus Kansas vor Augen, der zu den Leuten geht und es ihnen »so sagt, wie es ist« und Recht und Gesetz verkündet. Das ist in Ordnung; ich will ihn gar nicht heruntermachen oder sagen, daß dieserart Leute Narren waren; meist waren es gute, ehrliche und ehrenwerte Männer, für die Fundamentalismus die Einhaltung der fundamentalen Glaubenslehren bedeutete, und dies ist mit anderen Worten eine orthodoxe Interpretation.

Ich stehe aber auf dem Standpunkt, daß diese Leute, die kommen und behaupten: »Wir sind orthodox, und wir wollen eine fundamentalistische islamische Gesellschaft schaffen«, keinesfalls orthodox sind. Sollte das Wort »fundamentalistisch«, das sie benutzen, dasselbe sein wie »orthodox«, dann muß irgend jemand etwas falsch verstanden haben, denn sie werden sich schwertun, jemanden zu finden, der nach orthodoxen Gesichtspunkten so »orthodox« ist wie ich.

Im Islam gilt die Sunna als Repräsentant der Orthodoxie, in unserer heutigen Zeit sind Sunna und Schia die beiden Hauptströmungen des Islams. Wir bezeichnen die Schia als »unorthodox«, und umgekehrt nennen sie uns »unorthodox«: Gut, dies ist ihr Recht. Im Islam haben wir das Glück, ein Buch des Gesetzes, der Verhaltensmaßregeln, der Ethik, der Moral und des Handels zu besitzen, und dies ist der Koran. Dazu stehen die Hadithen als umfangreiches Ergänzungsmaterial zur Verfügung. Die Hadithen oder »Überlieferungen« sind ein Kompendium von Verhaltensweisen, Aussprüchen und Berichten vom Propheten, wie es seine Gefährten und Zeitgenossen aufgezeichnet haben.

Im großen Ganzen werden die Hadithen in zwei Kategorien unterteilt: Die »Sahih« oder »Echten Hadithen«, die in der ersten Person erzählt sind: »Ich sah den Propheten dies tun«, »Ich habe den Propheten dies sagen hören«, »Ich war dabei, als der Prophet dies tat«. Für diese Hadithen haben sich die Betreffenden jeweils verbürgt. Es waren alles Leute, die dem Propheten noch zu Lebzeiten begegnet sind. Jede dieser Hadithe ist von zwei, drei oder mehr Zeugen verbürgt; und das ist genau das, was wir unter echter Orthodoxie verstehen. Die zweite Kategorie von Hadithen stammt aus nicht belegten Zeugnissen, aber trotzdem verläßlichen Quellen, und man nennt sie die »doif« oder »schwachen« Hadithen: »Meine Mutter erzählte mir, daß sie den Propheten dies tun sah«, »Mein Vater sagte mir, daß ...« oder »Ich hörte von einer absolut zuverlässigen Quelle, daß der Prophet dies tat«. Hierbei handelt es sich um Hadithe, die nicht angezweifelt werden, aber als »schwach« gelten. Falls es einen Widerspruch zwischen einem »Sahih« gibt, das aus erster Hand stammt und bezeugt ist, und einem Hadith, sozusagen aus zweiter Hand, dann besteht kein Zweifel darüber, welches Vorrang hat; hier gibt es nichts zu interpretieren. »Er sagte, daß er den Propheten dies tun sah«, »Er sagte, daß ihm seine Mutter erzählte, daß der Prophet dies tat« – nun, seine Mutter mag eine durchaus respektable und aufrichtige Frau gewesen sein, aber irgendwo mußte man eine Grenze ziehen, und sie wurde eben auf dieser Basis gezogen.

Zusammengefaßt läßt sich also sagen: Da ist zum einen das wortgetreue Material, wie es klar und deutlich im Koran dargelegt ist, zum anderen die Ergänzung durch die überlieferten Beispiele: »Mohammed sagte oder tat dies oder jenes« oder »Mohammed trug dieses oder jenes« oder »sein Bart war so beschaffen« und so weiter. Nicht alle dieser Einzelheiten sind bedeutsam, aber es ist eine verständliche Notwendigkeit, Aspekte des Lebens des Propheten, die von allgemeinem Interesse sind, für die Nachwelt festzuhalten. Und warum auch nicht? Abu Huraira sagte, daß der Prophet vor dem Freitagsgebet seinen Bart zu stutzen pflegte. Ich habe aber keinen Bart, soll ich mir also einen Bart wachsen lassen, um wie der Prophet zu sein? Die Antwort ist: Nein. Wer einen Bart hat, stutzt ihn sowieso vor dem Freitagsgebet, denn es ist sowohl üblich als auch Tradition, daß man zum Freitagsgebet saubere Kleider oder einen neuen Anzug anzieht oder frisch aufgebügelte Garderobe. So ist es Brauch, und das hat nichts mit Fundamentalismus zu tun.

Die Orthodoxen oder Sunniten legen das Gesetz in einem umfassenden Sinn aus. Es gibt den Geist des Gesetzes, und es gibt den Buchstaben des Gesetzes. Der Geist des Gesetzes kann den jeweiligen Umständen und der Situation entsprechend angewandt werden – ohne Abwandlungen, Hinzufügungen und Auslegungen. Das ist von entscheidender Bedeutung, denn – wie ich bereits gesagt habe – die Zeiten ändern sich und mit ihnen auch Verhaltensweisen und Techniken. Manches läßt sich aktualisieren; anderes wieder braucht nicht aktualisiert zu werden. Die Dinge, die aktualisiert werden können oder sollten, weil sie dann wieder zutreffen, damit sie effizienter und besser anwendbar sind, werden ständig aktualisiert. Sie werden nicht verändert, modifiziert, kaschiert, verschleiert und nicht umgemodelt, damit sie von der intellektuellen Elite leichter angenommen werden oder von ihr gutgeheißen werden.

Es ist in Ordnung, etwas auf den neuesten Stand zu bringen, nicht aber es schmackhafter zu machen, indem man es verwässert. An diesem Punkt sind die Fundamentalisten zu weit gegangen, doch gerät man hier leicht in einen politischen Schlagabtausch. Ich möchte hier für diejenigen unter Ihnen, die den roten Faden verloren haben, auf meinen Ausgangspunkt zurückkommen, darauf, daß das Schisma zwischen Schia und Sunna im Islam nichts Esoterisches, nichts Heiliges und nichts Außergewöhnliches war. Es war letztlich nichts anderers als ein politischer Machtkampf. Es wurde im Lauf der Jahrhunderte mehr und mehr aufgebauscht, ein Fehler aus der Anfangsphase wächst mit. Es begann als ein einfacher politischer Schachzug, beide Seiten bekamen Zulauf, es bildeten sich Fraktionen, und so ging es dann los.

Sowohl aus Eigeninteresse als auch, um ihren Standpunkt zu verdeutlichen, akzeptiert die Schia viele der Überlieferungen des Propheten nicht, die die Orthodoxen gelten lassen. Die unter dem Namen »Sahih Buhari« berühmt gewordene Sammlung von Buhari umfaßt mehrere Bände mit Überlieferungen oder Hadithen. Buhari war orthodox, und er schrieb nur die Fassungen aus erster Hand auf. Diese Versionen schließen zahlreiche Praktiken und religiöse Bräuche der Schiiten aus, weshalb die Schiiten auch diese Hadithe ablehnen. Das ist zwar für sie sehr bequem, aber es entspricht nicht der Wahrheit. Die Auslegung eines Gesetzes, eines Gebots, eines Ausspruchs oder eines Texts in Form eines Hadith aus erster Hand erlaubt keine verschwommene Deutung. Entweder hat Mohammed etwas so und so getan, oder er hat es nicht so und so getan. Entweder hat er es gesagt, oder er hat es nicht gesagt. Entweder haben diese Leute gesehen, daß er es tat; oder gehört, daß er es sagte – oder aber sie haben es nicht gesehen oder gehört.

Was er gemeint hat, bedarf keiner Interpretation. Er sprach nicht in sibyllinischen Worten, die alle möglichen Interpretationen erlauben würden, denn er war sich nur zu bewußt, daß durch Interpretationen, durch bewußte oder unbeabsichtigte Fehlinterpretationen, Irrformen des Islams entstehen könnten, so wie es in Judentum und Christentum geschehen war – daß sich Sekten bilden, Hackordnungen entstehen, Kultfiguren geschaffen werden oder daß einzelnen Menschen ein göttlicher Nimbus verliehen wird, um nur einige Beispiele für Mißbrauch zu nennen.

Mohammed drückte sich klar und verständlich aus. Der Geist desjenigen, was er sagte, was er tat und was er lehrte, ist ziemlich identisch mit dem, was heute in sunnitischen, das heißt orthodoxen, Gemeinschaften praktiziert wird.

Wenn fundamentalistische Überzeugungen ernsthaft und aufrichtig orthodox sind, wenn sie auf den ursprünglichen Lehren beruhen und von ihnen inspiriert sind und wenn sie im Geiste dessen sind, was die Lehren, Handlungen, Worte oder Verhaltensweisen beinhalten, dann kann man sagen, daß sie auf dem ursprünglichen Geiste der Lehre beruhen. Alles, was sich als fundamentalistisch ausgibt und das Resultat eines durch Verfälschung aus zweiter Hand entstandenen Irrweges ist, leistet sowohl der eigenen Sache als auch dem Islam einen schlechten Dienst. Und ich empfinde es allmählich als bedrückend, daß diese Art Dinge, wie man es am Beispiel des Nahen Ostens sehen kann, derartig zunehmen. Und ganz ähnlich ist es in der jüdischen Welt und im Katholizismus.

Den Fundamentalisten, die sich auf die Bibel, den Koran oder die Tora berufen und daraus dann ihre Berufung ableiten, geht es im allgemeinen um die Macht. Sie haben ihr Mandat vom Pöbel auf der Straße, und sie nutzen es. Das ist ein bekannter Vorgang. Vor kurzem habe ich im »The Economist« eine Karikatur gesehen, die ein schwarzes Gespenst zeigte, das einen Schatten über die Welt warf, und auf dem Rücken dieser Gestalt stand: »Muslimischer Fundamentalismus«. Das stimmte mich traurig, – nicht wegen der Semantik, ob nun »muslimisch« oder »islamisch«, sondern weil alles über einen Kamm geschoren wird. Wenn Leute eine Synagoge, eine Moschee oder eine Kirche in die Luft sprengen und diejenigen, die hierfür verantwortlich zeichnen, sogenannte Fundamentalisten sind, deren Parole »zurück zur Bibel« oder »zurück zum Wort« oder »zurück zum spirituellen Weg« lautet, dann bringen sie auch die wirklich orthodoxen und aufrichtig fundamentalistischen religiösen Menschen in Verruf.

Bei allen diesen Verirrungen, seien sie auf der islamischen, der jüdischen oder der christlichen Seite, stellt man durchwegs fest, daß es um Macht geht. Diese Leute wollen politischen und wirtschaftlichen Einfluß; es geht schlicht um Macht – um nichts anderes. »Ihr habt bloß einen Propheten, wir aber haben den Sohn Gottes«, »Ihr habt Jesus gekreuzigt – das wart ihr, die sowas getan haben«. Geht es hierbei um die Ehre oder um sentimentale Beweggründe, oder ist es einfach wie beim Pokern: »Du hast zwei Paare, ich aber habe ein Full House – Pech gehabt.«

Interessant ist am Rande, daß die »lineare Abkunft« der von Jesus Christus begründeten Kirche, wie sie die Katholiken und die Protestanten gleichermaßen beanspruchen, auf sehr schwachen Füßen steht. Die römische Kirche hat erst mit Innozenz I. (417) den Primat, die Oberhoheit, beansprucht, und für diesen Anspruch gibt es keine biblische oder geschichtliche Grundlage. Ein großer Teil der heutigen römisch-katholischen Glaubenslehren ist relativ jungen Ursprungs; die zwölf Zusätze zum Credo wurden erst von Pius IV. (1564) verkündet, obwohl das Konzil von Nicäa im Jahr 325 jede Hinzufügung zum Nicäanischen Glaubensbekenntnis ausdrücklich untersagte. Die »Unfehlbarkeit« des Papstes datiert aus dem Jahre 1870.

Die griechisch-orthodoxe Kirche beansprucht die »wahre Nachfolge«, doch ist dieser Anspruch zweifelhaft, weil die Urkirche, wie sie in der Apostelgeschichte und in den Apostelbriefen beschrieben wird, nicht hierarchisch war. Jede Gemeinde war ein unabhängiges und geschlossenes Ganzes.

Zu allen Zeiten wurden die Sufis systematisch kritisiert und bezichtigt, antireligiös und in religiösen Angelegenheiten disziplinlos zu sein. Es liegt in der persönlichen Verantwortung jedes einzelnen, wie religiös oder wie spirituell er – oder sie – ist. Das ist keine einfache Verantwortung, aber jeder einzelne ist imstande, sich auf diesem Gebiet zu entwickeln, und sollte das auch tun. Genau das ist es, worum es in der Tradition geht. Wie religiös oder wie spirituell ein Mensch ist, ist seine persönliche Verantwortlichkeit, die schwer wiegt, weil er sich auf diesem Gebiet entwickeln kann und dies tun muß; hierum geht es uns im Zusammenhang der Tradition.

Leute, die den Fundamentalismus predigen, streben nicht nach Befreiung, wie wir es zu tun hoffen und versuchen. Sie wollen beherrschen: »Tun Sie, was ich Ihnen sage, oder Sie werden exkommuniziert und können nicht auf dem Friedhof beerdigt werden. Man wird Sie draußen an der Straße begraben müssen.« Wie ist dies mit dem sanftmütigen, gütigen und kinderlieben Jesus zu vereinbaren? Wer hat dem Nachfolger auf dem Thron Petri die Befugnis gegeben, jemandem das Recht zu verweigern, sich in geweihtem Boden beerdigen zu lassen, und damit seine Familie zu bestrafen? Das Leid der Familie, die einen ihrer Lieben verloren hat, wird noch vermehrt, weil sie draußen am Wegesrand ein Loch graben muß, um den Betreffenden beerdigen zu können. Seine Angehörigen und seine Kinder sind als »Kinder des Exkommunizierten« gebrandmarkt. Das nenne ich ein erstaunliches Vermächtnis Jesu! Es bliebe abzuwarten, wer heute exkommuniziert würde, wäre Jesus hier.

Diese fundamentalistischen Bestrebungen, eine Autoritätsgestalt für sich zu vereinnahmen, haben letztlich nur eine einzige Ursache, und das ist die Machtbesessenheit.

Für den Fall, daß es heißen sollte: »Das waren wieder diese muslimischen Fundamentalisten ...«, und jemand behauptet, daß solch ein Verhalten fundamentalistisch, und die Betreffenden, die solche Dinge tun, fundamentalistische Muslime seien – möchte ich gern folgendes klarstellen: Aufgrund der Definition dessen, was ein Muslim ist, hat der Betreffende durch seine Taten aufgehört, Muslim zu sein.

Was ein Muslim ist, läßt sich nicht aufgrund spezifischer ritueller Aspekte definieren. Das Ritual steht stellvertretend für etwas anderes. Was ich meine, ist, daß Gebet entsprechend der jeweiligen Situation, dem Moment, dem Aspekt und vor allem entsprechend der Absicht tausenderlei Formen annehmen kann. Durch ihre Taten, durch Massenmord, Totschlag, Verstümmelungen, Folter, Blutvergießen – denn das ist es, was diese Leute de facto tun – haben die Fundamentalisten, welche Kriterien auch immer man anlegt, aufgehört, Muslime zu sein, und es wird ihnen schwerlich gelingen, das Gegenteil zu beweisen.

Da derartige Taten grundsätzlich und ausdrücklich verboten sind und sie bewußt wieder und wieder dagegen verstoßen, haben sie per definitionem aufgehört, Muslime zu sein. Daher ist die Bezeichnung »islamische« oder »muslimische« Fundamentalisten auf sie nicht zutreffend. Sie sind keine Muslime. Hätten sie den Mut, offen zu ihren Überzeugungen zu stehen und diese auch mit dem entsprechenden Namen zu benennen – für die ganze Welt wäre es ein leichtes, zu erkennen, wo sie stehen!

Es gibt aber auch Leute, die sind Fundamentalisten und tief orthodox und bezeichnen sich als Fundamentalisten im besten Sinne des Wortes, ohne andere Menschen zu zerstückeln, Blut zu vergießen oder ähnliche Greueltaten zu begehen. Aber ob sie nun Muslime, Juden oder Katholiken sind – ich fürchte, daß die Mehrzahl von ihnen ebenfalls nur auf Macht aus ist. Was kann man nun tun? Auch hier ist die Antwort: überlegtes und sorgfältiges Vorgehen. Seien Sie auf der Hut, lassen Sie sich auf keine großen Wortgefechte ein; seien Sie einfach wachsam. Es sollte Sie nicht so bedrükken, daß Sie nachts nicht mehr schlafen können und es wie ein Damoklesschwert über Ihnen hängt. Schärfen Sie Ihre Wahrnehmung für die Situation und mögliche Bedrohungen, Probleme und Schwierigkeiten; dafür, wie groß sie tatsächlich sind und wie gefährlich, wann sie Ihrer Meinung nach eintreten werden und wie Sie sie angehen können.

Dies, um nur einige Punkte aufzuzählen. Danach haben Sie zumindest eine ungefähre Vorstellung davon, welche Maßnahmen Sie ergreifen sollten.

Damit ist nicht gemeint, daß Sie in die Defensive gehen und sich aus lauter Angst vor Beeinflussung vor der Welt verschließen, nicht zur Wahl gehen und den Pfarrer nicht zur Tür hereinlassen oder höchstens mit ihm telefonieren. Seien Sie in der Welt und nicht von der Welt! Seien Sie sich über Ihre Koordinaten im klaren und darüber, an welchen Punkten Sie festhalten können, und lassen Sie sich von niemandem irritieren.

Warum ich sage, daß man sich am besten von Situationen fernhält, in denen man z. B. in ein Streitgespräch hineingezogen werden könnte? Weil es einfach so am besten ist! Schauen Sie sich die jeweilige Situation gut an. Davon, daß Sie sich automatisch zurückziehen sollen, ist keine Rede, und wenn jemand behauptet: »Ich habe recht, und das können Sie mir glauben!«, dann sind Sie nicht verpflichtet zu sagen: »Ich gebe Ihnen vollkommen recht!« Sie müssen ja nicht automatisch weglaufen, schauen Sie, wie Ihre Chancen stehen, und je nachdem, mit wem Sie es zu tun haben und ob die Umstände günstig sind, können Sie ihm vielleicht auf den Fuß treten oder vielleicht auch einfach nur sagen: »Ich halte das für völligen Blödsinn!«

Vielleicht hört Ihnen der Betreffende gar nicht erst zu, will Sie nicht wahrnehmen, und vermutlich sind auch Sie nicht darauf aus, ihn zu etwas zu bekehren – was voraussichtlich sowieso Zeitvergeudung wäre. Also lassen Sie sich gar nicht erst darauf ein, begeben Sie sich nicht in die Schußlinie, aber schließen Sie auch keine Kompromisse. Das ist nicht einfach, denn niemand ist von der Versuchung frei, aufzustehen und zu sagen: »Steh auf, und sag das nochmal!«

Diese Fundamentalisten sind so verbohrt, daß es nichts bewirkt, wenn man logisch argumentiert, und wenn man Buhari zitiert, hilft es auch nicht, weil sie bereits zu weit gegangen sind und in ihrer eigenen Welt leben.

Wer glaubt, daß Orthodoxie das ist, als was sie die Leute propagieren, bekommt leicht einen falschen Eindruck. Seien Sie also auf der Hut vor dem, was üblicherweise als Fundamentalismus verbreitet wird – gleich aus welcher religiösen Richtung es kommt. Gehen Sie ein wenig auf Distanz, und lassen Sie sich nicht Angst machen. So, wie Sie von Zeit zu Zeit Ölstand oder Reifendruck bei Ihrem Auto prüfen, so prüfen Sie auch von Zeit zu Zeit Ihre Gedanken, Ihre Haltung und Ihre Richtlinien. Tauschen Sie sich dann mit anderen darüber aus.
Machen Sie es mir nicht nach, und halte Sie den Leuten keine Vorträge, denn dann kommen Sie oft an den Punkt, an dem Ihre Zuhörer einfach abschalten und sagen: »Jetzt fängt er schon wieder davon an!« Identifizieren Sie die Ko-ordinaten, spüren Sie sie, setzen Sie sie ein, wenn es die Situation oder das Gespräch erfordert. Lassen Sie sich nicht einschüchtern, lassen Sie sich nicht einreden, daß der Fundamentalismus eine Bedrohung für die ganze Menschheit darstelle oder gar das Ende der Welt nahe sei. Sie selbst sind die Menschheit, wir alle sind die Menschheit, also kümmern wir uns darum! Jemand, der beim Gedanken an die Zukunft verzweifelt oder deprimiert ist, ist per se nicht effizient, denn er hat den Kopf voll mit unnötigen Dingen wie diesen Komplexen und Ängsten: »Was sollen wir bloß machen?«

Sehen Sie es mit Gelassenheit, und denken Sie in Ruhe darüber nach, für welche Richtung Sie sich unter den gegebenen Umständen entscheiden wollen, und darüber, was Sie tun wollen, und nehmen Sie das als Grundlage dafür, ob es Ihrem Dafürhalten nach für Ihre Familie, Ihre Gruppe oder Ihr Land positiv und nützlich ist.

Wenn die Lage zu erfordern scheint, daß Sie mit beiden Beinen hineinspringen, dann fürchte ich, daß dies bedeutet, daß Sie die Kontrolle über die Situation verloren haben. Wenn jemand die Beherrschung verliert, während er über etwas spricht oder etwas erklärt, dann hat er selbst alles verdorben. Gehen Sie nie so weit, daß Ihr Zorn die Oberhand gewinnt. Zorn ist wie Elektrizität, ein guter Diener und ein schlechter Herr. Die Sicherung kann Ihnen durchbrennen. Ich wüßte niemanden, der ein so heftiges Temperament hat wie ich. Ich brauche nur auf den Knopf zu drücken, und – fumm, geht es los. Ich gebe dem nicht sehr oft nach, denn es ist so etwas wie ein Werkzeug, das man einsetzen kann. Genauso, wie man Humor einsetzen kann, Arroganz oder schlechte Laune, so läßt sich auch Zorn einsetzen – nur, wenn Sie ihn als Werkzeug einsetzen wollen, dann sollte er per definitionem auch dazu dienen, etwas zu erreichen. Wenn Sie ihn als Waffe einsetzen, kann er außer Kontrolle geraten und Sie selbst kontrollieren.

Also, immer wieder: Ausgewogenheit! Ausgewogenes Handeln, ausgewogene Strategien. Ausgewogenheit hat nichts mit passivem »Sich-gehen-Lassen« zu tun. »Ich habe überhaupt keine Meinung! Ich habe keine Ahnung!« Wenn Sie auf einen Drink in die nächste Kneipe gehen und Sie jemand fragt: »Was glauben Sie, wer wird heute abend das Fußballspiel gewinnen?«, dann werden Sie wohl kaum antworten: »Ich weiß es nicht – entweder die einen oder die anderen!«

Zu diesem Thema gibt es eine Anekdote, die ich Ihnen gerne erzählen möchte: Es ist Ihnen bekannt, daß die verschiedenen Schulen der Tradition im Arabischen oft die Endung »-iya« haben, was bedeutet »die Lehre von ...«. So nennt man uns im Arabischen »Naqshbandiya«, »die Leute von Naqshband«. Im Afghanischen und Persischen und in anderen Sprachen heißen wir »Naqshbandi«, was dasselbe ist. Das »i« bedeutet »von«. Im Arabischen ist es »–iya«, wie in »Quadiriya«, die »Leute von Abd-el-Qadr«.

Es war einmal ein Botschafter, der ein unausstehlicher Mensch war, und man wollte ihn loswerden. Er war ein einziges Ärgernis, und so fragte man ihn: »Wo wären Sie denn gern Botschafter?«, und er sagte: »Ich weiß es nicht«, denn er war die verkörperte Unentschlossenheit. Der Außenminister wußte ganz genau, daß dieser, wenn er befragt würde, sagen würde: »Ich weiß nicht«. Also sagte der Außenminister: »Wie wäre es mit Bagdad?« Und die Antwort kam: »Nun, ich weiß nicht so recht!« So wurden also alle Vorkehrungen getroffen, man schickte ihn fort nach Bagdad.

Nun war die Geschichte die, daß in Bagdad ... – das, was jetzt kommt, ist ein Insiderwitz, und falls jemand meint, daß dies jetzt sehr schlimm von mir ist, für den Fall sage ich dann in der Regel dazu, daß es »angeblich« so war. Also: angeblich gründete er eine Sufischule in Bagdad, und man nannte sie die »Wiswasiya«. Nun ist Wiswas eine folkloristische Gestalt in Afghanistan; eine Art Nasrudin des kleinen Mannes. Dort nennt man ihn »Hadschi Wiswas«, was »unentschlossen« bedeutet. Wenn Leute sich nicht entscheiden können und mal das eine, dann wieder das andere wollen, dann nennt man das »wiswas« – »unsicher, unbestimmt«. Es heißt also, daß er angeblich diesen Orden, »Wiswasiya« genannt, »die Leute von Ungewißheit«, gegründet haben soll. Und ihr Dhikr lautete: »Soll ich's tun? Nein, lieber nicht!« »Soll ich's tun? Nein, lieber nicht!«

Die Absicht

Ich möchte nochmals ausführlicher über einige der Techniken sprechen, die ich bereits kurz erwähnt habe. Es sind unkomplizierte Techniken, die so einfach sind, wie Sie sie einfach sein lassen. Dazu sind zwei grundlegende Voraussetzungen erforderlich, die beide gleichermaßen wichtig sind für uns in der Tradition wie auch für all das, was positiv und nützlich ist.

Die erste ist, was wir *niyat* nennen: Absicht. Wir sind der Auffassung, daß man eine positive Absicht haben muß, bevor man etwas tun will – und ganz besonders im Zusammenhang mit der Tradition. Es ist nicht genug, lediglich zu sagen: »Ich habe dieses oder jenes vor« oder »Ich glaube, ich tue besser dieses und jenes«, sondern man muß sich selbst gegenüber bewußt bekräftigen, daß man etwas zu einem bestimmten Zweck zu tun beabsichtigt. Dazu bedarf es keines Glockenläutens und keiner heiligen Zeremonie mit Kerzenschein und keines heiligen Buches, sondern es handelt sich um eine Angelegenheit, die man mit sich selbst abmacht. Und man verhält sich dabei so, wie man es auch in der Gruppe tut: Man bekräftigt seine Absicht und gibt seinem Handeln eine Richtung.

Eine entspannte Konzentration für die jeweilige Aktivität oder Übung aufzubringen, so daß man die verfügbare Energie bestmöglich nutzen kann, ist die zweite Voraussetzung, und sie sollte mit dem Bestimmen der eigenen Absicht einhergehen. Eine der besonders wichtigen Übungen und eines der Geheimnisse der Tradition ist die Kombination von Selbstprüfung und Selbstbeobachtung.

Um einen Augenblick abzuschweifen: Das Wort »geheim« bedeutet innerhalb der Tradition »vertraulich«. Es ist ein Unterschied zwischen geheim und vertraulich. Manche Menschen sprechen von »Geheimnissen«, weil sie es ein wenig spannend machen wollen. Sie tun etwas Geheimes, mit dem Finger auf dem Mund. Wir sind aber keine Geheimgesellschaft. Wir sind eine Gesellschaft von Freunden, eine vertrauliche Verbindung von Gleichgesinnten, von ähnlich denkenden und ähnlich handelnden Leuten, und wir tun nichts Schlimmes, Schädliches oder Schreckliches. Unsere »Geheimnisse« sind nichts anderes als unsere persönlichen Angelegenheiten, unsere privaten Aktivitäten. Diese Techniken und Übungen sind noch aus einem anderen Grund vertraulich und privat: Wenn sie von jemandem ausgeführt werden, der nicht darüber Bescheid weiß, wie und wann er sie einsetzen soll, dann kann dies zu Überraschungen oder Verwirrungen führen. Es wird dadurch niemand Schaden nehmen, weil diese Übungen nicht schädlich sind, aber sie können zu Verwirrung führen; deshalb werden sie vertraulich behandelt und sind auf einen Kreis von Personen beschränkt, die sie durch ihre Absicht so zu benutzen wissen, daß es zu ihrem Wohl ist.

Aber zurück zur Selbstprüfung und Selbstbeobachtung. Die Aufgabe, sich selbst zu prüfen, ist unglücklicherweise in allen psychologischen Schulen, Methoden und ebenso in Sekten, Kulten und ähnlichem verbreitet. Der Punkt ist, daß es in der Tradition deutliche Grenzen für diese sogenannte Selbstprüfung oder -beobachtung gibt. Sich selbst zu prüfen heißt, die eigenen Haltungen und Reaktionen auf bestimmte Situationen und Personen zu prüfen. Warum? Eine der vielen Möglichkeiten, Selbsterkenntnis zu nutzen, ist die Entwicklung vorausschauender Fähigkeiten. Man entwickelt ein Gespür, einen »Riecher«, so daß man ein kleines bißchen im voraus sagen kann, wie man vermutlich auf bestimmte Dinge reagieren wird.

Dies hat nichts mit Hellseherei oder Kristallkugel-Wahrsagerei zu tun. Man sagt sich: »Es sieht so aus, als könne es zu diesem oder jenem kommen, und meine Standardreaktion bzw. die Reaktionsweise, die sich aus meiner Persönlichkeit oder aufgrund früherer Gehirnwäschen ergibt, wird voraussichtlich so oder so sein. Dabei kann auch passieren, daß ich konfus oder feindselig reagiere. Wenn ich mich also ein wenig besser kenne, und falls ich es rechtzeitig vorher merke, werde ich eine Konfrontation vermeiden. Wenn die Konfrontation aber schon da ist, werde ich mich um Schadensbegrenzung bemühen.«

Wenn man sich selbst kennt, dann weiß man meist instinktiv, was möglicherweise geschehen wird. Wie oft hört man jemand sagen: »Ich hätte es wissen müssen, daß ich in dieser Situation auf den Kerl mit der roten Krawatte losgehen würde. Ich kann Rot nun mal nicht leiden!« Die bloße Tatsache, daß man so etwas weiß, sollte genügen, daß man es als beiläufige Information abspeichert, aber um Vorauswissen entwickeln zu können, muß sie auch wieder abrufbar sein. Dieses Vorauswissen ist fast unbegrenzt, und man erwirbt es sich dadurch, daß man sich selbst prüft.

Wenn ich sage, daß es sowohl begrenzt als auch unbegrenzt ist, dann ist dies kein innerer Widerspruch, denn auf welcher Stufe man sich auch prüft, man prüft sich so unparteiisch wie möglich. Man sucht nicht ein Opfer, um sich oder anderen die Schuld zuzuschreiben. Es geht nicht darum, jemanden zu tadeln oder etwas Schreckliches zu finden, nicht um das »mea culpa« oder »Er ist schuld«-Syndrom. Wenn Sie sich prüfen, benutzen Sie Ihr Wissen über sich selbst, das heißt z. B. wodurch Sie geprägt wurden, inwieweit Sie durch Konditionierungen beeinflußt sind, und Sie prüfen sich anhand von Standpunkten, Techniken und Strategien der Tradition. Dieser Vorgang ist insoweit beschränkt, als Sie sich nur soweit erforschen können, wie Sie auch in der Lage sind, es zu begreifen. Es hat keinen Sinn, etwas aufs Geratewohl zum Vorschein zu holen, was durchaus erschreckend oder verwirrend sein kann, wenn man dann nicht weiß, wie man damit umgehen soll. Großartig, aber was hat man davon?

Genau das ist gemeint, wenn wir in der Tradition von »gewissen Geheimnissen« sprechen. Wenn jemand eine bestimmte Methode anwendet, ohne zu wissen, was er tut, dann greift er aufs Geratewohl zu und erwischt vielleicht irgendein Ohr, und weil er nicht darauf gefaßt war, macht ihm das furchtbar zu schaffen. Verständlicherweise. Deshalb wird eine Technik so lange nicht angewendet, bis der Betreffende in der Lage ist, zu verstehen, was er möglicherweise über sich selbst herausfindet.

Es macht nichts, wenn man an diesem Punkt einhält, denn man überprüft sich ja nicht ein für allemal im Sinn von: »So bin ich nun mal, und so werde ich auch bleiben. Daran läßt sich nichts ändern.« Einem sinnvollen Feedback sind Grenzen gesetzt. Zu dieser Technik gehört auch die Selbstbeobachtung. Diese einfache und grundlegende Angelegenheit wurde zu einer Art Kult hochstilisiert, was ziemlich lächerlich ist, denn sich selbst zu beobachten heißt im Grunde nichts anderes, als sich von bestimmten Umständen oder der jeweiligen Situation zu lösen und vor und nach dieser Situation – ob sie nun gut oder schlecht ist – sich selbst zu betrachten und festzustellen, wie man sich verhalten hat. Auch hierbei geht es nicht darum, nach einem Opfer oder Schuldigen Ausschau zu halten, sondern zu lernen und sich durch Selbstbeobachtung in den verschiedenen Bereichen ein klareres Bild von sich selbst zu machen. Man kann sich natürlich leicht entschuldigen, indem man sagt: »Ich bin eben so« oder »Es war gar nicht so schlecht«. Aber man sollte sich nicht in eine Verteidigungshaltung zurückziehen, denn es geht nicht darum, ein Opfer zu finden.

Dies ist sehr wichtig. »Das war furchtbar, was ich gemacht habe.« Nehmen wir an, ich hätte so etwas getan. Was lerne ich also daraus? Ich habe erfahren, daß ich unter bestimmten Umständen dazu neige, aufbrausend, jähzornig, faul oder habgierig zu sein. Habe ich das erkannt, so heißt das aber nicht, daß dies auch die – unveränderlichen – Hauptwesenszüge von einem sein müssen, nur weil sie in der einen Situation zum Vorschein kamen. Aktiviert man aber solche Züge und beobachtet man sich dann dabei, so wird man Reaktions- und Denkmuster entdecken. Aber tun Sie das nicht täglich oder stündlich, denn das könnte zu einer Manie werden. Wenn man nach einer gewissen Zeit merkt, daß man dazu neigt, in einer bestimmten Weise zu handeln oder zu reagieren, dann kann man feststellen, ob es sich um eine Stärke oder eine Schwäche handelt, Spontanität oder Jähzorn zum Beispiel. Diese Stärken oder Schwächen muß man nicht als schreckliche Last ansehen. Es ist lächerlich, sich von ihnen bedroht zu fühlen.

Besser ist es, sich nach und nach ein zutreffendes Bild seiner selbst zu erarbeiten; nicht so, wie ein Staatsanwalt dies in seiner Anklageschrift tun würde, sondern so, als ob man seinen besten Freund prüfen würde: Die eine oder andere Entschuldigung kann man einfach akzeptieren. Man macht keine Hexenjagd. Man prüft sich mit Geduld und Nachsicht, aber auch diese Geduld hat natürlich ihre Grenzen. Wenn man versuchen sollte, mit sich selbst viel geduldiger zu sein als mit anderen, dann funktioniert es nicht, weil man dann zu nachsichtig ist und Ausflüchte gelten läßt. Auch die Geduld muß Grenzen haben. Seien Sie sich selbst gegenüber ehrlich: Sie können nicht mit der einen Hälfte Ihres Gehirns eine offensichtlich falsche Entschuldigung für etwas produzieren, was Sie getan haben, und erwarten, daß der andere Teil Ihres Gehirns das dann akzeptiert. Dies ist nicht nur ein lächerliches Täuschungsmanöver, sondern es provoziert unausweichlich auch eine Reaktion dieses anderen Teils, der sagt: »Also wirklich, ich habe zugesehen, wie du diesen Geldschein gefälscht hast, und nun drückst du ihn mir in die Hand und erwartest, daß ich ihn akzeptiere!«

Das ist dumm. Es provoziert einen Konflikt, und es ist keine Glanzleistung; es ist nur ein unbeholfener, träger und primitiver Versuch, sich selbst in die Tasche zu lügen. Wenn Sie hierauf hereinfallen, dann werden Sie später noch auf viel mehr hereinfallen, und es wird damit enden, daß Sie Dutzende falscher Banknoten auf Ihrem Konto haben und bankrott gehen mit all den Unannehmlichkeiten, die sowas nach sich zieht, und wenn Sie dann die Geldscheine nehmen und sie unter die Leute bringen, macht es das noch schlimmer. Auch hier entsteht wieder eine ganze Kette von Situationen, die durch die üblichen menschlichen Schwächen wie Faulheit und Dummheit erzeugt wird.

Der Mensch ist nicht so kompliziert, wie er gern glaubt. Und er sieht es nicht gern, wenn sich etwas darauf zurückführen läßt, daß er einfach faul, gierig oder dumm war. Oder er verfällt ins andere Extrem und sagt: »Ja, ich bin faul und dumm und unerträglich, und ich kann nichts daran ändern, so bin ich eben« und »Nehmt mich so, wie ich bin, oder laßt mich«. Abgesehen davon, daß die anderen genau dies tun werden, kann man nicht vor sich selbst davonlaufen.

Es geht also darum, sich in einer vernünftigen Weise zu betrachten und zu prüfen: nicht mit übertriebener Sympathie, sondern anhand von Richtlinien oder Maßstäben, die man für sich selbst entwickelt hat: mit Geduld, mit Sympathie und mit Verständnis, da man ja die Bedingungen und die Situation besser kennt als irgend jemand sonst, aber trotzdem gilt es, bestimmte Maßstäbe, Regeln und Techniken anzuwenden, die, wenn man so will, einfach Standard sind. In den meisten technischen Bereichen gibt es anerkannte Standards: sei es nun das Längenmaß, das Meter, das Kilo für Gewicht, und es gibt Bar oder Gigahertz. Dies sind allgemeingültige Größen, mit denen überall gemessen wird.

In der persönlichen Entwicklung sind solche Maßstäbe nicht ohne weiteres verfügbar. Sie können keinen Entwicklungsmesser kaufen, den Sie sich an die Lungenschlagader klemmen und der anzeigt, ob Sie entwickelt sind oder nicht, der den Energiebetrag anzeigt, den Sie verbrauchen, oder ob überhaupt Energie vorhanden ist. Wenn es so etwas gäbe, würden alle ihre ganze Zeit damit zubringen, darauf zu starren, und alles andere vernachlässigen.

Wie also soll man dies messen? Kann man es überhaupt messen? Ja, das geht anhand einer Skala, die man erlernt.

Etikettierungen

Eine Sache, die mich im Westen ernsthaft stört, ist das Bedürfnis, dem Menschen ein Etikett aufzudrücken, ein Schild mit irgendeiner Klassifizierung – ganz gleich welcher Art – umzuhängen. Wenn Sie auf einer Tagung sind und ein kleines Schildchen mit der Aufschrift »zweibeiniger Gorilla« tragen, dann werfen die Leute einen Blick darauf und sagen: »Großartig!«, schütteln Ihnen die Hand und gehen zufrieden ihrer Wege.

Natürlich ist es manchmal bei bestimmten Organisationen notwendig, Menschen in Kategorien einzuordnen und ihnen Etiketten zu geben. Beim Militär gibt es Rangabzeichen, weil man sonst nicht weiß, was der Betreffende ist. Im Krankenhaus trägt das Personal ein Schildchen, weil man sonst nicht weiß, ob es sich um den Arzt, die Schwester oder den Anästhesisten handelt. Ich bin nicht dagegen, daß man alles kategorisiert oder benennt; dies ist notwendig und effizient, solange es seinen Zweck erfüllt und nicht so weit geht, daß, sobald man jemandem begegnet, und sei es in der alltäglichsten Situation, man sofort wissen will, wer der Betreffende ist, und vor allen Dingen, was er ist. In Amerika ist diese Tendenz besonders ausgeprägt. »Ich bin Joe« – gut. Das ist erledigt, und man entgegnet: »Ich bin Frank«; in Ordnung. Dann kommt »Ich bin der Direktor der städtischen Müllbetriebe von New York City« oder etwas in dieser Art, und dann muß man sagen: »Ich bin Techniker im Bereich Kohlenwasserstoff.« Das ist dann auch schon alles, was man von Ihnen wissen will – welche Stellung Sie haben. Wenn Ihr Gegenüber in derselben Branche ist, wird er sich mit Ihnen darüber unterhalten; ist er Verkäufer und Sie Einkäufer, dann wird er verkaufen. Sind Sie im Verkauf und er im Einkauf, dann wird er kaufen. Das ist in Ordnung, es ist nichts dagegen einzuwenden, daß man das so handhabt.

Wenn Sie verfolgen, wie das in einem gesellschaftlichen oder auch in einem anderen Kontext stattfindet, dann werden Sie merken, daß da eine bestimmte Urteilsfähigkeit, eine Qualität fehlt, etwas, das man ein gewisses Gespür nennen könnte. Nicht, daß Sie jemanden anschauen und Ihnen dieses Gespür sofort sagt, daß Sie den Leiter des Wartungsdienstes für alle Parkuhren in Westminster vor sich haben. Wenn das so funktionierte, wäre das phantastisch; man könnte ein Vermögen als Hellseher machen! Angenommen, Sie sehen sich den Betreffenden also an: Er ist ziemlich gut gekleidet und wirkt gepflegt, und so sagen Sie: »Aha, dieser Mensch ist ziemlich gut gekleidet und hat gute Manieren«, oder vielleicht hat er eine Krokobrieftasche bei sich, die von Gucci ist; also muß er etwas Besonderes sein. Dies ist wieder eine Etikettierung. Sie können sich also damit befassen, wie sich jemand benimmt oder wie er gekleidet ist. Ergibt es sich aber, daß Sie mit ihm in Kontakt treten müssen oder mit ihm eine, wie ich es nenne, »stille Konversation« haben, brauchen Sie nicht zu wissen, ob er Polizist oder Pilot ist. Was Sie interessiert, ist das Wesen dieses Menschen, seine Eigenart, wie er auf das, was Sie sagen, reagiert, seine Fähigkeit zu verstehen – und ebenso, wie Sie selbst seine Worte aufnehmen und darauf reagieren. Die Leute halten sich im Gespräch mit anderen zusehends mehr zurück, sei es, weil sie schüchtern sind oder weil sie nicht wissen, über welches gemeinsame Thema sie sich mit den anderen unterhalten könnten. Dies liegt daran, daß man oft seine natürlichen Fähigkeiten, jemanden einzuschätzen oder auszuloten, nicht nutzt. Man registriert, wie sein Gegenüber gekleidet ist, wie er sich verhält, wie er spricht, und hat damit also dessen gesellschaftliche Position, Bildung und seine finanziellen Verhältnisse ermittelt, weiß dann aber nicht, wie man noch tiefer gehen kann. Das beunruhigt einen dann, so daß man sagt: »Ich weiß nicht, was ich sagen soll« oder »Ich weiß nicht, wie ich es einfädeln oder formulieren soll«. Es stimmt nicht, daß man nicht weiß, wie das ginge; der wahre

Grund ist, daß man es letztlich selbst nicht zuläßt. Man läßt sein »inneres Gefühl« oder seinen gesunden Menschenverstand nicht zum Zuge kommen.

In einem gesellschaftlichen Rahmen oder auf einer Party ist das völlig in Ordnung. Sie unterhalten sich mit irgend jemandem über irgend etwas und gehen auch nicht davon aus, daß Sie jemanden finden werden, mit dem Sie ein tiefsinniges Gespräch über Astrophysik werden führen können. Wenn das gerade Ihr großes Thema ist – schön, aber das ist Ihr Problem.

Wenn man sich darauf einläßt zu urteilen, steht man vor dem Problem, daß man gelegentlich auch ein oberflächliches Urteil fällen wird. Man sollte aber den Mut haben, sich die Gelegenheit und den Raum zu schaffen, sein eigenes inneres Urteil zu entwickeln. Dieses Urteil hat man gelegentlich sowieso, aber man nutzt es immer seltener, weil man immer weniger Gelegenheit hierzu hat.

Im Lauf eines Tages begegnet man normalerweise zwanzig bis dreißig Leuten wie Busschaffnern oder Taxifahrern. Ich sage nicht, daß Sie mit jedem, dem Sie begegnen, möglichst bedeutungsvolle und tiefgreifende Gespräche führen sollten, denn manche Leute können ziemlich nervtötend sein. Was ich meine, ist, daß es Umstände gibt, in denen man fühlt, daß ein Funke überspringt. Wenn man klug ist, wird man nicht versuchen, diesen Funken unbedingt zu benennen, denn damit ist man schon wieder in der Falle des Etikettierens. »Ich habe dabei Ablehnung, Vergnügen, Arroganz empfunden« und so weiter.

Vielleicht strahlt der Betreffende wirklich Arroganz, Nervosität oder Negativität aus. Aber wenn man aufgrund einer Empfindung ein Urteil über jemanden fällt, dann kann man sich auch irren. Nur, weil ich erwähnt habe, daß jeder tief in sich die Möglichkeit dazu trägt, andere Menschen zu analysieren, mit ihnen Kontakt aufzunehmen, sie zu erkennen, bedeutet das noch lange nicht, daß jeder auch immer alle Mittel nutzt, die er hat. Um ein einfaches Beispiel zu nennen – jemand erzählt: »Ich habe mich neulich mit jemandem über irgendeine Belanglosigkeit unterhalten, und ich hatte dabei das Gefühl, daß der Betreffende sehr nervös war.« Was ist es, das einen glauben macht, der Betreffende sei nervös gewesen? War es etwas tief im Inneren, das dies festgestellt hat, oder lag es daran, daß der Betreffende etwas getan hat, sich in einer Weise verhalten oder gesprochen hat, wie man dies selbst täte, wenn man nervös wäre? Und weil man das von sich selbst kennt, denkt man folglich: »Ich tue das, wenn ich nervös bin, also ist der Betreffende nervös.« Es mag durchaus sein, daß die Art, wie er sich verhält, vielleicht nicht besonders gelassen ist, aber dies bedeutet nicht notwendigerweise, daß der Betreffende tatsächlich aufgebracht ist.

Ich möchte damit sagen, daß es derartige Gefühle, Bewertungen und Einschätzungen gibt, die stimmen. In anderen Fällen wieder ist es nur Ihre eigene subjektive Projektion: »Er hat sich sehr feindselig und aggressiv verhalten.« War er feindselig, war er aggressiv – oder hat er sich verteidigt? Es gibt Menschen, die um so feindseliger und aggressiver werden, je mehr sie sich in die Enge getrieben fühlen.

Je mehr sich ein Kontakt vertieft, desto mehr Gelegenheit hat man, den anderen unter verschiedenen Umständen zu erleben – das ist offensichtlich. Wie auch die Umstände, in denen Sie sich in physischer, psychischer oder gesellschaftlicher Hinsicht befinden, sein mögen – Ihrem Gegenüber kann es gerade völlig anders ergehen. Es ist Ihnen überlassen, welche Position Sie einnehmen. Trotzdem ist es erst, nachdem man sich mehrmals mit jemandem getroffen hat, möglich zu sagen: »Ich glaube, daß ich ihn langsam besser verstehe.« Man benutzt dieses Wort »verstehen« in diesem Zusammenhang und meint »kennen«: »Ich habe ihn erkannt.«

Und damit sagt man letztlich: »Ich habe ein bessseres Gefühl für ihn bekommen; für seine Art zu denken und für seine Einstellung. Ich lerne ihn zusehends besser kennen, und ich weiß: Wenn er sich jetzt so verhält, dann tut er dies nicht unbedingt nur jetzt – er tut es leider dauernd.« Es ist eine Frage des Kontakts und des Gebrauchs von Intuition, wenn man jemanden erkennt und seine äußere Maske durchdringen will; die Maske der Gucci-Schuhe und der Sulka-Krawatte. Es gibt Leute, denen Krawatten sehr wichtig sind – was aber nichts über ihren Geschmack aussagt. Gut, Gucci-Schuhe sind vielleicht bequemer als Schuhe aus dem Kaufhaus, aber darum geht es gar nicht; ich spreche von Kontakt auf einer tieferen Ebene, nicht von Kontakt auf einer kommerziellen oder sonstigen Ebene.

Es ist sinnvoll, den Kontakt auf dieser tieferen Ebene stärker werden zu lassen – unter der Voraussetzung, daß man auf dieser Ebene korrespondiert. Die Technik, um dies zu entwickeln, benutzt man kontinuierlich. Gut, aber wozu und wie lange? Studiert man jemand unaufhörlich und auf immer tieferen Ebenen? Nicht unbedingt; es kommt darauf an, in welchem Umfang der Kontakt erforderlich ist. Man kann mit jemandem auf einer bestimmten Ebene in Kontakt sein, und lange Zeit bleibt es bei dieser Ebene, ohne daß sie vertieft wird. Auf dieser Ebene aber wird der Kontakt gepflegt und wird stärker, so daß sich die Beziehung auf dieser Basis festigt und man darauf aufbauen kann.

Das geht nicht unweigerlich immer so weiter, bis der Punkt erreicht ist, daß Sie sagen mögen: »Du lieber Himmel, wollen Sie behaupten, daß ich jedesmal, wenn ich mit dem Betreffenden Kontakt habe, mit ihm spreche oder mich treffe, wie ein Psychiater immer tiefer und tiefer werde bohren müssen?« Nein; wenn erst einmal eine gewisse Ebene erreicht ist, dann ist der Prozeß in Gang gesetzt. Etwas in der Tradition zu lernen heißt etwas benutzen lernen und die Funktion des Positiven zu lernen – das ist alles Technik, und der schwierigste Teil davon ist immer der Anfang, weil er bedingt, daß man zwanzig Jahre Konditionierung überwinden und vergessen muß.

Das gilt für alle möglichen Konditionierungen; es hat

keinen Zweck, sie zu bekämpfen, weil dies nur zu Nervosität und einem inneren Spannungszustand führt. Man tauscht auch nicht eine Konditionierung gegen eine andere aus – sowas geht sehr einfach, und es kommt einer Gehirnwäsche gleich. Gehirnwäsche ist nichts anderes als zwanzig Jahre Konditionierung, die auf drei Monate oder ein Jahr komprimiert wurde. Jemandem ein bestimmtes Begriffssystem, Ideen und Gedanken aufzuzwingen, genau das ist Konditionierung.

Falls Sie sagen: »In der Tradition haben wir neue Gedanken, neue Koordinaten und neue Formen Energie zu erzeugen und zu verwenden bekommen. Heißt das nicht, eine Konditionierung gegen die nächste auszutauschen?« Die Antwort ist Nein. »Heißt das nicht, ein Denkmuster gegen ein anderes auszutauschen?« Ja, aber es gibt hier einen ganz entscheidenden Unterschied. Austauschen bedeutet, die eine Sache zu geben und die andere wegzunehmen, aber so ein Austausch findet hier nicht statt. Der Unterschied zwischen dem Erlernen und Anwenden von Techniken der Tradition und einer Konditionierung liegt darin, daß Sie in der Tradition sowohl die Kontakte, die Methodik und die Energie bekommen als auch die Zeit und die Gelegenheit, sich alles in Ruhe anzusehen, nachzulesen und darüber nachzudenken. Sie gehen mit den Techniken in Ihrem eigenen Rhythmus um, wenden sie an und können dann feststellen, daß sie funktionieren. Das ist nicht Konditionieren. Zwischen Konditionierung und dem Gebrauch von Werkzeugen liegen Welten. Wenn Sie diese Instrumente, die Ihnen auf eine bestimmte Weise gegeben werden, gebrauchen, können Sie selbst sehen, wie sie Ihnen nutzen – und nur dann akzeptieren Sie sie.

Fernsehen konditioniert. Alle zehn Minuten werden Sie bombardiert: »Nehmen Sie dies für Ihr Gesicht und jenes für Ihre Füße und jenes für Ihr Auto.« Es wird Ihnen eingehämmert und dann gehen Sie ins nächste Geschäft und sagen: »Ich brauche etwas für meine Haare, und ich möchte gerne ›Schlampofix‹, weil ich das gestern abend im Fernsehen gesehen habe.« Wieviel Erfahrung brauchen Sie, wie bewußt müssen Sie denken, um eine derartige Wahl zu treffen? Falls Sie schon immer Schlampofix benutzt haben sollten und es bei Ihnen funktioniert, dann können Sie behaupten: »Das war keine Konditionierung, denn ich hatte es ausprobiert, und es hat funktioniert. Es taugt etwas.« In dem Fall würde ich ausschließen, daß es sich um Konditionierung handelt.

In diesem Zusammenhang geht es aber auch noch um einen anderen Punkt. Sie lernen also ein Begriffssystem, verschiedene Arten Energie zu nutzen und anzuziehen, unterschiedliche Arten, sich selbst zu prüfen, und lernen andere Ideen kennen. Aber heißt das, daß Sie nun eine Liste nach der anderen mit interessanten, wichtigen und nützlichen Dingen aufstellen, d. h. mit zufälligen Informationen, die Sie vielleicht einmal brauchen könnten? Nein. Was Sie tun sollten, ist, aus den Übungen, aus den Atemtechniken und aus Kontakten zu lernen, um es dann zu benutzen.

Bei fünfundsiebzig Prozent der Nasrudin-Geschichten können Sie feststellen, daß er in diesen Geschichten Technik benutzt; und zwar die Technik, die zu seiner jeweiligen Rolle als Weiser, als Narr oder als Pantoffelheld paßt.

Als ich unlängst darüber sprach, daß diese Nasrudin-Geschichten eine Moral enthalten, daß sie Lehrgeschichten sind und daß sie benutzt werden können, sagte tatsächlich jemand daraufhin: »Mag ja sein, aber ich selbst bin noch nie in eine derartige Situation gekommen!« Ich habe mich dann mit dem Betreffenden etwas ausführlicher darüber unterhalten. Denn, nehmen wir beispielsweise eine Geschichte, in der erzählt wird, was Nasrudin unterwegs geschah, als er mit seinem Esel von Shiraz nach Teheran reiste, und was er dann daraufhin unternahm: Natürlich ist es ganz unwahrscheinlich, daß es Leute geben wird, die genau zu derselben Zeit und unter vergleichbaren Umständen – also z. B. mit einem Esel – auf derselben Route reisen werden, so daß sie

Nasrudins Erfahrung exakt wiederholen könnten. Sie können diese Erfahrung aber auf einen anderen Ort oder eine andere Zeit übertragen, denn das, was er gesagt hat oder wie er reagiert hat, können Sie genausogut auf der King's Road oder dem Boulevard Saint-Michel verwenden wie auf der Straße zwischen Damaskus und Teheran.

Die Geschichte liefert ja nur den Rahmen, damit Sie den Kern, das Zentrum der Geschichte verinnerlichen können; Reaktion, Interaktion, was er aus der Situation machte, wie er in einer Situation den Sieg davontrug oder eine Niederlage erlitt. Wie wende ich dies an? In einer ganz einfachen Weise, denn keine der Nasrudin-Geschichten ist so unglaublich komplex, daß Sie sie nicht anwenden oder verstehen könnten. Es sind kleine, einfache menschliche Bestrebungen, einfache menschliche Anstrengungen, einfache menschliche Erfolge, einfache menschliche Mißerfolge, und wenn Sie sie aus dem jeweils speziellen Kontext herausnehmen, können Sie sie in vielerlei Hinsicht in Ihrem täglichen Leben anwenden.

Dies ist nur ein Beispiel dafür, wie man Dinge anwendet. Dies zu tun ist in der Tradition eine kontinuierliche und zweckmäßige Aktivität. Es geht nicht darum, wer die größte Menge von Büchern anhäufen kann oder wer die meisten Nasrudin-Geschichten auswendig kann – es sei denn, er kann sie auch benutzen.

Sie benutzen sie auch nicht alle auf einmal: »Einen Augenblick – ich muß schnell herausfinden, welche Nasrudin-Geschichte auf diese Situation jetzt paßt!« Das ist unnötig; entweder gibt es eine passende Geschichte oder es gibt sie nicht. »Auf jede Situation paßt eine Nasrudin-Geschichte!« Nicht unweigerlich. Eine Abwandlung von Karpows Eröffnungsgambit, sagen wir Dame nach b3, Bauer auf e3 ist immer noch Schach.

Feedback

Der Begriff, über den ich hier sprechen möchte, wird Feedback genannt. Das ist nur eine ungefähre Bezeichnung, denn eigentlich geht es um ein Prinzip. In der Tradition ist Feedback eines der Prinzipien der Lehre. Feedback findet statt im Kontext von Information und Einflußnahme; es hat mit dem Senden und Empfangen von Impulsen und von Energien zu tun und dem Echo, das als Rückmeldung von Menschen Orten oder Situationen kommt. Ich benutze das Wort »Echo« nicht gerne, weil es nur ein leerer Nachhall dessen ist, was ausgesandt wurde. Echo ist nicht das, was wir brauchen, denn dies wäre nur eine abgeschwächte Wiederholung meiner Worte. Mit Feedback meine ich die Resonanz, die ich von Gruppen oder von einzelnen Personen, aus den Umständen oder auch von den Orten aufgrund von den Einflüssen der Tradition empfange. Das, was sie aufgenommen, verarbeitet und benutzt haben, ergibt die Rückmeldung an mich. Dieses Feedback, diese Rückmeldung auf verschiedenen Ebenen ist aus unterschiedlichen Gründen notwendig und wertvoll. Entscheidend ist, daß das Feedback von einzelnen oder Gruppen sowohl auf der bewußten wie auch unbewußten oder überbewußten Ebene stattfindet.

Das einfachste Feedback, das man von einzelnen oder einer Gruppe bekommen kann, ist eine Rückmeldung von Aufnahmebereitschaft, ein Hinweis darauf, daß die Betreffenden zuhören. Das mag eine oberflächliche Ebene sein; es ist aber auch die unterste Ebene eines akzeptablen Feedbacks. Das kann einfach dadurch geschehen, daß der Betreffende oder die Gruppe Sie anblickt oder in irgendeiner anderen Weise zu erkennen gibt, daß er zuhört bzw. sie zuhören. Dazu ist weder erforderlich, daß sie Sie unaufhörlich fixieren, noch daß sie mit geschlossenen Augen dasitzen, um sich keinen Tropfen Ihrer ungeheuren Weisheit entgehen zu lassen. Es kann auch eine entspannte Form des Zuhörens sein.

Gehen wir bei diesem Prozeß nun eine Stufe weiter, auch wenn es nur einen kleinen bewußten Schritt braucht, um Interesse für das Thema aufzubringen, über das gesprochen wird. Auch hier sollte Ihre Aufmerksamkeit entspannt und konzentriert, ohne jede Anspannung sein und ohne sich abzumühen, die Ohren zu spitzen, damit Ihnen nur kein Wort entgeht. Um Aufmerksamkeit zu bekommen und sie dann auch aufrechtzuerhalten, sollte der Gesprächs- oder Diskussionsgegenstand von gewissem Interesse sein. Das ist offensichtlich, denn wenn jemand dasitzt und sagt: »Rhabarber, Rhabarber, Rhabarber«, dann werden die Leute scharenweise aufstehen und nach Hause gehen. Es sollte sich also um ein Thema oder einen Aspekt handeln, der interessant und zugleich bedeutsam ist; nicht nur, daß er einigermaßen die Intelligenz oder die Bewußtheit der Zuhörer anspricht, sondern er muß auch gemäß ihrer Entwicklungsstufe eine Saite in ihnen anrühren. Gleichgültig, auf welcher Ebene das geschieht – das Thema sollte eine gewisse Relevanz haben oder zumindest den Anschein danach haben. Vielleicht wird nicht unbedingt jedes einzelne Mitglied der Gruppe davon angesprochen, aber unter der Voraussetzung, daß es im großen Ganzen von Bedeutung ist, kann es auch auf einer anderen Ebene aufgenommen werden.

Während man spricht und versucht, die Grundbegriffe, das Wissen, die Techniken und Informationen mitzuteilen, mißt man, was von einzelnen, von der Gruppe oder von der Situation auf verschiedenen Ebenen zurückkommt. Die geistigen Sensoren, die diese Bewertung vornehmen, messen gleichzeitig auf unterschiedlichen Ebenen, so daß man während eines Ereignisses, eines Geschehens oder aufgrund zeitlicher Planung oder anderer Faktoren näher auf einen Punkt eingehen, die Ausführungen raffen oder die Vortragsweise ändern kann. Wie man versucht, die Aufmerksamkeit eines einzelnen oder einer Gruppe zu erlangen oder aufrechtzuerhalten, so muß man auch den Grad an Aufmerksamkeit aufrechterhalten und sie steigern oder konzentrieren, ohne dadurch Spannungen zu erzeugen oder zu vermehren.

Wie Sie alle – vielleicht schon mit einem Seufzer – bemerkt haben, gibt es in dem, was ich sage, Wiederholungen. Im Laufe eines Abends wiederhole ich mich vielleicht sogar mehrmals, oder ich wiederhole dasselbe auf verschiedenen Treffen. Dies ist aber – noch – kein Zeichen für beginnende Senilität meinerseits. Der Grund dafür läßt sich möglicherweise mit der Vorgehensweise beim Malern vergleichen: Wenn Sie eine Fläche lackieren, dann tragen Sie nicht in einem Mal sieben Schichten auf. Sie tragen eine Schicht auf und lassen sie trocknen. Warten dann mit dem nächsten Anstrich entweder, bis die erste Schicht völlig durchgetrocknet ist, oder zumindest so lange, bis sie angetrocknet ist, damit die zweite Schicht auf der ersten haftet.

Einer der Gründe für meine ständigen Wiederholungen – ich persönlich bevorzuge den freundlicheren Ausdruck »Variationen zu einem Thema« – liegt darin, daß man einer Person, einer Gruppe oder einer Situation nicht mit einem »Fertigprodukt« gerecht werden kann. Das hieße zu sagen: »Dies ist es; lernt es und begreift es, denn Ihr braucht es jetzt.« Denn wenn das so passieren würde, dann würden alle, sei es vor Schrecken oder aus Stolz darauf, daß man ihnen solche Verantwortung überträgt, sprachlos sein, und man hätte überhaupt nichts erreicht.

Es ist ein wenig wie beim Kochen: Man schmeckt gelegentlich ab, und vielleicht fügt man ein wenig Salz oder Pfeffer hinzu, je nach der Konzentration, der Verdampfung, der Temperatur oder der Kombination verschiedener Faktoren. Man sagt nicht: »Ich gebe genau diese Menge Salz hinzu, und damit hat sich's«, obwohl man gekostet hat und offensichtlich zuviel oder zu wenig Salz enthalten ist.

Man darf nicht so unflexibel vorgehen, denn wenn man es

mit Energie zu tun hat, dann muß die Energiemenge sowohl mit der Situation als auch mit der vorhandenen Kapazität harmonieren. Wenn man jemandem zuviel gibt oder mehr, als er bewältigen kann, wird er beunruhigt sein, wird sich selbst überlasten und nicht wissen, was er damit anfangen soll – es ist ihm zuviel. Deshalb ist es wirksamer und auf alle Fälle freundlicher, auf jeden einzelnen einzugehen, ihn einzuschätzen und sein Feedback zu prüfen.

Ich bin geschult, dies ständig und automatisch zu tun und ohne den Eindruck zu erwecken, daß ich es tue. Nun könnte jemand sagen: »Sie haben soeben gesagt, daß Sie es tun. Was meinen Sie damit, wenn Sie sagen, daß Sie nicht den Eindruck vermitteln?« Ich meine damit, daß ich nicht jeden einzelnen reihum anstarre, so daß man mir ansieht, daß ich mir in Gedanken Notizen mache, denn dies würde bei manchen die Reaktion auslösen: »Wie stelle ich es an, daß ich intelligent dreinschaue?« Es handelt sich vielmehr um einen völlig normalen Prozeß, der ständig abläuft. Dies soll aber weder bedeuten, daß jeder mit heraushängender Zunge dasitzen sollte, noch das andere Extrem. Das alles ist kein Maßstab fürs Feedback.

Das Ergebnis der Kommunikation auf verschiedenen Ebenen ist nicht von einer dieser Ebenen allein abhängig. Man kommuniziert ja auf allen Wahrnehmungsebenen: Tastsinn, Geschmack, Gesicht und Gehör sind die herkömmlichen Sinne – aber die höheren Wahrnehmungsbereiche kommen dazu.

Eine Bewertung oder Messung des Feedbacks kann nicht aufgrund dessen erfolgen, wie der Betreffende dreinschaut, und auch nicht danach, wie er sich fühlt, denn wenn man das täte, bekäme man möglicherweise ein sehr starkes negatives Signal. Nehmen wir an, der Betreffende fühlt sich unwohl oder niedergeschlagen oder irgend etwas bedrückt ihn oder er ist in einer Verfassung, die ein wenig negativ ist, dann bringt er das zum Ausdruck. Die üblichste Form dafür ist das äußere Erscheinungsbild; man wirkt bekümmert oder sieht bedrückt aus. Wenn jemand wirklich besorgt ist oder krank, sendet er ein negatives Signal aus; es ist keine negative Energie, die er aussendet; es ist nur ein negatives Signal, das besagt: »Ich fühle mich nicht gut; ich möchte nach Hause«; das ist alles.

Wenn man nicht achtgibt, kann man dieses Signal fälschlicherweise als feindseliges Signal interpretieren: »Warum sieht er mich so an? Was ist los?«

Jeder Mensch kann bestimmte Wellen und Signale aussenden, daß er das tut, ist normal und natürlich. Vieles davon ist sozialer oder menschlicher Natur wie Furcht, Haß, Angst, Sorge, Begeisterung oder Feindseligkeit; und jeder nimmt auch alle diese Signale auf und beurteilt sie. Sobald zwei Menschen beisammen sind, geschieht es. Jemand fühlt sich gerade nicht besonders wohl, ist aber vielleicht zum Tee oder zum Abendessen oder zu einer Party eingeladen; dann sitzt er da und fühlt sich unwohl, und obwohl er es nicht will, jedenfalls nicht absichtlich, verströmt er diese Art von negativem Potential oder negativer Ladung.

Jemand anders schaut ihn vielleicht an und sagt: »Oh, Soundso sieht ein wenig niedergeschlagen aus. Ich werde mal rübergehen und mit ihm reden; ihn ein wenig aufmuntern.« Der andere geht dann zu ihm hin, fragt ihn, was los ist, oder versucht zu helfen und überträgt so etwas Positives. Hier findet aber kein Kampf zwischen positiven und negativen Energien statt, denn dieses negative Potential ist nicht Energie; es ist eher eine Ausstralung oder eine Atmosphäre von Bedrücktheit.

Wenn diese andere Person sowohl geistig und körperlich als auch von ihrem inneren Zustand her fit ist und sich ein wenig Sorgen darüber macht, daß der Betreffende nicht gut aussieht, bringt sie, indem sie ihm helfen will, positive Energie dazu, in dieser Situation zu wirken, und dies wird in der Regel dem Betreffenden helfen. Er – oder sie – wird positiv denken und handeln, und alle Sinne werden auf der positiven Ebene arbeiten. Kommt aber jemand, der psychisch angeschlagen ist oder sich über irgend etwas Sorgen macht, mit einem anderen Menschen in Kontakt, dem es ähnlich geht, gibt es ein Problem, weil dann einer den anderen anschaut, statt zu sagen: »Soundso ist heute abend irgendwie nicht ganz er selbst; ich glaube, ich werde ihn ein wenig aufmuntern«, wird einer vom anderen denken: »Warum sieht er mich so an?« oder »Warum benimmt sie sich so?« Das Negative antwortet auf das Negative.

Solche Dinge geschehen sehr oft. Bis zu einem geradezu lächerlichen Grad gesteigert erlebte ich das vor kurzem im Zug. Es war Winter, und alles schniefte und hustete. Ich saß in einer Ecke und lutschte Eukalyptuspastillen. Zwei Frauen saßen einander gegenüber und fixierten sich immer wieder. Nach etwa zwanzig Minuten stand die eine von ihnen auf und sagte zu der anderen: »Könnten Sie vielleicht aufhören, mich so anzusehen?« Die andere sagte so etwas wie: »Ich sehe Sie nicht so an; ich fühle mich nur nicht gut.« Und die andere sagte: »Und ich fühle mich noch viel schlechter als Sie.« Dann setzte sie sich wieder, offensichtlich im Bewußtsein, es der anderen gegeben zu haben.

Hier kann man zusehen, wie Streit entsteht und sich ausweitet, ein Kampf, eine Spannungssituation, eine Niedergeschlagenheit beiderseits. Es gibt diese alte Binsenweisheit: »Geteiltes Leid ist halbes Leid«; tatsächlich aber ist geteiltes Leid doppeltes Leid, denn so sind es bereits zwei Personen, die sich Sorgen machen, statt nur einer. Es ist doch so: Wenn man Ärger hat und redet mit jemand anderem darüber, dann sagt der vielleicht: »Sei doch kein Idiot, stell dich nicht so an.« In dem Fall hat der andere die Aufforderung nicht angenommen, das Leid zu teilen, denn er sagt: »Hör auf damit, ja? Reiß dich zusammen.«

Wenn aber beide gemeinsam dasitzen und jammern, dann kommt vielleicht ein Dritter hinzu, der sich dann ebenfalls mit hineinziehen läßt: »Die beiden jammern; ich will mal hören, was sie zu jammern haben, und versuchen, ob ich etwas für sie tun kann.« Und schon ist er von den Problemen anderer Leute in Anspruch genommen, dazu kommen die eigenen Probleme hoch, und schon hat man den Schlamassel.

Dies hat insofern mit Feedback zu tun, als man dadurch die ganz einfache Ebene des Kontakts oder des Verständnisses für einen anderen Menschen oder auch für eine Gruppe verlieren kann. Um ein Beispiel dafür zu nennen: Nehmen wir an, ganz plötzlich und unerwartet wird ein Mann mit aschgrauem Gesicht von sieben Männern und einem Knaben in den Raum getragen – dann wird man auf einer ganz einfachen Ebene allen Grund zu der Annahme haben, daß es dem Betreffenden wahrscheinlich nicht besonders gutgeht.

Auf der Grundlage dieser Annahme wird man ihm entweder einen Schnaps geben, einen Arzt rufen, die Stadt verlassen, wenn es etwas Ansteckendes ist oder eine Kombination dieser Maßnahmen ergreifen. Vielleicht sagen Sie sich: »Ich habe es mit einem Blick erfaßt.« Der Betreffende sitzt schweißüberströmt da, leichenblaß, und man kommt sofort zu dem Schluß: »Ich glaube, daß es ihm nicht gutgeht.« Und das ist die Grundlage, auf der man dann handelt. Man sucht also entweder schleunigst das Weite, ruft den Doktor oder bleibt dort sitzen und stellt theoretische Überlegungen an, was dem Betreffenden fehlt, warum er schlecht beieinander ist und ob es ansteckend ist. »Auf einen Blick« bedeutet, daß man nur einen der Sinne gebraucht, den Gesichtssinn.

Wenn der Betreffende dann seinen Mund aufmacht und mit einer schwachen und zittrigen Stimme spricht, dann haben Sie die Bestätigung, daß es ihm möglicherweise nicht gutgeht, weil seine Stimme zu versagen droht. Jetzt haben Sie die Bestätigung von zwei Sinnen, aber damit sind Sie immer noch auf einer primitiven Ebene. Wenn Sie dann zu dem Betreffenden hingehen, ihn anfassen, und sein Fuß fällt ab oder schuppt sich wie bei einem Krokodil, dann haben Sie den dritten Sinn eingesetzt, den Tastsinn. Und falls er dann auch noch riecht, als sei er schon länger tot, dann können Sie aufgrund einer Kombination dieser sehr einfachen Dinge zu einer raschen Entscheidung gelangen: »Er ist hinüber«, oder er ist »nahe dran«.

Und nun kommen die sogenannten Psychologen und Psychiater und fügen diesen Ebenen all das hinzu, was sie ihre »Techniken« oder »Beobachtungen« nennen, und sie holen alles zum Vorschein, was in ihren Köpfen von Freud, Jung, Adler und dergleichen herumschwirrt. Sie stellen einen Zusammenhang mit der Tatsache her, daß der Mann hereinkam und sich in eine Schüssel mit Suppe gesetzt hat, weshalb er also eine Suppenfixierung oder so etwas haben muß, was »nach Freud« eine Folge des Wunsches ist, in den Mutterschoß zurückzukehren.

Sie mögen nun in aller Öffentlichkeit behaupten, daß sie einen zusätzlichen Sinn gebrauchen, doch das ist kein Sinn; es ist eine Wissenschaft oder Technik, die sie intellektuell erlernt haben. Wenn jemand sich selbst mit einem Knüppel auf den Kopf schlägt, dann hat er laut Freud, Jung, Adler und Krafft-Ebing masochistische Tendenzen. Jeder akzeptiert das, und warum auch nicht, aber es handelt sich in dem Fall nicht um einen unserer Sinne. Wenn jemand es das Hammersche Syndrom genannt und es sich unter diesem Namen hätte patentieren lassen, wäre es wortgetreu zitierbar, folglich kann es sich nicht um einen der Sinne handeln.

In der Tradition erstreben wir gesteigerte Bewußtheit. Man sendet nicht nur Energie, sondern empfängt sie auch. Man überprüft und ordnet die Energiespuren und -mengen, die man von anderen Menschen, von Orten und von Situationen aufnimmt. Dann benutzt man sie, und das nicht notwendigerweise dadurch, daß man irgendeinen der üblichen Sinne oder eine damit verbundene Benennung benutzt, wie zum Beispiel »Ich habe Energie empfangen, also fühle ich mich energiegeladen«. Dies ist aber Ursache und Wirkung und bedeutet etwa soviel wie: »Ich will sie jetzt fühlen. Ich will sie heute. Ich will sie jetzt sofort sehen, fühlen oder zeigen.«

Man muß die Tatsache akzeptieren, daß die Stufen der Wahrnehmungsfähigkeit keinerlei Beschränkungen unterliegen, die man sich physisch oder bewußt auferlegen könnte. Man kann sich lediglich dadurch behindern, daß man sie nicht ausreichend akzeptiert oder keine Beziehung zu ihnen hat. Man könnte dies als inneren Widerspruch betrachten und sagen: »Wenn ich das nicht akzeptiere und nicht daran glaube, dann wird es bei mir auch nicht funktionieren.« Dies ist nicht unbedingt so. Man kann ja auch einem Menschen helfen oder etwas für ihn tun, ohne daß er selbst unbedingt dafür sein muß.

Wenn man sich auf die Einwilligung, die Begeisterung, die Bereitschaft und die Disziplin der Betreffenden stützen kann, dann ist es einfacher, aber unter Umständen kann man die nötigen Grundbegriffe, Techniken und sogar die Energien auch durchdrücken und einführen. Das muß aber nicht daran liegen, daß die Leute dem gegenüber ablehnend oder feindselig wären, denn es gibt andere Techniken, mit denen man diese Feindseligkeit überwinden kann; es liegt daran, daß man zögert, etwas ganz und gar zu akzeptieren, wenn einem seine Konditionierung oder Umgebung zu verstehen gibt: »Nur wenn Sie etwas fühlen, sehen, wägen, messen oder seine Farbe wahrnehmen können, existiert das auch. Andernfalls handelt es sich um eine Abstraktion.«

Aber worüber wir sprechen, ist in keiner Weise abstrakt. Abstrakt ist ein zu ätherischer, ein zu vager Begriff. Wenn man beginnt, eine abstrakte Positivität zu akzeptieren, dann befindet man sich auf wackligem Boden, denn wie steht es dann mit abstrakter Negativität? Wie steht es mit der latent ambivalenten abstrakten Negativität? Ich kann das Wort nicht einmal buchstabieren, geschweige denn verstehen, wie es auf irgend etwas anwendbar sein soll. Solche Dinge können nur wirken, wenn Sie es zulassen.

Wenn Sie über ein ernsthaftes und reales Thema sprechen und damit arbeiten, ist es Dienst an der Menschheit im allgemeinen als auch ganz speziell Ihren Zuhörern gegenüber, daß sie Wörter gebrauchen, die etwas zu bedeuten haben. Dies hat wiederum etwas damit zu tun, daß ich mich im Gespräch so oft wiederhole. Wenn ich ein schwieriges Konzept erkläre und sehe, wie sich auf den Gesichtern der Leute blankes Unverständnis breitmacht, dann breche ich nicht ab und fange wieder von vorne an. Ich setze das, worüber ich gerade spreche, ausführlich fort und gehe das Thema dann erneut aus einem anderen Blickwinkel an, und wenn ich dann hier und da Verständnis aufdämmern sehe, kann ich beginnen, den zweiten Anstrich aufzutragen.

Um nun wieder zum Feedback zurückzukommen: Wenn ich das Feedback von verschiedenen Personen, Richtungen und Situationen gleichzeitig messe, dann muß ich natürlich sämtliche irrelevanten Rückmeldungen – die es reichlich gibt – außer acht lassen. Ich bin nicht bereit, aufs genaueste zu registrieren, ob es alle bequem haben, ob sie sich gerade kratzen möchten und sich über einen Mückenstich ärgern oder über ihren Nachbarn, dessen Ellbogen sie stört. 175 Menschen fühlen sich unterschiedlich, und wenn man jedes ihrer Signale aufnehmen würde, dann ergäbe sich ein nicht zu entziffernder Wirrwarr.

Es ist nicht so, daß man alles unterhalb einer bestimmten Ebene außer acht läßt, wie zum Beispiel Mückenstiche, Schmerzen oder Rheuma, und man läßt auch nicht alles Abstrakte beiseite, weil das Abstrakte ein Nebenkanal, ein Nebeneffekt ist. Es ist nicht oberhalb dieser Ebene, denn oberhalb bedeutet laut Definition »höher«, und es ist in keiner Weise höher; es ist eine Ablenkung der Aufmerksamkeit, etwas Irrelevantes; man macht so vor sich hin, denkt über etwas nach, gelangt auf einen Nebenweg und schweift in ein abstraktes Konzept ab.

Wenn ich dies ebenfalls registrieren würde, dann wäre dies wie eine Art Funkstörung, wie die atmosphärischen Störungen im Radio. Wenn man sie nicht ausblendet, empfängt man Dinge wie Furcht. So etwas passiert, weil jemand irgendeinem Gedankengang gefolgt ist und auf einem Nebenweg gelandet ist, und vielleicht ruft dieser Nebenweg in dem Betreffenden Furcht vor etwas Unbekanntem hervor, er verspannt sich, weil es unbekanntes Gelände ist, wo Gefahren lauern könnten, und diese Anspannung wird rückgemeldet. Das muß man ausblenden.

Man registriert also spezifiziert. Was darüber hinaus geschieht, interessiert mich nicht besonders. Dies ist nicht so unmenschlich oder unsozial, wie es klingt; ich will nur nicht wissen, ob jemand bequem sitzt oder nicht; es ist sein Problem. Wenn jemand auf einem Ameisenhügel sitzt und gebissen wird, dann sollte er etwas dagegen unternehmen. Ich gehe einfach davon aus, daß Sie sich einigermaßen wohl fühlen; und wenn Sie mich nicht verstehen, dann können Sie rufen: »Hier hinten hören wir nichts!«, und ich kann lauter sprechen. Es ist also nicht erforderlich, daß ich alles und jedes registriere. Das macht es leichter, denn ich brauche nur bestimmte Ebenen der Wahrnehmung, des Verständnisses und des höheren Bewußtseins im Auge zu behalten. Überlassen Sie das »Monitoring« auf diesen Ebenen mir, anstatt zu versuchen, Ihre Botschaften auf möglichst vielen Ebenen durch die Gegend zu senden. Überlassen Sie es ruhig mir, was ich mit meinem Monitor messe und empfange – und verlassen Sie sich darauf, es läuft!

Wenn man weiß, was man in bestimmten Umständen aussenden, provozieren, einführen oder beeinflussen will, dann stehen einem auch die Instruktionen und Richtlinien für die jeweilige Situation, die jeweiligen Menschen, den Kontext und den jeweiligen Zeitrahmen zur Verfügung. Das ist keine starre Festlegung in dem Sinn: »Komme, was da wolle, diese Information, Energie oder dieses Wissen muß eingetrichtert werden, ob der Betreffende dabei seinen Geist aufgibt oder nicht.« Die Flexibilität liegt aus meiner Sicht darin, daß man ständig wieder prüft und beurteilt, in welchem Umfang diese Energie und Information, dieses Wissen, diese Weisheit und Technik »ankommt«.

Nehmen wir die Analogie der Bienenwabe. Sie besteht aus Hunderten kleiner Zellen. Angenommen, wir wollten einen Teil solch einer Bienenwabe mit irgend etwas füllen. Wenn man also die Energie, die Information oder was auch immer aussendet, um diese einzelnen Zellen zu füllen, dann achtet man auf den sogenannten Füllquotienten. Die Zellen werden nicht einfach so gefüllt, daß man den Honig oder den Teig daraufwirft und hofft, daß er haften bleibt. Denn wenn man eine Bienenwabe genau betrachtet – was bewirkt, daß der Honig nicht herausläuft? Dies geschieht dadurch, daß die Bienen jede einzelne Zelle mit einer hauchdünnen Membran verschließen, bis der Honig darinnen so fest geworden ist, daß er in der Wabe bleibt, auch wenn sich die Membran längst aufgelöst hat. Es hängt also alles davon ab, wie zähflüssig der Honig ist.

Nun also zurück zum Registrieren: Wenn man sehen kann, daß das Gesagte aufgenommen wurde und sich eingeprägt hat, dann läßt man die gefüllten Bereiche ruhen, damit sich alles setzen kann, und man wendet sich nach und nach den folgenden Schichten zu. Deshalb sage ich, daß Modifikationen möglich sind, denn man bearbeitet nicht stur nur einen bestimmten Bereich; man füllt alle Zellen und überwacht es, so daß die Betonung dann auf der nächsten Schicht liegt und so fort. Es geht hier überaus flexibel zu. Man kann von unten nach oben oder von oben nach unten oder von einer Seite zur anderen füllen.

Energie kann von unterschiedlicher Qualität sein. Sie wirkt je nach ihrer Art in unterschiedlicher Weise. Bedenken Sie, daß es sehr viele unterschiedliche Typen oder Qualitäten von Energie gibt. Vor allen Dingen wirkt die Energie als Katalysator. Ein Katalysator ist ein Stoff, der, wenn man ihn mit zwei oder mehr Materialien vermischt, diese miteinander verschmilzt und sie funktionstüchtig macht. Die Energie, die als Katalysator wirkt, baut in einem gewissen Sinn auch eine Brücke zwischen dem, was man das Maß der Anstrengung, die man aufbringt, um bei einer Aktivität aufmerksam zu sein, bezeichnen könnte, und dem höheren Bewußtsein, das sie in proportionalem Maß unterstützt.

Eine Analogie hierzu ist die von dem Seil, das die Verbindung von einer Person zu dem Wasser im Brunnen herstellt. Es ist ein sehr alltäglicher Gegenstand, aus Hanf oder Baumwolle, der aufgrund der Schwerkraft ohne große Anstrengung hinunter in den Brunnen gelassen wird. Die Anstrengung wird erst erforderlich, sobald es gilt, den vollen Wassereimer hochzuziehen. Man zieht den vollen Wassereimer hoch, weil man ein Bedürfnis nach Wasser verspürt, weil man Durst hat. Dies sind ganz einfache menschliche Bedürfnisse. Das schlichte Hanf- oder Baumwollseil ist das Bindeglied oder der Katalysator zwischen dem Bedürfnis und der Erfüllung des Bedürfnisses, dem Wasser. Dies ist also ein Aspekt der Energie.

Auf einer höheren Bewußtseinsebene kann man Energie wie eine Art Eisenbahnschienen sehen. Wie alle Gleise müssen sie regelmäßig gewartet werden, gereinigt, geölt, im Winter enteist usw., um den Betrieb aufrechtzuerhalten. Beim Menschen stellt man oft fest, daß diese Kontakte, Gleise oder Schienen zwischen dem Bewußtseinszustand einer Person und den höheren Wahrnehmungsebenen rostig sind, weil sie nicht benutzt wurden. Sie sind nicht zerstört, und sie müssen auch nicht neu gebaut werden; aber sie müssen entrostet und geölt werden. Man muß die Kommunikationswege offen halten.

Um bei der Analogie des Schienenstrangs zu bleiben: Angenommen, daß seit zwanzig Jahren kein Zug mehr über dieses Gleis gefahren ist. Plötzlich bekommt man eine nagelneue Lokomotive, man hängt achtzehn Waggons an und fährt los. An der ersten Weiche wird der Zug entgleisen, weil die Schienen rostig und die Weichen festgefressen sind. Sie sind nicht geschmiert; es besteht kein richtiger Kontakt zwischen den Rädern und den Schienen, weshalb der Zug entweder knirschend stehenbleibt oder aus den Schienen springt, und die Katastrophe ist da.

Die Energie ist gewissermaßen auch wie ein Scheuerkissen: Sie poliert, stellt wieder her, bessert aus und überbrückt Unterbrechungen. Sie wirkt auch revitalisierend, wenn man so will; so als ob eine Batterie aufgeladen wird. Wenn man aber eine Flachbatterie nimmt und fünfundzwanzig Ampère durchjagt, dann wäre dies nicht sinnvoll, der Schock wäre zu groß. Man beginnt also mit einer niedrigen Ampèrezahl, dann prüft man die Batterie, ob sie funktioniert, und dann kann man die Stromstärke erhöhen. Man mißt die Entladegeschwindigkeit und findet eine Lösung für das Problem.

Energie ist also unterschiedlich. Es gibt nicht nur eine Energie, es gibt verschiedene Qualitäten und Arten von Energien, die für unterschiedliche Arten von Aktivitäten und unter verschiedenen Umständen eingesetzt werden.

Es gibt zum Beispiel eine Energie, die die Verbindung zwischen einem Menschen und einem Gebäude herstellt. Nun, dies ergibt sich natürlich nicht aus einer herkömmlichen Sichtweise. Sie können sagen: »Ah ja, ich sehe ein Gebäude, und ich kann feststellen, welche Form es hat, wie es aussieht, wie hoch es ist, welche Farbe es hat, wie schön es ist und welchen Wert es hat.« Dies alles sind konventionelle oder aber subjektive Maßstäbe: »Ich kann dieses gotische Zeug nicht ausstehen; mir ist der schlichte und geradlinige Betonbau der South Bank lieber«. Dies alles sind konventionelle Haltungen oder Konditionierungen hinsichtlich eines bestimmten Architekturstil. Es gibt aber auch eine Art oder Qualität von Energie, die in einem sehr wörtlichen und keineswegs abstrakten Sinn den Zusammenhang zwischen dem Wesen einer Person und natürlichen Materialien wie Stein oder Holz herstellt.

Dies ist kein abstraktes Denken wie: »Ach, wäre ich ein Baum, dann könnte ich Teil dieses Hauses werden.« Das mag unter den richtigen Umständen ganz zutreffend sein, auch wenn es kaum machbar ist. Man kann denken: »Ach, wäre ich ein Baum und könnte den Menschen Schatten spenden!« Auch dies ist sehr nett, aber es ist zu abstrakt. Um die Frage zu beantworten, wie man sich selbst zum Baum oder zum Haus in Beziehung setzen kann, muß man nicht unbedingt den Baum umarmen oder hinaufklettern. Zwar ist das möglich – aber akzeptieren Sie doch einfach die Tatsache, daß es Orte und Bauten gibt, die erdacht sind, um Kommunikation zu ermöglichen. Lassen Sie alle Tischerükkerei und den ganzen »übernatürlichen« Spuk beiseite. Was bleibt, ist, daß diese Orte von Menschen erbaut wurden, die genau wußten, was sie taten: Orte schaffen, die unter bestimmten Umständen und in der Vernetzung mit anderen Orten und den Menschen, die sich zwischen ihnen bewegen, bestimmte Funktionen erfüllen.

Wenn man die Tatsache akzeptiert, daß es solch eine Kommunikation geben kann, ohne darin etwas Unheimliches zu sehen, sondern etwas absolut Positives – warum sollte man dann nicht die Existenz einer solchen Art von Energie anerkennen, die diesen Kontakt herstellt?

Nun, nehmen wir an, daß jemand die alte Frage wiederholt: »Wie soll ich das empfinden?« Die Antwort lautet: Forcieren Sie es nicht. Mancher sagt vielleicht: »Ich glaube, daß das Gebäude zu mir sagen wollte: ›Hallo Fred‹, aber ich bin mir nicht sicher; vielleicht war es auch ein Donner« – dann kommt man in das Reich der Phantasie und gerät leicht in die Situation von: »Ich habe mit den Bäumen geredet; deshalb sind die Männer im weißen Kittel gekommen und haben mich abgeholt.«

Es gibt eine kommunikative Übertragung, die man vorbehaltlos annimmt. Aber – auch wenn ich mich wiederhole – fangen Sie nicht mit irgendwelchen Häusern, die Sie mögen, wörtlich zu plaudern an – es könnte sein, daß man Sie wirklich abholt.

Die Sinne benutzen

Ich habe schon erwähnt, daß uns in der Tradition für Situationen politischer, geschäftlicher oder religiöser Art, in denen auffällige Aktivität vermieden werden muß, verschiedene Werkzeuge und Techniken zur Verfügung stehen. Dies gilt zum Beispiel in einem kommunistischen System, in dem alles, was diese Gesellschaft bedrohen könnte, wozu auch die Religion zählt, automatisch als gefährlich betrachtet und unterdrückt wird. Unter solchen Voraussetzungen muß man Möglichkeiten schaffen, einer Aktivität der Tradition nachzugehen, ohne den Eindruck zu erwecken, daß man etwas Abweichendes und somit Fremdes und Bedrohliches tut.

Wir benutzen Werkzeuge wie Worte, Klänge, Farben und andere technische Mittel nicht nur, um Probleme zu bewältigen, die durch ein politisches System erzeugt wurden, sondern auch um physische Beeinträchtigungen zu überwinden. Wenn zum Beispiel jemand taub ist und etwas auf akustischem Wege weitergegeben werden soll, dann wäre der Betreffende theoretisch benachteiligt. Es gibt aber eine Farbe, die diesem Klang entspricht, weshalb eine Mitteilung oder Übertragung mittels dieser Farbe erfolgen kann. In gleicher Weise kann man, falls der Betreffende blind sein sollte, auf den Klang zurückgreifen. Man muß alle Sinne maximal nutzen, und wenn jemand taubstumm und blind ist, dann kann er sich seines Tastsinns bedienen, und die Übertragung kann über diesen Sinn erfolgen.

Für jeden einzelnen dieser Sinne gibt es die entsprechende Technik. Es kann auch zu einer regelrechten Flut von gleichzeitigen Eindrücken kommen, in denen Hören, Sehen, Fühlen – alle Sinne gleichzeitig – angesprochen werden. Dies ist zum Beispiel an Orten wie der Alhambra und dem Generalife in Granada der Fall, wo es sogar ein spezielles Mikroklima gibt. Formen, Farben und Klänge beeinflussen das Tastgefühl, den Gesichtssinn, den Geruchs- und sogar den Geschmackssinn, denn außer dem Mikroklima gibt es hier auch eine Sättigung der Ionisierung.

Wie vermeidet man in einer bewußt konstruierten Situation wie dieser eine »Überflutung«, das heißt eine Überwältigung durch zu viele äußere Einflüsse? Die Antwort ist, daß man nicht versuchen soll, alle diese Phänomene getrennt zu registrieren. Man geht zum Beispiel nicht in der Alhambra umher und sieht sich nur die Farben an, ohne auf alles andere zu achten; man lauscht nicht dem Geräusch des Windes oder dem ständig vorhandenen Geräusch des Wassers und ignoriert währenddessen die anderen Elemente. Man nimmt alles zusammen und versucht nicht, es zu unterteilen, denn all das ist in einem harmonischen Zusammenhang aufeinander bezogen, und gemeinsam bewirkt es einen Gesamteinfluß, was manche Leute als »von der Atmosphäre überwältigt werden« nennen.

Sicherlich, es gibt Orte, an denen die Atmosphäre so fühlbar sensibilisiert ist, daß dies für manche Menschen sogar verwirrend sein kann; jedoch sollte man sich durch diese Erfahrung nicht ängstigen lassen; sie wird einen nicht umwerfen oder so sinnbetäubend sein, daß man nicht mehr weiß, was man tut, wohin man geht oder was man empfindet.

Eine Desorientierung tritt in der Regel dann auf, wenn der Betreffende versucht, jede Sache einzeln für sich zu verstehen, denn das wird einem zuviel, weil zuviel auf einmal geschieht. Wenn man versucht, zu viele Dinge gleichzeitig in Beziehung zueinander zu bringen, dann übernimmt man sich in der Tat.

In der Tradition arbeiten wir zum Beispiel viel mit Klängen. Klänge sind wichtig. Nehmen wir zum Beispiel ein Wort oder einen Satz, der eine Bedeutung hat; falls das Wort in einer fremden Sprache ausgesprochen wird, dann muß die Bedeutung erklärt werden, damit der Betreffende versteht, welches Konzept damit verbunden ist und was das Wort beinhaltet. Das zu verstehen bedeutet nicht, daß man sich, wenn man das Wort gebraucht, innerlich all seine Bedeutungen aufzählen muß, weil dies zu einem Selbstzweck werden kann.

Nehmen wir an, jemand hat das arabische Wort »Hadi«, das eines der Attribute Gottes ist, als Übung bekommen. Hadi bedeutet »Führer«. Dies ist: Führer auf einem Weg, als ein Freund, als ein Licht, als ein Ziel, als einen Koordinatenpunkt. Es ist in seiner Ganzheit gemeint, und deshalb stellt man, wenn man es benutzt, eine Beziehung zum Gesamtkonzept her. Wenn man nun sagt: »Sooft ich das Wort sage, werde ich mir den ganzen Begriffsinhalt vergegenwärtigen«, dann besteht die Gefahr, daß die Aufmerksamkeit abgelenkt und zersplittert wird. Ein solches Wort ist ein Schlüsselwort. Es erschließt den Kontakt mit dem spezifischen Aspekt.

Wenn das Wort »Hadi« »Führer« bedeutet, warum kann man dann nicht das englische oder deutsche Wort oder das entsprechende Wort in irgendeiner anderen Sprache benutzen, warum kann man nicht »Führer« sagen? Der Grund dafür, warum wir bestimmte Worte oder Sätze in der Originalsprache benutzen, sei es Arabisch oder Persisch, liegt darin, daß sie neben ihrer Bedeutung einen bestimmten Klangwert haben, und es ist wirkungsvoller, das Wort mit diesem Klangwert zu benutzen, als in seiner Übersetzung.

Es gibt auch bestimmte Sätze oder Worte, deren Wertigkeit über diesen Klangwert hinaus durch den physischen Umgang mit ihnen gesteigert wird, wie es der Fall ist, wenn sein Klang mit dem Atem verbunden wird; es ist ein Unterschied, ob der Satz beim Aus- oder Einatmen gesprochen wird.

Nehmen wir als Beispiel für einen affirmativen Satz einen ganz einfachen Satz, wie er in der Originalsprache benutzt wird. Seine Aussage, seine Bedeutung liegt erstens in der Bestätigung und zweitens in seinem Klangwert. Als drittes hat man in diesem Satz den sogenannten Kadenzwert, das heißt die Abfolge der Laute, mit anderen Worten, seinen rhythmischen, harmonischen Wert. So kann man zum Beispiel den Satz »Es gibt keinen Gott außer Gott« im Deutschen nicht mit demselben Wert wiedergeben, den er im Arabischen hat. Im Arabischen beginnt er mit »La«: »La« heißt nein. Der Satz müßte also im Deutschen lauten: »Kein Gott außer Gott.« Wenn der Satz »la illaha illa la« als »Es gibt keinen Gott außer Gott« übersetzt wird, dann ist dies nach unserer Auffassung eigentlich eine Verwässerung, weil man im Original das Negative hat: »Keinen außer illa la«. Das wäre die Kadenz. Vier Silben. Auch spricht man ihn beim Ausatmen. Nur im Original hat er die physische Basis, die aus seiner Bedeutung, wie auch aus den affirmativen Obertönen besteht. Er ist positiv hinsichtlich seines Aussagewertes, des Atmens und der Affirmation.

Dies bedeutet, daß wir in der Tradition jeden möglichen Aspekt benutzen, um zu maximieren. Wo immer möglich, ist ein Satz, ein Instrument oder ein Ort, der für die Menschen in der Tradition konstruiert wurde, so konstruiert, daß sie auch sehen können, wie man davon Gebrauch machen kann.

Nehmen wir zum Beispiel Granada. Granada war keine willkürliche Wahl. Granada hat ganz spezifische geologische, geographische und geodätische Eigenschaften, die es für einen Bau an dieser Stelle prädestinierten. Also wurde er erbaut. Während der Bauzeit wurden andere Dinge mit integriert, und so wurde der ganze Ort zu einem funktionierenden Mechanismus. Ein funktionierender Mechanismus ist die Grundlage für Maximierung. Hier kann man sehen, in welcher Weise der Einfluß und die Wirkung gesteigert werden können.

Es wäre nicht unbedingt notwendig gewesen, daß überall auf der Alhambra oder im Generalife Wasser fließt. Man wäre auch ohne Wasser ausgekommen. Es war schwierig, das Element Wasser zu integrieren, aber dies ist ein Beispiel dafür, wie man eine vorgefundene Lage maximiert. Wenn man Wasser hat, dann fügt man Pflanzen dazu: besondere Pflanzen, Blumen, Büsche und Bäume in bestimmten Formen und Anordnungen, so daß diese nicht nur aus der Vogelperspektive bestimmte Muster ergeben, sondern auch durch die Anordnung ihrer Farben. Wenn dort ein Busch, ein Baum oder eine Blume stirbt, wird diese Pflanze durch genau dieselbe Art von Pflanze in genau derselben Farbe ersetzt, damit das Muster erhalten bleibt. So maximiert man das Basiselement; man verschönert nicht nur den Kuchen mit Zuckerguß damit »alles ein wenig hübscher wird«. Die Betonung liegt auf der Funktion.

Dies können Sie in der Tradition auf die normale Aktivität, wie z. B. Übungen, übertragen, wie auch auf Ihr alltägliches Tun. Es geht darum, den größtmöglichen Nutzen aus einer Situation zu ziehen. Wenn Sie die Entwicklung einer Situation aufmerksam verfolgen, ihre einzelnen Faktoren erkennen und ein Gespür dafür entwickeln, wohin sie führen kann und wie sie auszubauen ist, und wenn Sie bereit sind, sich auf sie einzulassen – dann können Sie den größtmöglichen Nutzen aus dieser Situation ziehen.

In spezifischen und technischen Bereichen wie dem Bankwesen geht man anhand von Faktoren wie Angebot und Nachfrage vor. Von den Aktionären einmal abgesehen, hat niemand die Möglichkeit, seine Entscheidung eine halbe Stunde nach irgendwelchen Ereignissen zu fällen; entweder man entscheidet sich sofort, und es klappt – oder nicht. Auch in einem anderen technischen Bereich, wie es z. B. kürzlich in Tschernobyl mit dem Fall des Kernreaktors war, ist es für Überlegungen bereits zu spät, wenn der Überwachende erst im letzten Augenblick merkt, daß die Zeiger auf Rot stehen. Denn er sitzt ja vor all diesen Schaltern und Meßinstrumenten und müßte, falls er nicht ein völliger Trottel ist, längst gemerkt haben, daß etwas nicht stimmt.

Es ist nämlich ohne weiteres möglich, ein Steuerpult mit 400 Meßanzeigen und Lämpchen zu überblicken; man prüft dabei nicht jedes einzelne, denn bis man dann endlich beim letzten angelangt ist, stehen die Zeiger bereits auf Rot, und man ist in Schwierigkeiten. Auch ein Pilot kontrolliert nicht Schalter um Schalter und dann die Meßskalen, denn inzwischen ist er längst gegen den nächsten Berg geflogen. Man überblickt die Meßanzeigen und weiß sofort Bescheid, denn Sie haben im Kopf, daß z. B. die Zeiger aller dieser Instrumente nach rechts stehen müssen, und sofort fällt einem der eine auf, der abweicht. Ein Instrumentenpult zu überblicken ist keine große Sache, man muß es nur können.

Es liegt bei jedem selbst, bei seinen Aktivitäten in der Tradition oder in seinem alltäglichen Leben, das Steuerpult mit all diesen kleinen Schaltern und Knöpfen zu überblikken, die einem sagen, ob alles in Ordnung ist oder nicht und ob etwas fehlt. Grundsätzlich muß man beständig sich selbst und sein Tun überblicken, und zwar ganz entspannt.

Etwas zu überblicken hat nichts mit Anspannung zu tun. »Ich passe auf wie ein Schießhund« – das führt nicht zum gewünschten Ziel. Wenn man ins Cockpit geht und den Mann im linken Sitz zitternd über seinen Instrumenten kauern sieht, dann hat man wahrscheinlich Grund, sich über den Ausgang des Fluges Gedanken zu machen. Ebenso gibt es ein Problem, wenn der Pilot selig lächelnd auf dem Boden liegt – aber dies sind beides Extreme.

Solange in einer Situation ein normaler Handlungsspielraum bleibt, ist auch Raum zum Manövrieren. Wenn etwas festgelegt ist, gibt es zwangsläufig weniger Flexibilität. Totale Flexibilität wäre ein Schwächezustand, der nicht aufrechterhalten werden kann. Wenn aber Stabilität mit Flexibilität zusammengeht, ist Raum zum Manövrieren gegeben. Eine völlig unbeugsame Haltung gegenüber einer bestimmten Sache einzunehmen – wenn es um prinzipielle Dinge geht: ja. Prinzipien sind immer starr. Nimmt man, wie es manche Leute tun, eine unflexible Haltung gegenüber einer Vielzahl von Dingen ein, dann bringt eine solche

Starrheit Spannungen mit sich. Dies ist nicht Wachsamkeit, sondern Starrsinn; es ist überzogen und es verbraucht Energie.

Im alltäglichen Leben setzt man für jeden Tag, jede Woche und jedes Jahr bestimmte Prioritäten fest, die auf der Annahme basieren, daß bestimmte Ereignisse eintreten werden – oder nicht eintreten; auf diese Weise bewahrt man sich ein gewisses Maß an Flexibilität. Auch in der Tradition gibt es Flexibilität, aber nicht in dem Grade, daß sie zu einer Schwäche wird, die zuläßt, daß man seine Wahl von seinen eigenen Konditionierungen abhängig macht, oder davon, ob es einem gerade paßt.

Wenn man sich vornimmt, etwas Bestimmtes zu tun, sei es ein Musikstück anzuhören, einen Text zu lesen oder eine Übung zu machen, dann sollte man sich die Sache auch von der praktischen Seite her ansehen und sich z. B. fragen: »Habe ich wirklich jetzt oder im Lauf des Tages Zeit dafür?« Seien Sie dabei ehrlich zu sich, und suchen Sie nicht nach Entschuldigungen. Wenn Sie feststellen, daß Ihnen in dem Moment etwas Interessanteres oder Aufregenderes lieber wäre, legen Sie einen falschen Maßstab an. Ist Entwicklung und Harmonisierung das, was Sie wollen, dann sollten Sie das auch wirklich zu Ihrer Priorität machen; deshalb müssen Sie trotzdem Ihre anderen Pflichten nicht vernachlässigen.

Was hat dies alles mit den Sinnen zu tun, wie wir sie in der Tradition benutzen?

Es hat damit zu tun. Trifft man Entscheidungen über sein Leben, über seine Tätigkeiten, seinen Beruf und möchte man sein ganzes Wesen in diesen Prozeß einbringen, so muß man sich dessen bewußt sein, daß es Instrumente und Techniken gibt, die einem dabei helfen. Sie werden einem zweifellos helfen, eben die Denk- und Handlungsmuster zu entwickeln, die dann zu bestimmten Entscheidungen und Handlungen führen, die sich üblicherweise im oberflächlichen Verhalten überhaupt nicht bemerkbar machen.

Das ist ein allgemeines und menschliches Bedürfnis. Jeder möchte das gern messen können, sich besser fühlen, sich gebessert fühlen, sich scharfsinniger fühlen, morgens aufstehen und den ganzen Tag voller Schaffensdrang sein. Dies ist sehr erstrebenswert, aber wie mißt man solche Dinge? Auch hier gilt wieder die Analogie des kleinen sichtbaren Meßinstruments: »Ich fühle mich verdammt schlecht, weil mein Energiepegel auf null ist; ich werde heute also gar nichts unternehmen.« Hier mißt man wieder in ganz subjektiver Weise.

Man benutzt verschiedene Sensoren, um zu messen, welche Entwicklung man gemacht hat. Es geht gar nicht anders, als daß sich diese Entwicklung in den alltäglichen Aktivitäten spiegelt. Das ist so, auch wenn man ein paar zusätzliche Minuten erübrigen muß, um darüber nachzudenken. Wenn man sagen kann: »Ich habe gewisse Koordinaten oder Standpunkte, anhand derer ich eine Checkliste anfertigen kann.« Mit ein bißchen Selbstkenntnis ist es nicht so wichtig, ob die Checkliste lang oder kurz ist. Ein langsamer Denker sollte sie so kurz wie möglich halten, damit er noch Atem holen kann, bevor er handeln muß. Ist er aber ein geübter Denker, sollte er sich mühen, auch tief genug über die Tradition nachzudenken. Allerdings nicht in einem Umfang, daß das auf Kosten seines Jobs geht, denn sonst wird er ihn verlieren, und dann kann er nicht damit argumentieren, daß er doch über die Tradition nachgedacht habe. Sein Chef mag so nett sein, wie er will, aber auch er hat seinen Job zu tun. So, kurz und gut, die Wertigkeiten der Koordinaten oder der Standpunkte hängen von den Umständen ab.

Manch einer sagt zum Beispiel: »Ich bin impulsiv«, und tut dann Sachen, die ihn in Schwierigkeiten bringen, weil er seine Impulsivität immer und überall benutzt, während jemand anderer sich lieber erst mal hinsetzt und darüber nachdenkt. Unter Umständen, die kein großes Nachdenken erfordern, ist Impulsivität völlig in Ordnung und macht manche Menschen direkt liebenswert.

Andererseits ist es hoffnungslos, wenn man sie als eines von zwei Extremen anwendet. Es kommt darauf an, die richtigen Werkzeuge in den richtigen Umständen anzuwenden, auf die harmonische Auswahl der Technik, die zu den Umständen paßt. Man kann nicht ein- und dieselbe Technik bei jeder Gelegenheit anwenden; wie man auch einen Hammer, einen Schraubenzieher oder eine Säge nicht für alles verwenden kann. Es gibt Leute, die das versuchen und denken: »Werkzeug ist Werkzeug«. In dem empfindlichen Feld der Tradition stimmt das aber nicht. Jede Phase hat ihr eigenes Werkzeug. Sie müssen also die verschiedenen Werkzeuge, die wir benutzen, kennenlernen und lernen, wie wir sie benutzen und welches ihre Möglichkeiten und ihre Grenzen sind: Objektiv gibt es keine Grenzen, die Grenze liegt in der Person, die das Werkzeug benutzt. Wenn Sie darüber nachdenken, werden Sie finden, das dies logisch ist. Nehmen Sie zum Beispiel Spikes, diese Nagelschuhe, wie sie die Bergsteiger benutzen. Sie können ein und dasselbe Paar Schuhe benutzen, um einen Hügel im Central Park zu besteigen oder aber den Mount Everest.

Manche Leute bestehen auf einem bestimmten Instrument, das sie dann immer und überall verwenden, und wenn es nicht unter allen Umständen funktioniert, ärgern sie sich über sich selbst, über die Technik und über das Instrument. Damit schaden sie aber der ganzen Sache und sich selbst. Die Auswahl an Techniken ist unbegrenzt, aber es gibt nur eine, die zur gegebenen Zeit für den gegebenen Fall die richtige ist, und das ist dann auch die wirksamste. Da gibt es keine Wahl.

Wenn Sie in Harmonie mit einer Situation sind, dann springt Ihnen das, was Sie in dieser Situation tun sollten, quasi von selbst ins Auge, wenn Sie es nur zulassen und offen sind dafür. Wenn Sie sich auf den Standpunkt stellen: »Ich poche auf meine Freiheit«, dann können Sie selbstverständlich in die Oper gehen, mitten im Stück aufstehen und anfangen, Geige zu spielen. Aber so ist es mit der Freiheit:

Man wird dann hinausgeworfen. Sie haben sich selbst etwas bewiesen, aber das brauchen Sie gar nicht, auch theoretisch nicht. Sie können sich im vorhinein erkundigen: »Was wäre, wenn ich Geige spielte?«, und Sie werden die Antwort erhalten: »Man wird Sie hinauswerfen« – eine Erfahrung, die Sie nicht unbedingt zu machen brauchen. Geige zu spielen ist an sich etwas sehr Lobenswertes, aber es verträgt sich nicht mit Ihrer Rolle eines Zuhörers in der Oper. Dies ist keine Freiheit, dies ist Dummheit.

Indem Sie sich mit einer Situation, einem Vorgang oder einem Ort harmonisieren, kommen Sie in Gleichklang damit. Diese Verbindung trägt Sie in einer harmonischen Weise mit sich; es reißt Sie nicht mit sich, es zwingt Sie nicht mit sich, und auch Sie forcieren es nicht, und im weiteren Verlauf harmonisieren Sie sich mehr und mehr damit. Sie versuchen die Dinge so weitgehend wie nur möglich zu maximieren, und während Sie ihnen erlauben, Sie zu beeinflussen, entwickeln Sie sie. So wie jemand, der Panzerschränke knackt, seine Fingerkuppen angeblich mit Sandpapier abschleift, um so sein Tastgefühl zu verbessern, so können auch die übrigen Sinne entwickelt werden, indem Sie sie gebrauchen und ein Feedback von ihnen empfangen.

In der Tradition steht Ihnen dies alles zur Verfügung; es ist für Sie da, es ist erklärt, es kann benutzt werden, und in den Schriften der Lehrer finden Sie Hinweise für den Gebrauch. Seien Sie sich dessen bewußt, befassen Sie sich damit, und nutzen Sie es besser. »Ein weiser Mann, der sein Wissen nicht nutzt, gleicht einem mit Büchern beladenen Esel.«

Es hilft nichts, zu sagen: »Ich habe festgestellt, daß al-Ghazzali oder Abu Hanifa dies taten; wie setze ich dies in der gegenwärtigen Situation oder Lage um?« Auch hier gilt: Sie müssen nicht, bevor Sie ein Taxi rufen, die großen Autoren seit Ibn Arabi durchsehen, um herauszufinden, was die getan hätten, denn die Technik ist dieselbe: Sie hätten einfach ihre Hand gehoben, wenn sie ein Taxi gesehen hätten. Sie hätten das Taxi nicht neu erfunden, um es dann zu benutzen.

Nehmen wir an, Sie sind in einer fremden Stadt, zum Beispiel in London, und Sie brauchen ein Taxi. Wenn Sie in London ein Taxi sehen und an die Bordsteinkante treten, um diskret zu winken, dann wird kein Mensch reagieren. Dann sehen Sie, wie andere Leute vor die Taxis springen und pfeifen, und dann wissen Sie, wie es geht. Es ist also vollkommen in Ordnung, wenn Sie in einem solchen Bereich wie diesem andere nachahmen. Handelt es sich aber um einen Bereich, in dem die Dinge möglicherweise etwas anders gelagert sind, und Sie sagen sich: »Er hat es getan, und ich denke, daß ich das auch tun kann«, gut, das kann man machen, aber da ist so eine gewisse Pause zwischen dem Gedanken und seiner Ausführung ...

»Ich glaube, daß ich es tun kann, weil er es auch getan hat« – aber wie hat er es getan? Und vielleicht können Sie dann den Unterschied zwischen seinem Tun und Ihrem Tun erkennen. Auch dafür gibt es keine Garantie, aber vielleicht liegt Hoffnung in dem kurzen Augenblick des Zögerns, der Ihnen zwar noch keine ernsthafte Beschränkung auferlegt, aber er signalisiert Ihnen doch, daß Sie auf unsicherem Territorium stehen. In meinem Land pflegt man zu sagen: »Manchmal ist es klug, darauf zu achten, wieviel graue Haare der Betreffende im Vergleich mit einem selbst hat, weil man graue Haare nicht davon bekommt, daß man in der Sonne sitzt.«

Dankbarkeit

Ich möchte heute über Dankbarkeit sprechen, über das Empfinden und das Ausdrücken von Dankbarkeit. Dankbarkeit ist gewissermaßen Teil eines umfassenden Konzeptes, das ganze Reaktionsketten umfaßt. Sie ist ein nützliches Werkzeug, aber sie sollte nicht mit dieser abergläubischen, angstbesetzten Ehrerbietung vermischt werden, das verwirrt nur. Angst vor Strafe erzeugt kein positives Gefühl der Dankbarkeit. Und wer Dankbarkeit im Reden und Handeln zeigt, obwohl er sie nicht empfindet, und nur, um beachtet und anerkannt zu werden, und damit es ihm angerechnet wird, der benutzt dieses Werkzeug in einer sehr primitiven und auch abergläubischen Weise, und es ist zudem völlig irrelevant.

Inwieweit davon Notiz genommen wird, ob jemand dankbar ist, Dankbarkeit bezeigt, Dankbarkeit empfindet – oder nicht –, ist nie sicher. Aber wenn jemand dankbar ist, ist das etwas Positives, und wie alle positiven Aktivitäten wird es »aufgezeichnet« und »festgehalten« oder – falls es energieerzeugend ist, gespeichert.

So hat die Dankbarkeit Personen oder Dingen gegenüber im Lauf der Jahrhunderte im Zusammenhang mit den formalisierten und etablierten Religionen ein starkes abergläubisches oder »übernatürliches« Element angenommen. Die Ursache dafür ist, daß sie in verschiedenen Religionen zu einer großen Drohung geworden ist. »Wenn ich nicht etwas Bestimmtes unternehme, wie zum Beispiel zwei Zeilen in die Tageszeitung zu setzen: ›Der oder die heilige Soundso hat geholfen‹, dann wird es auch nicht passieren.« Damit soll nicht gesagt sein, daß man derlei überhaupt nicht tun sollte oder daß man sich nicht auf die Kanzel einer Kirche, einer Synagoge oder einer Moschee hinstellen sollte. Dagegen ist überhaupt nichts einzuwenden, wenn man es aus der

Absicht heraus tut, anderen Menschen mitzuteilen, daß man für ein bestimmtes Ereignis dankbar ist, und wenn man andere Leute dazu ermuntern will, auf den hl. Antonius oder hl. Florian zu vertrauen, dann ist dies vollkommen in Ordnung. Wenn man aber denkt: »Ich setze es in die Zeitung, damit der hl. Antonius oder Florian es liest und sieht, daß ich wirklich dankbar bin«, dann glaube ich doch, daß man von diesen Heiligen zu gering denkt, weil man die Hilfe der Heiligen angerufen hat und meint, daß der hl. Antonius – oder wer auch immer – es nicht bemerkt hätte, daß seine Hilfe gewirkt hat, und daß man deshalb etwas in die Zeitung setzen müsse. Vielleicht hält mancher dies für Haarspalterei und meint, daß es hierauf nicht ankommt. Es kommt aber in dem Sinne darauf an, daß man dem hl. Antonius oder Florian kein Lösegeld schuldig ist. Der hl. Antonius oder Florian dient hier nur als Beispiel für eine bestimmte Denkweise, die in solchen Situationen regelmäßig passiert. Man ist keine Geisel des Heiligen, als daß er von einem forderte: »Wenn du dies jetzt nicht öffentlich bekannt machst, dann wird es auch nichts werden!« Manch einer mag das Bedürfnis haben, seine Dankbarkeit öffentlich zu bezeigen; das ist völlig in Ordnung. Es ist eine ganz vernünftige und normale Reaktion, aber der Schwanz sollte nicht mit dem Hund wedeln, was der Fall ist, wenn man sagt: »Der Zauber wirkt nur, wenn ich eine Anzeige in die Zeitung setze.« Das ist falsch, weil es kein Zauber ist.

Dankbarkeit auszudrücken heißt einfach, die Macht der Energiequelle anzuerkennen, mit der man sich verbunden hat und die einem hilft, positive und erstrebenswerte Dinge zu erreichen. Man braucht hier nicht zu übertreiben, indem man sagt: »Um zu beweisen, wie dankbar ich bin, muß ich mir bestimmte körperliche, spirituelle oder sonstige Strapazen auferlegen.« Will man sich dies selbst beweisen, oder will man es der Energiequelle beweisen, die man anruft?

Man mag dies alles für Wortklauberei oder Haarspalterei halten, doch ist das, worauf es ankommt, wenn eine nutzbringende Situation entstehen soll, die Absicht, die Energie und eine Kombination einzelner Komponenten. Wenn man darüber hinaus noch etwas tun will und beispielsweise gern mit einem Schild: »Ich danke dem heiligen Soundso« auf der Straße auf und ab gehen möchte, dagegen gibt es nichts einzuwenden. Ich meine, daß es nicht notwendig ist. Wenn man glaubt oder weiß, daß man Dankbarkeit empfindet, und man sie vor sich selbst oder jemand anderem gegenüber ausdrückt, dann ist damit alles in Ordnung. Wenn man dies jedoch überbetont, dann kommt es zu einem gewissen Ungleichgewicht und einer Situation, in der die Gefahr besteht, daß sich bestimmte Dinge verwischen, so daß der Betreffende dann denkt: »Wenn ich dies nicht tue, dann wird das Gewünschte nicht geschehen.«

An diesem Punkt wird der Mechanismus sehr kompliziert. Stellen Sie sich vor, Sie könnten sich Energie mit Hilfe von Räderwerken und Flaschenzügen zunutze machen. Es gibt große Räder, kleinere Räder und dazwischen Treibriemen; eine kleinere Welle überträgt die Kraft wieder auf andere Räder, und das Ganze wirkt wie ein Transformator, der die Spannung heruntertransformiert. Sie nehmen die Energie dann auf und übertragen sie. Das große Rad z. B. dreht sich einmal am Tag, das nächste, kleinere Rad, das es über einen Riemen antreibt, wird sich bei jeder Umdrehung des großen Rades zweimal drehen, und in dieser Weise geht es weiter. Baut man mehr und mehr Zahnräder und Transmissionsscheiben ein, dann wird dadurch nicht unbedingt die Effizienz dieses Aktivitätszyklus gestört, aber jedes Rad und jedes Rädchen, das sich dreht, verbraucht ein Minimum an Energie, vielleicht nur 0,05 erg; aber damit sind es immerhin doch 0,05 erg, die für eine sinnvolle Ausnutzung der Energie nicht mehr zur Verfügung stehen. Die ganze Angelegenheit wird komplizierter, weil man so viele kleine Transmissionsscheiben mehr schmieren muß, weil man mehr Riemen überwachen und sorgfältiger auf die Synchronisierung achten muß.

Wenn also immer mehr Aspekte hinzukommen, dann wird möglicherweise die Aufmerksamkeit des Betreffenden abgelenkt; vom zusätzlichen Energieaufwand einmal ganz abgesehen. Man prüft die Spannung des Flaschenzuges, man beobachtet, wie damit etwas bewegt wird, und man hat die Schmierpfanne zur Hand. Die Gefahr ist, daß die Aktivitäten sich so ausweiten, daß dies schließlich zum Selbstzweck wird: »Ich bin der Flaschenzugkontrolleur!« »Ich bin der Schmierpfannenträger!«

Man kann ganz gut zwei oder drei dieser Dinge miteinander verbinden. Man leistet seinen Beitrag zum Ganzen, indem man den Hebel der Fettpresse betätigt, wenn ein bestimmtes Rad geschmiert werden muß, oder man prüft und spannt bei Bedarf einen Riemen. Man hantiert aber nicht hektisch mit der Fettpresse herum, spannt unaufhörlich die Riemen und fegt pausenlos den Boden, damit jeder sieht, wie aktiv man ist.

Umgekehrt heißt es auch wiederum nicht, daß man auf den Kriechgang zurückschaltet und nur das Allernötigste tut, weil man fürchtet, daß bei der leisesten Beschleunigung die Gefahr besteht, daß man die Übersicht verliert und ein Rad schneller zu laufen beginnt als das andere. Wenn Sie bei Ihrer Entscheidung, welche Räder oder Riemenscheiben in Harmonie mit der jeweiligen Lage aktiviert werden sollten, ausgewogen verfahren, dann kann es keinerlei Hysterie, Frustration, Ärger oder Spannungen geben.

Wenn Sie nicht wollen, daß das Wasser aus der Badewanne abläuft, dann dürfen Sie den Stöpsel nicht ziehen. Was bedeutet dies? Es bedeutet einfach, daß Sie genau wissen, daß die Schwerkraft bewirkt, daß das Wasser aus der Badewanne läuft, sobald Sie den Stöpsel herausziehen. Wenn Sie den Stöpsel nun herausziehen und dann überrascht und konsterniert sind, daß das Wasser abläuft, dann haben Sie mit ziemlicher Wahrscheinlichkeit ein Problem, denn hier handelt es sich um etwas, das zu Ihrem alltäglichen Erfahrungsschatz gehört. Wenn ein Kind das Radio einschaltet und statt des üblichen Senders Radio Zambesi bekommt und dann erstaunt ist, ist dies ganz normal, weil es mit dem Radio nur begrenzt Erfahrung hat, denn sonst sind es Mama oder Papa, die einschalten, worauf dann der lokale Sender kommt. Das ist normal und nachvollziehbar. Wenn Sie selbst aber das Radio einschalten und dann erstaunt sind, daß Sie einen Sender empfangen, dann haben Sie aus dem letzten Mal, als Sie das Radio bedient haben, nichts gelernt. Das sind Betrachtungen über Techniken.

Wenn jemand zu Ihnen sagt: »Ich werde warme Unterwäsche anziehen, einen Nadelstreifen-Zweireiher, einen steifen Kragen und eine Melone tragen; den Schirm werde ich unter den Arm nehmen und die Glacéhandschuhe in die Hand – und dann, dann höre ich BBC 4«, ist der Betreffende wohl ein Kauz. Wenn der Sinn der Übung aber tatsächlich darin besteht, BBC zu hören, dann sagt man sich zu Recht, daß es für einen BBC-Hörer eigentlich nicht notwendig ist, mit Zweireiher, Glacéhandschuhen, Schirm und Melone ausgerüstet zu sein.

Wenn jemand herausgefunden hat, wie er bei seinem Radio BBC einstellen kann, dann kann man davon ausgehen, daß ihm dies auch ein zweites Mal ohne größere Schwierigkeiten gelingen wird, falls er sich daran erinnert, wie er es beim ersten Mal gemacht hat: Er braucht dazu ein Radio, eine Steckdose für den Strom oder Batterien zum Einlegen. Dann hat er es eingeschaltet und am Zeiger gedreht, bis er auf der Wellenlänge war, auf der man BBC empfängt. Dann kann er BBC hören und daraus Nutzen ziehen, und er kann sogar den Sender mittels Vorwahltaste fest einstellen. Andererseits kann man sich natürlich vorher auch genau die Umstände, wie sie waren, in Erinnerung rufen: »Ich trug warme Unterwäsche, weil es Dezember war; ich hatte einen braunen Hut auf, weil ich gerade von der Beerdigung meines Großvaters kam, und ich hatte einen Regenschirm dabei, für den Fall, daß es durch das Dach regnen würde.« Hat man dann endlich alles wieder so arrangiert, wie es damals war, und BBC eingestellt – dann kommt aber die Hitparade nicht, auch wenn sie damals gerade gesendet worden war, denn das ist das Element der Zeit, und das hat sich geändert.

Nun, daß das Zeitelement sich geändert hat, macht so lange nichts, als man sich der Tatsache bewußt ist, daß man jetzt ein anderes Programm hört. Solange man das zur Kenntnis nimmt und sich damit harmonisiert, ist alles gut. Wenn man aber eilends wieder ausschaltet und sagt: »Du lieber Himmel! Habe ich dieselben Socken getragen?« oder »Liegt es an der Art, wie ich meinen Schirm halte?« oder »Habe ich meinen Hut verkehrt rum auf?« In diesem Fall verirrt man sich auf viele kleine Nebenwege, und dann hat man den heiligen Schirm und die heilige Melone, und alles wird unter irrelevanten Gesichtspunkten betrachtet. Die Absicht, die darin besteht, mit einem vernünftigen Mindestaufwand an Energie Radio zu hören, wird verwässert und geht bei dem ganzen Drumherum letztlich unter.

Natürlich hat der Schirm eine nützliche Funktion, ebenso die Melone, der Anzug, die warme Unterwäsche – unter angemessenen Umständen. Wie ich schon gesagt habe, ist es nicht notwendig, sich mit Tasbies, Kashkuls, Stäben, Gewändern und allem anderen auszustaffieren, um eine Übung oder etwas anderes Positives zu tun. Dann stolpert man vielleicht über ein Tasbie und bricht sich den Knöchel, und man gibt der siebten Person zu seiner Rechten oder irgend etwas anderem die Schuld. Nein, es ist einfach läppisch und idiotisch, so etwas zu tun. Denn jedes Ding – Tasbie, Gewand oder Stab – hat im richtigen Zusammenhang seine besondere Funktion und steht in einer harmonischen Beziehung sowohl zu seinem Träger als auch zu den anderen Objekten.

Sie können zur Nützlichkeit dieser Werkzeuge beitragen. Ein Tasbie mit Pompon und geeigneter Schnur ist besser und funktionaler. Hiermit steigern Sie seine Nützlichkeit. Sie können auch darüber hinausgehen und ein goldenes

Kästchen mit einer kufischen Platin-Inschrift kaufen, es mit Diamanten besetzen, ihr Tasbie hineinlegen und ein Pferd kaufen, das das Kästchen trägt, damit es da ist, falls Sie das Tasbie brauchen. Sie können einen Burschen einstellen, der das Pferd führt, und für einen Stall für das Pferd und eine Wohnung für den Burschen sorgen ... Hier ist die Funktion des Tasbies beeinträchtigt, und zwar nicht deshalb, weil es schwächer geworden wäre, sondern weil Sie so beschäftigt sind, genug Geld für die Wohnung und den Burschen und die Versicherung für das Kästchen zu verdienen, daß Ihnen kaum Zeit bleiben wird, das Tasbie zu benutzen. Sie haben die Wirksamkeit des Tasbies beeinträchtigt, weil Sie es in einen Zusammenhang gebracht haben, in dem es nicht mehr harmonisch und ausgewogen wirken kann.

Dies gilt genauso für alles andere. Es gibt hierzu eine berühmte Geschichte aus dem sechzehnten Jahrhundert über einen der Könige von Oud, der Schüler eines Sufi-Scheichs werden wollte. Insgeheim holte er Informationen über das Kashkul dieses Scheichs ein. Dann ließ er eine goldene Umhüllung mit Inschriften und Diamanten anfertigen, die er dem Scheich mitbrachte und als Geschenk darbot. Der Scheich aber schlug ihn damit, weil er ihn beleidigt hatte, wobei jener gewißlich nicht den Grund begriffen hatte, der ganz einfach der war, daß ein goldenes Kashkul mit Diamanten und Zierat einem Künstler oder Juwelier zur Ehre gereicht, aber es verbessert die Funktion des Kashkuls nicht, wenn es mit Gold oder Silber überzogen ist; es ist besser, es im richtigen Kontext zu benutzen.

So sollte auch der Aspekt der Dankbarkeit nicht aus seinem Zusammenhang gerissen und zu einer abergläubischen Sache werden, etwa wie: »Bevor nicht jedermann einschließlich ich selbst von der Aufmerksamkeit und Ernsthaftigkeit meiner Dankbarkeit überzeugt ist, wird nichts klappen.« Das stimmt nicht. Ich bin der letzte, der dagegen wäre, »al hamdullilah«, »Gott sei Dank« oder was auch immer zu sagen, wenn man Dankbarkeit ausdrücken will. Glauben Sie nicht, daß die mechanische Wiederholung solcher Dankesformeln hilfreich ist, wenn die Absicht sie nicht mit Leben füllt. Die Absicht ist da, wenn man sich des Gefühls der Dankbarkeit bewußt ist, man muß es nicht immerzu wie eine Fahne vor sich hertragen.

Dankbarkeit hat verschiedene Formen. Als wir einst heirateten, war meine Frau Anna ganz erstaunt darüber, wie sehr ich Spinnen schütze. Der Grund hierfür ist, daß ich Spinnen gegenüber eine Dankesschuld habe, die über vierzehnhundert Jahre zurückreicht. Die Geschichte ist sehr bekannt, aber ich erzähle sie trotzdem: Mohammed wurde von seinen Feinden verfolgt und flüchtete sich in eine Höhle in den Bergen. Seine Verfolger waren etwa zehn Minuten hinter ihm, und als er in der Höhle Zuflucht nahm, spann eine Spinne ihr Netz über dem Eingang, und ein Taubenpärchen baute sein Nest direkt davor. Als seine Verfolger die Höhle erreichten und das sahen, sagten sie: »Nein, hier kann er nicht sein, denn die Spinne muß Tage für dieses Netz gebraucht haben, und die Tauben müssen Wochen für ihr Nest gebraucht haben.« So gingen sie fort.

Deshalb bin ich Spinnen gegenüber dankbar, auch wenn ich nicht jeder Spinne, der ich begegne, die Hand schüttele, und ich bin auch nicht über gewisse Aufmerksamkeiten erfreut, die Tauben manchmal aus der Höhe auf mich entlassen, aber zumindest verwende ich eine gewisse Umsicht beim Verscheuchen von Spinnen. Auch wenn das manchmal zwei oder drei Minuten in Anspruch nehmen sollte und ich dabei auch noch versuche, den Hund daran zu hindern, sie zu fressen, was er gelegentlich tut, so ist das meine Art, Dankbarkeit zu bezeigen, was mir gelegentlich scheele Blicke einträgt, aber zumindest kann ich es rechtfertigen. Es ist eine Bekräftigung dieser Dankbarkeit, und dazu brauche ich nicht in den Zeitungen zu inserieren: »Bringt mir all eure Spinnen!« Sooft man seine Dankbarkeit ausdrückt, ist es eine Bekräftigung und eine persönliche Anerkennung der Tatsache, daß Dankbarkeit ein positiver Impuls ist.

Sie können sagen: »Warum sollte ausgerechnet mir so etwas passieren?« Oder: »Aber ich habe das doch gar nicht verdient!«, das ist in Ordnung; eine gewisse Bescheidenheit hat noch niemandem geschadet. Aber wenn etwas klappt, weil die Absicht richtig ist und weil die Energie in einen harmonischen und richtigen Kontext geleitet wurde, dann ist es eine schöne und vielleicht ungewöhnliche Belohnung für unsere Dankbarkeit. Denn Dankbarkeit ist die Energie, die wir benutzt haben.

Das andere Extrem wäre: »Um meine Dankbarkeit zu bezeigen, werde ich auf meinen Knien von hier nach Konstantinopel rutschen.« Vielleicht gelingt es einem, aber man wird viel zu leiden haben und den ganzen Weg über unter großer physischer und geistiger Spannung stehen.

Es sind nicht die spektakulären Aktionen, die einem helfen, Dankbarkeit zu bezeigen. Trotzdem können Sie sicher sein, daß eine Investition in Dankbarkeit sich auszahlt; das steht außer Frage. In einer Alltagssituation sieht das so aus: Jemand hat Sie nach Hause gebracht, und als Sie sich dafür bedanken wollen, sagt er: »Danken Sie nicht mir, erweisen Sie einfach einem anderen denselben Dienst!«

Wenn Sie jemanden in einer ähnlichen Situation sehen, helfen Sie ihm, wenn Sie können. So wird die Kette der Dankbarkeit fortgeführt. Solange diese Kette praktiziert wird und funktioniert, bleibt der Impuls durch die Investition von Dankbarkeit, Anerkennung und Absicht erhalten.

Man kann Dankbarkeit nicht nach Belieben ein- und ausschalten: »Oh, heute ist Dienstag, da will ich mal dankbar sein, und dann sehen wir mal weiter.« Nein. Dankbarkeit ist eine instinktive Reaktion, ein Mechanismus, der durch das Gefühl ausgelöst wird, daß man in einer harmonischen Beziehung mit der Energie und den Umständen ist und daß die Dinge gut gelaufen sind.

Spiritualität

Der sogenannte spirituelle Bereich ist ein gültiger Bestandteil der Aktivitäten in der Tradition. In der Tradition gibt es kein Schubladendenken, so daß man in der einen das Spirituelle und in der anderen das Nichtspirituelle hätte. Beide Bereiche sind eng miteinander verknüpft. Diese Verknüpfung der unterschiedlichen Ebenen ist auf einigen Ebenen stärker, auf anderen schwächer, es gibt keine Abstufungen von schwach über mittel bis stark, in allen Aspekten der Tradition wechseln beständig Ebbe und Flut.

Am Beginn des Weges ist es wichtig, sich darüber klarzusein, welche Techniken und Werkzeuge benutzt werden sollten, damit jeder Anlaß zu Verwirrung ausgeschaltet wird. Dies ist der Grund, warum ich so großen Wert auf die technischen Aspekte der Tradition lege. Sie sollten mit dem Spirituellen in Beziehung stehen, und das tun sie auch, denn nichts, was in der Tradition eingesetzt wird, sei es ein Werkzeug, eine Übung, eine Technik, ein Dhikr oder ein Gebet, ist dem Spirituellen fern. Aktivitäten, Anstrengungen und Werkzeuge werden je nach Situation, Bedürfnis, verfügbarer Energie und Kontext in einer mehr oder weniger spirituellen Weise eingesetzt. Es gibt keine sogenannten Konstanten in dem Sinn, daß der Gebrauch eines bestimmten Werkzeuges, sei es ein Gewand oder ein Tasbie, festgelegt wäre. In der Tradition ist etwas, das nützlich ist, auch verfügbar, wenn es gebraucht wird – seine Qualität verändert sich nicht, doch kann sich seine Funktion entsprechend den Erfordernissen der jeweiligen Situation und den Bedürfnissen der Beteiligten ändern.

Etwas Nützliches wird in der Tradition niemals abgewertet, und es verliert auch nicht an Qualität. Je stärker die Identifikation ist, mit der es benutzt wird, und je effizienter es angewendet wird, um so mehr wird es aufgewertet und gewinnt mehr und mehr an Kraft, je vertrauter ein Mensch mit seiner eigenen Intention wird, d. h., je bewußter ihm sein Streben wird.

Die meisten Philosophien oder Religionen versuchen, die Zielrichtung ihres besonderen Systems deutlich zu machen, was ihnen mehr oder weniger gelingt. Manche Religionen, oder Philosophien innerhalb von Religionen, sind entweder sehr vage oder sehr pauschal. Sie besagen: »Wir wollen das Beste für die Seele. Unsere Intention ist es, Liebe, Harmonie und Wohlbefinden zu schaffen. Unser Ziel ist es, Spiritualität zu entwickeln und zu fühlen.« Dies sind alles sehr erstrebenswerte Ziele und Ideen, aber ist es nicht zweckmäßiger, seine Forderungen zu präzisieren?

In einem religiösen Kontext wird oft dies oder jenes als besonders gut für das Seelenheil erklärt. Wunderbar – warum auch nicht? Aber ist die Seele irgend etwas Abstraktes, das umherschwebt, oder sollte man sie unter das Mikroskop legen, um herauszufinden, wo sie sitzt oder wo sie festgemacht ist?

Seit Jahrhunderten haben die Menschen die verschiedensten Untersuchungen und Versuche bezüglich der Seele durchgeführt. Dies reicht von der Tatsache, daß Menschen getötet und zerstückelt wurden, um festzustellen, ob sich irgendwo in ihrem Körper ein Hohlraum finden ließe, der die Seele hätte beherbergen können, bis hin zu einem recht unergiebigen, aber interessanten Experiment, das in Spanien durchgeführt wurde: Man legte Sterbende auf Waagen und wog sie penibel genau. Unmittelbar nachdem der Tod eingetreten war, wog man sie dann wieder, um herauszufinden, ob es einen Gewichtsunterschied gab. Dies ist alles schön und gut, soweit es sich um die sogenannte »reine Forschung« handelt.

Nehmen wir einmal an, man würde eine Obduktion durchführen und feststellen, daß etwas fehlt. Was würde dies besagen? Wenn es etwas wäre, das ganz offensichtlich mit den Nerven oder Blutgefäßen in Zusammenhang steht, dann ließe es sich vielleicht finden. Per definitionem ist es aber nichts, das mit den Blutgefäßen oder dem Nervensystem zu tun hat, denn sonst wäre es ja durch normale physikalische Untersuchungsmethoden feststellbar und nachweisbar. Angenommen, sie würden nun irgend etwas finden – einen Hohlraum beispielsweise oder eine Lücke. Dann würden Theorien darüber aufgestellt werden, wozu sie da war. Da sie über den ungefähren Umfang der Lücke Bescheid wüßten, würden sie alle anderen Leute auch untersuchen, um festzustellen, ob sie bei jedem denselben Umfang hat oder ob sie bei einem bösen Menschen größer oder kleiner ist, um darauf ein ganzes Lehrgebäude zu errichten.

Für die reine Wissenschaft ist das vermutlich sehr interessant, aber es ist auch sehr zeitaufwendig. Und vor allem – wenn nun bei jemandem, der unmittelbar vor und nach seinem Tod gewogen wurde, eine Gewichtsdifferenz von vielleicht 0,15 mg festgestellt würde – was heißt das? Differenz von was? Von Seele? Dieses Wissen wird Sie nicht weiterbringen, ich bleibe dabei. Auch wenn Sie jetzt theoretisch das Volumen der Seele schätzen könnten, wüßten Sie immer noch nicht, wie sie funktioniert, welche Farbe sie hat oder welche politische Überzeugung – wie gesagt, Sie sind noch keinen Schritt weiter als vorher.

Nicht nur in der Vergangenheit, auch heute noch wird versucht, die Seele zu lokalisieren. Man hat versucht, mit Ultraviolett- und Infrarot-Kameras, die man auf Sterbende richtete, diesen »Ballon«, oder was auch immer da aufsteigen mag, einzufangen. Ich denke nicht, daß man auf diese Weise die Seele identifizieren oder verstehen kann. Nach langwieriger Forschungsarbeit lassen sich vielleicht viele dicke akademische Wälzer produzieren, in denen nachzulesen ist, wie die Messungen durchgeführt wurden: unter welcher Bevölkerungsgruppe, ob es genetische oder rassische Abweichungen gab, bei welchen Umgebungstemperaturen gemessen wurde und so weiter. Aber ein vernünftiger und normaler, gebildeter Mensch hat weder Zeit noch Lust, sich durch dicke Wälzer hindurchzulesen, nur um die Antwort auf eine einfache Frage zu finden: Was ist die Seele?

Wie geht man also mit diesen grundlegenden Dingen um? Wie ist es mit der Seele? Nehmen wir einmal das Unmögliche an, man hätte bei der Sezierung eines Verstorbenen eine Seele gefunden, was es ermöglicht hätte, ausführliche chemische und andere Analysen darüber zu veröffentlichen – für jemanden, der am spirituellen Charakter der Seele interessiert ist, wäre das völlig bedeutungslos. Was es für uns bedeutet? Ich denke, daß es für uns bedeutet zu sagen: »Ich will versuchen, mit Hilfe meines Gespürs, meiner Erfahrungen und mit Hilfe der Quellen, denen ich Vertrauen und Achtung entgegenbringe, eine ungefähre Vorstellung – auch wenn sie unpräzise und persönlich sein sollte – zu entwickeln; eine Vorstellung weniger von ›der Seele als solcher‹ als – sozusagen – von der Funktion der Seele.«

Sehen wir uns die Schriften der Alten an, die sich nicht hoch-intellektuell mit dem Thema befaßten und die weder verwirrt waren, noch sich Sorgen machten über anatomische oder physiologische Aspekte. Statt dessen versuchten sie zu erklären, was die Seele des Menschen ist, was ihre Funktion in bezug auf ihn, in bezug auf Gott und hinsichtlich seiner Beziehung zu Gott und dem Kosmos, in bezug auf das Ganze ist. Irgendwo muß man anfangen und so fingen sie also damit an, die Funktion der Seele zu analysieren und versuchten, sie zu verstehen. Viele von ihnen hoben ab und schrieben gewaltige Wälzer, die wahrscheinlich sehr wertvoll und ernsthaft waren, aber den Menschen half das letztlich nicht dabei, das was sie entdeckt hatten, auch praktisch anzuwenden.

Befaßt man sich also mit den Schriften der Alten, die Fragen aufwarfen, Fragen, die sie aufrichtig und tief fühlten und die sehr einfach waren, dann kommt man zum Kern des Gedankens, daß der Mensch eine Seele hat. Lassen wir im Augenblick einmal die anderen Fragestellungen beiseite – beispielsweise, wo sie herkommt, mit den sich daran anschließenden Debatten über ihr Volumen; akzeptieren wir einfach die Prämisse, daß der Mensch eine Seele hat, als Tatsache. Läßt man den ganzen Wildwuchs an Kommentaren und dergleichen beiseite, wird man feststellen, daß viele der Autoritäten in verschiedenen Zeitaltern und in unterschiedlichen philosophischen Systemen und Religionen übereinstimmend die Meinung vertraten, daß es eine Seele gibt. Die Seele zu entwickeln – in Harmonie mit anderen Entwicklungen –, dies ist die Vorstellung, die einem jeden Glauben, einer Überzeugung als auch den damit verbundenen Aktivitäten und Anstrengungen zugrundeliegt.

Die Menschen, die sich mit derlei befaßten, betraf die Frage, bis zu welchem Punkt der Mensch seine Seele entwickeln könne, nicht, denn sie akzeptierten, was auch wir in der Tradition akzeptieren, daß nämlich die Seele unendlich entwicklungsfähig ist. Es ist wichtig, nicht danach zu streben, seine Seele bis zum Punkt X oder Y zu entwickeln, weil wir sie dann in das Reich des Herkömmlichen verlegen; wir nehmen Maß, und das wird zu einer Art Wettstreit: »Wie geht es Ihrer Seele?«, »Prima, ich bin schon an Punkt soundso; wie steht es mit der Ihrigen?« oder »mit seiner Seele steht es nicht zum besten.« Es wird zu einem Wettbewerb, und die Folge davon ist Konfusion.

Jeder Mensch hat eine Seele und eine Verantwortung. Hier bekommen wir einen Denkanstoß und Hinweis darauf, was sie sich gedacht haben und meinten, als sie über die »Verantwortung des Menschen gegenüber sich selbst« schrieben. Sie stellten ganz richtig fest, daß ein Mensch im Verlauf einer harmonischen Entwicklung normalerweise nach verschiedenen Entfaltungsmöglichkeiten und -graden strebt, sei es auf dem Gebiet der Bildung oder der Politik oder in finanzieller oder gesellschaftlicher Hinsicht. Die Alten verknüpften solche normalen Bestrebungen mit maßvollem Ehrgeiz und Enthusiasmus, um diese Bereiche zu entwickeln. Dieses Mühen um Entwicklung ist in all seinen Aspekten eng mit der ureigensten Verantwortlichkeit des Menschen gegenüber seiner Seele verbunden.

So verantwortungslos wie es ist, wenn jemand seinem Körper bewußt Schaden zufügt, indem er sich selbst verletzt, genauso verantwortungslos ist es, grundlos die eigene Entwicklung, gleich ob es um Entwicklung von Bildung, von kommerziellen, gesellschaftlichen oder anderen Bereichen geht, zu schädigen. Man handelt unverantwortlich, wenn man es durch mangelnde Aufmerksamkeit zuläßt, daß eine Entwicklung vernachlässigt, unterbrochen oder zunichte gemacht wird. Und genauso unverantwortlich ist es, wenn eine Person die Möglichkeit zu einer seelischen oder spirituellen Entwicklung außer acht läßt.

Hier kommen wir auf ein sehr viel persönlicheres Gebiet, das noch weit mehr der Verantwortung des Betreffenden obliegt. Jemand sagt vielleicht: »Dies bin ich mir selbst schuldig / meiner Familie / meiner Position, damit ich einen guten Lebensstandard habe / meine Kinder vernünftig erziehen kann / für meine Familie sorgen kann / die Verantwortung tragen kann.«

Einiges davon tut man für andere Menschen, zum Beispiel für seine Familie. Man tut es, weil man seine Familie liebt / weil man gesetzlich dazu verpflichtet ist / wegen der Nachbarn / um anzugeben / wegen seiner Freunde aus dem College. Man nimmt also für andere ein gewisses Maß an Anstrengung oder sogenannter Verantwortung auf sich, und man tut das freiwillig, zum Beispiel für die Kinder, die Familie und die Freunde. Einige dieser Verantwortlichkeiten ergeben sich zwangsläufig, weil man einen gewissen Lebensstandard aufrechterhalten, auf einer bestimmten gesellschaftlichen Ebene bleiben will; das ist nicht falsch, das ist die normale Situation. Was aber in des Menschen ureigenster Verantwortung liegt, ist die Entwicklung seiner Seele und der Dienst an ihr.

Gleichgültig wie streng man erzogen wurde und mit welchem religiösen System, und selbst wenn einem von Priestern jeglichen Bekenntnisses rund um die Uhr an sieben Tagen der Woche zugesetzt würde, daß man beten, fasten, glauben und dies oder jenes tun solle – nur man selbst weiß und spürt, ob man an einem Hokuspokus-Ritual teilnimmt oder ob man in wirklicher Kommunikation steht und ob man wirklich fühlt, daß man sich entwickelt. Dies ist eine zutiefst persönliche Angelegenheit. Denn wenn es darum geht, Empfindungen, Informationen und Wertvolles, durch das man sich spirituell entwickelt, mitzuteilen, steht jeder für sich allein.

In der Tradition sind wir der Auffassung, daß die Seele eines Menschen immer wach ist. Das bedeutet mit anderen Worten, daß jemand, der keine Anstrengungen unternimmt, dennoch nützliche und wertvolle spirituelle Dinge aufnehmen kann. Daß er diese Dinge trotzdem aufnimmt, kann man eigentlich nicht vermeiden, aber für seine spirituelle Entwicklung ist es viel vorteilhafter, wenn man in einer Beziehung zu etwas steht, das einem hilft, seinen spirituellen Zustand zu nähren: Jemand, der sich eines spirituellen Bedürfnisses bewußt wird, muß nicht unbedingt exakt das Ausmaß seines spirituellen Bedürfnisses ermitteln. Das kann hilfreich sein, kann aber auch ein Hindernis sein. Denn wenn er sein spirituelles Bedürfnis als etwas diagnostiziert, das nicht so ohne weiteres befriedigt werden kann, dann wird man möglicherweise deprimiert oder enttäuscht oder an irgendeinem abwegigen Ort suchen, um dann festzustellen, daß dies noch nicht das war, was man braucht. Es läuft auf die alte Frage hinaus: Entscheidet man nach dem, was man braucht, oder nach dem, was man will? Dies können zwei völlig verschiedene Dinge sein.

Die spirituelle Entwicklung der Seele, die in Harmonie mit anderen Aktivitäten erfolgt, ist also ein außerordentlich wichtiger Bereich persönlicher Verantwortung, allerdings nicht der allerwichtigste unter Ausschluß aller anderen, denn dies wäre wiederum ein Extrem.

Es gibt gute Menschen in Nonnen- und Mönchsklöstern, wo von einem erwartet wird, daß man beständig auf seine Seele acht hat. Ich zweifle nicht im geringsten daran, daß diese Menschen sehr viel Gutes tun. Ich habe nur bei den Mönchen und Nonnen das Gefühl, daß ihre Nützlichkeit durch ihren sehr oft auch freiwillig auferlegten Entschluß beschränkt ist, nicht mit allem, was sie umgibt, eine harmonische Beziehung zu pflegen. Sie tun sehr viel Gutes; sie könnten aber noch mehr Gutes tun, wenn sie ein wenig mehr aus ihrer Abgeschiedenheit herausgehen und weniger ausschließlich für ihre spirituelle Hauptbeschäftigung leben würden, was sie daran hindert, wirklich hundertprozentig zu funktionieren.

Wieviel Zeit man für spirituelle Aktivitäten, spirituelles Denken und Handeln aufwendet, ist weniger wichtig als die Qualität dieser Zeit. Wenn man viele Gebete oder Tasbies oder Rosenkränze oder was auch immer herunterrasselt, kann dies zu einer Art von Konsum werden, und es besteht natürlich die Gefahr, daß man in den profanen Bereich gerät, weil man mißt und rechnet, und dann fängt man an über Zeit zu reden. »Ich habe eine halbe Stunde gebetet.« Und jemand anderer sagt: »Ich habe zwei Stunden gebetet.« Derjenige, der nur eine halbe Stunde mit Beten zugebracht hat, fühlt sich schlecht, und beim nächsten Mal betet er also zweieinhalb Stunden, der andere aber drei Stunden, und schon beginnt der Konkurrenzkampf.

Ich will damit nicht sagen, daß die Dauer eines Gebets oder einer spirituellen Aktivität überhaupt keine Rolle spielt; der Zeitfaktor spielt gewiß eine Rolle. Ich habe bereits erläutert, daß man, um eine Übung zu machen, etwas zu lesen oder ähnliches in dieser Richtung zu tun, hierfür eine bestimmte Zeit einplanen sollte: für eine Vorbereitungsphase, in der man etwas Abstand von den Alltagsdingen findet, um sich anschließend ein wenig Zeit zu lassen, um wieder zu sich zu kommen und seine Alltagsaktivitäten wieder aufzunehmen. Dies ist notwendig und zweckmäßig, weil man sich nicht nur etwas von den Zerstreuungen des Alltagslebens löst, sondern man verdeutlicht dadurch auch vor sich selbst, daß man dies nun tun will, so daß man der eigentlichen Aktivität einen Rahmen gibt. Man löst sich nicht vollständig, und man soll auch nicht in einen Trancezustand oder dergleichen eintreten.

Der Zeitfaktor ist nicht bedeutungslos, aber er ist nicht der einzige Maßstab. Denn falls man die Fähigkeit oder die Technik entwickelt hat, kann man ein Dhikr machen, eine Rezitation sprechen oder sich für ein, zwei oder fünf Minuten in eine positive geistige Verfassung versetzen, während man zum Beispiel auf dem Rücksitz eines Taxis sitzt, und bewußt abschalten, ohne in Trance zu versinken und seine Haltestelle zu verpassen. Man zieht sich einfach für eine kurze Zeit aus dem Lärm und Getriebe zurück.

Man muß an seiner Verantwortlichkeit festhalten und es nützen, daß Rat, Führung und Energie im spirituellen Bereich zur Verfügung stehen. Dies ist eine erhebliche Verantwortung. Sie sollte nicht zur fixen Idee werden, so daß man von Kirche zu Kirche oder von Moschee zu Moschee hastet und den Rest seiner Zeit auf den Knien zubringt, dies zum Selbstzweck macht. Es gibt den zwanghaften ewigen Pilger, der von einem Heiligtum zum anderen eilt. Andächtig zwar und inbrünstig, aber er braucht sehr viel Zeit und Energie für Dinge wie das Sammeln von Reliquien und verwendet weniger Zeit darauf, sich mit diesen Dingen wirklich vertraut zu machen und sie zu nutzen.

Ich kannte einmal vor zwanzig Jahren einen Mann, der, als ich ihn zum letzten Mal sah – und ich versichere Ihnen, daß dies eine wahre Geschichte ist – eine Art winzige Holzhütte in einem kleinen Dorf südlich von Jerusalem baute. Er war Kopte und hatte drei Wände und einen Teil des Daches aus Holz fertiggestellt. Sein Lebensziel war es, die vierte Wand fertigzustellen. Es war eine kleine Hütte, aber es war eine große Leistung, denn er baute sie aus dem Holz des heiligen Kreuzes – und es ist wahrhaftig eine Leistung, aus einem einzigen Kreuz drei Wände und ein Dach zu zimmern! Aber es gibt immerhin drei oder vier Fabriken im Heiligen Land, die Kreuzesholzfragmente herstellen.

Ich muß zu meiner Beschämung auch gestehen, daß ein afghanischer Händler direkt gegenüber dem Felsendom in Jerusalem jahrelang einen Laden betrieb, in dem sein Sohn in einem rückwärtigen Raum nichts anderes tat, als Orangenkisten kleinzuhacken und dunkelbraun zu färben. Dieser Laden war als gute Quelle für ziemlich große Stücke von echtem Kreuzesholz bekannt. Dies ist nicht so lächerlich, wie es klingt, und ich weiß nicht, ob jener Kopte seine Hütte inzwischen fertiggestellt hat, aber worauf es ankommt, ist folgendes: Es gibt hier also einen frommen und gescheiten Mann, der aber die fixe Idee hat, daß er diese Hütte bauen müsse. Man muß sich fragen, was er tun wird, wenn die Hütte fertig ist, und ebenso auch umgekehrt: Was wird die Hütte dann für ihn tun? Ist sie irgendein Bollwerk gegen die bösen Einflüsse der Dämonen der Lüfte, oder wird sie für ihn zum Floß, falls die nächste Sintflut kommt? Dieser Mann wandte Tag und Nacht seine Energie dafür auf, dieses Material zu bekommen, obwohl es Beweise in Hülle und Fülle dafür gab, daß dieses Zeug von alten Eisenbahnschwellen und ähnlichem stammte.

Wenn jemand also zu einem zwanghaften ewigen Pilger wird oder Reliquien und ähnliches sammelt, dann ist dies Götzendienerei in dem Sinne, daß er sich ein Bildnis schafft und etwas damit tut. Gehen Sie ruhig zurück bis auf den Beginn unserer Geschichtsschreibung und darüber weiter hinaus – die Bedeutung einer Reliquie besteht darin, daß sie eine Funktion hat. Es ist nicht bloß ein glücksbringender Talisman, ein Stück des linken Zehennagels vom hl. Crispian; sondern man geht davon aus, daß sie aus allen Teilen der Welt zusammengetragen wurden und man Kirchen und Kathedralen baute, um sie aufzubewahren. Dies ist in Ordnung, schließlich wurde damit dem Namen des Heiligen Ehre erwiesen. Die Funktion, weshalb man ein Gotteshaus baut, einen Ort der Begegnung, ein Heiligtum, besteht darin, daß die jeweilige Reliquie nach unserer Auffassung in der Tradition eine gewisse Menge positiver Energie anzieht, die all denen zur Verfügung steht, die diesen Ort besuchen oder dort an Aktivitäten teilnehmen. So handelt es sich hier um etwas Funktionales.

Aus dem Mittelalter kennen wir Sätze wie: »Indem die Menschen dies oder jenes taten oder hierhin oder dorthin reisten oder pilgerten, nährten sie ihre Seele«, und man sagt dann: »Ach, wie schön.« Wenn man sich die Sache aber näher betrachtet, dann trifft das ganz buchstäblich zu. »Nähren« bedeutet ja nicht nur Nahrungsaufnahme, »Nähren« heißt auch »Versorgen« und aus etwas Nutzen ziehen. Wenn es also heißt, daß jemand seine Seele nährt, dann bedeutet dies nicht, daß er sich ein Rohr in die Kehle steckte und heiliges Wasser hineingoß. (Es gibt aber, zu Ihrer Information, mittelalterliche Handschriften, in denen genau dies dargestellt ist: Heilige Männer mit mittelalterlichen Trichtern im Mund, die, ich weiß es nicht, imprägniert werden oder so etwas, aber dies ist deren Problem).

Stellen Sie es sich so vor: Dieser Kontakt, dieser Gebrauch der Energie, diese spirituelle Aktivität nährt buchstäblich die Seele. Was man nährt, das wächst normalerweise an Größe, an Umfang, an Macht, an Wert. Etwas zu nähren kann nicht kontraproduktiv sein. Natürlich kann man sagen: »Wenn ich aber einen Wolf heranziehe, dann wird er eines Tages fortlaufen und Menschen fressen.« Gut, wenn man unbedingt Haarspalterei betreiben will, dann muß man sagen, daß, wer einen Wolf füttert und ihn laufen läßt, nicht nährt, sondern Wölfe füttert – auf wessen Kosten auch immer.

Nähren heißt nicht nur sorgen und zeigen, daß man sich damit identifiziert, denn andernfalls würde man sich gar nicht damit befassen; darüber hinaus trägt man dazu bei, daß es wächst, sich entwickelt, an Umfang, an Wert und Einfluß zunimmt. An Einfluß worauf? Auf einen selbst, nicht auf andere Menschen. In der Tradition befähigt die Entwicklung der Seele einen Menschen, einen gewissen Vorrang im Bereich des Lehrens und der Hilfestellung zu erreichen. Andere Dinge, die damit verbunden sind, sind kein Zufall, sondern das Ergebnis dieser Art Entwicklung.

Dies heißt nicht automatisch, daß das Bankkonto um so dicker wird, je mehr man die Seele entwickelt. Sehr wenige der Menschen, die wir als entwickelt betrachten würden, starben als Millionäre. Aber der positive Einfluß eines spirituell entwickelten Menschen ist nicht zu leugnen; er hat einen wohltätigen Einfluß, und dies kann nicht anders sein. Ein vermeintlicher spiritueller Führer, der durch sein Tun die Entwicklung vieler Menschen behindert oder ihre Entwicklungsfreiheit einschränkt, ist per definitionem kein spiritueller Führer.

Wenn ein Führer keinen spirituellen Anspruch erhebt, wenn er durch Satzung oder Vollmacht oder was auch immer beansprucht, Präsident oder Herrscher zu sein, dann spielt es keine Rolle, ob er Gutes tut, Böses oder irgend etwas dazwischen. Ein Anspruch auf höher entwickelte Spiritualität muß mit einem entsprechenden wohltätigen Einfluß einhergehen, andernfalls handelt es sich nicht um nützliche, brauchbare und positive Spiritualität.

Begnügen wir uns für den Augenblick mit der Frage nach einer einigermaßen vernünftigen und entspannten Definition unserer Pflichten gegenüber unserer Seele und damit, in welcher Weise man dieser Verantwortung durch harmonisches Leben in dieser Welt und gegenüber anderen Menschen gerecht werden kann. Es gibt keine sich widersprechenden Prioritäten in dem Sinne, daß man sagt: »Ich kann mein Tagewerk nicht verrichten, weil ich zum Heiligtum X, zur Kirche Y, zur Moschee Z gehen muß« und so weiter.

Hat man die Tatsache akzeptiert, daß der Entwicklung der Seele keinerlei Grenzen gesetzt sind, sollte man diese Pflicht gegenüber sich selbst in einer solchen Weise zu definieren versuchen, daß dies nicht zu einer beständigen

Sorge oder einem Wettlauf mit der Zeit wird, daß sich nicht jenes Denken entwickelt, daß man jeden Tag die Skala seines »Entwicklungsmeßgeräts« prüfen muß, ob der Zeiger nach oben oder nach unten geht und so weiter. Entwicklung ist grenzenlos, und das ist eher als Ermutigung gemeint als ein Ansporn zu größtmöglicher Eile und Übereilung.

Man kann seine Spiritualität und die Wirkung der eigenen Spiritualität auf andere nicht anders als durch seine eigene Reaktion und die eigenen Empfindungen im Angesicht seiner selbst messen und beurteilen. Aufgabe eines Lehrers in der Tradition ist es, dies zu beurteilen, zu bewerten, zu stimulieren, und er muß alles ihm zu Gebote Stehende aufbieten, um Menschen aus verschiedenen Kulturen in verschiedenen Umständen zu helfen. Hierfür ist Geschicklichkeit und eine gewisse Schläue notwendig, denn der Lehrer darf sich weder in Diskussionen verwickeln noch zu einer Abschätzung oder der kleinsten Andeutung esoterischer Art verleiten lassen, in der Art: »Mit Ihrer Seele scheint es heute nicht besonders gutzugehen« oder ähnlichem.

Die Leute versuchen, Hinweise dieser Art von mir zu bekommen, und wenn ich ihnen derlei gäbe, würden sie tatsächlich damit arbeiten – eigentlich eine verbreitete und direkt rührende primitive Haltung, nicht weiter schlimm, und – besonders am Anfang – eine ganz normale Ebene. Es wird Ihnen aber nie gelingen, mir etwas auf dieser Ebene zu entlocken, soviel steht fest, denn hierbei handelt es sich um Dinge, die Sie selbst herausfinden sollten. In diesem Bereich kann es keine Standard-Definitionen geben, zum Beispiel, daß es diese Größe, diese Farbe, dieses Gewicht haben und nach Norden oder nach Süden zeigen sollte oder irgend etwas in dieser Art.

Versuchen Sie also nicht, ein geistiges Bild davon, sondern lieber ein geistiges Bild von einer Beziehung zu bekommen, davon, was die Lehrer gesagt haben, wie diese Spiritualität, diese Seele genährt werden kann.

Hilfe bei Angst, Wut, Neurose

Wie geht man mit Furcht, Sorgen, Neurosen, Komplexen oder irgendwelchen anderen Phobien um, wie geht man sie an und überwindet sie? Dies ist keine psychologische Lehrstunde; wenn ich frage, wie geht man damit um, wie betrachtet man dies, wie wird man dies los oder wie kümmert man sich darum, dann spreche ich davon, welche Techniken, Instrumente, welche Aktivitäten der Tradition hierfür zur Verfügung stehen.

Viele von Ihnen haben bereits von mir gehört, daß man versuchen soll, sich von Problemen zu distanzieren, um sie objektiv betrachten zu können, und daß man dabei eine gewisse Menge Energie aufbieten muß, um zu verhindern, daß Fehler, die man hat, nach dem stets gleichen Muster wiederholt werden. Einige von Ihnen setzen diese Taktiken sinnvoller und regelmäßiger ein als andere. Aber bevor Sie zu diesem Zweck eine Übung machen oder eine andere Aktivität beginnen, sollten Sie das Problemfeld identifizieren und die Angstkomplexe wahrnehmen, ohne sich des langen und breiten den Regressionen und sonstigen obskuren Einflüssen zuzuwenden, wie es manche Psychiater und Psychologen so gerne tun.

Faktoren, die auf einen Menschen im Lauf seines Lebens einwirken, haben sicherlich in einem gewissen Ausmaß Einfluß auf seine Reaktionen und Empfindungen, und sei es nur deshalb, weil er eine konditionierte Haltung oder Reaktion auf diese Dinge entwickelt. In gewissem Maß ist eine Konditionierung, die durch gesellschaftliche, religiöse und andere Aspekte des Lebens bedingt ist unvermeidlich, und ein Teil davon ist auch durchaus wertvoll und vernünftig, aber in gewissen Grenzen sind auch manche Besorgnisse, Probleme oder Neurosen auf negative Konditionierungen zurückzuführen.

Es gibt noch eine andere Form von Konditionierung, der man unterliegt, und zwar die Konditionierung, die man sich selbst auferlegt. Weil man offensichtlich und per definitionem sich selbst am nächsten ist, ist es sehr leicht möglich, daß die physische, emotionale oder psychische Verfassung von den eigenen Erfahrungen, seiner eigenen Stimmung und eigenen Reaktionen beeinflußt wird. Das Wesen des Menschen ist so dicht gewoben, daß ein von innen kommender Impuls sein Denken, Verhalten oder seine Reaktionen stärker beeinflussen kann als jede andere Einwirkung.

Normalerweise benutzt man die eine oder andere Technik, um seine Reaktionen zu prüfen und um sich vor gewissen unerwünschten Einflüssen, die man als fremd identifiziert, zu schützen und abzuschirmen. Diese Einflüsse können von Menschen oder äußeren Umständen wie Lärm, Hitze, Kälte, Hetze oder Besorgnis ausgehen; tausenderlei verschiedene Botschaften strömen stündlich und täglich auf einen ein. Wenn man auf der Hut ist, kann man es bei der Mehrzahl dieser negativen Einflüsse verhindern, daß sie spürbar stören; man hat einen gewissen Schutz.

Der Einfluß, den man auf sich selber hat, kann heimtückisch sein. Nehmen wir an, man reagiert auf etwas, man reagiert gut, schlecht oder neutral. Vielleicht wird diese Reaktion durch die äußeren Gegebenheiten erzeugt, vielleicht aber auch durch das, was in Ihrem Inneren auf dies von außen Kommende reagiert. Sie sagen vielleicht: »Das ist offensichtlich.« Das stimmt, aber es lohnt sich trotzdem, hierüber nachzudenken, denn das eigene Gefühl wird von Ihnen als vertraut empfunden und deshalb nicht in der Weise überprüft wie ein sogenannter äußerer Einfluß. Es wird als zu Ihnen gehörig empfunden und integriert.

Man kann auf Lärm, Hektik, Hast und Hetze mit Zorn oder Furcht reagieren. »Wozu laufen alle diese Leute hier herum? Warum gibt es hier soviel Lärm?« Es ist ganz natürlich und menschlich, daß Lärm eine solche Reaktion hervorruft. Man reagiert also mit Zorn oder Furcht. Man ergreift dann vielleicht naheliegende Maßnahmen, um sich dem Lärm zu entziehen, oder aber man sieht sich um und sagt: »Im Grunde gibt es nichts, wovor ich mich ängstigen müßte.« Dies ist die erste Verteidigungslinie, und man wendet diese Methode an; soweit, so gut. Es besteht aber nun die Möglichkeit, daß ein geringer Rest von Zorn oder Furcht zurückbleibt. Einige Minuten oder Tage später, wenn man sich in einer völlig anderen Situation befindet, kommt dann vielleicht dieses Gefühl des Zorns oder der Furcht wieder hoch, und wie leicht verbindet es sich dann mit der gegenwärtigen Situation.

Dies ist völlig irrational, es ist ein Mechanismus, aber es passiert nun mal so. Nehmen wir an, daß noch ein Rest Furcht oder Zorn vorhanden ist, man sich aber inzwischen in einer neutralen Situation befindet, die weder gut noch schlecht ist. Wenn dieser Rest von Zorn oder Furcht dennoch kommt, kann er zwar nicht die Situation, wohl aber die eigene Haltung gegenüber der Situation in einer anderen Richtung beeinflussen: »Es ist etwas an dieser Situation, was ich nicht mag; es macht mich zornig oder ängstlich.« Dies nennt man eine falsche Fährte, so etwas gibt es tatsächlich, man kann leicht nachvollziehen, wie es sich entwickelt: Wenn z. B. ein Rest von Widerwillen, Zorn oder Furcht aus der alten Situation zurückgeblieben ist, kann er Stunden, Tage oder Wochen später in einer Situation wieder auftauchen, die in keinerlei Zusammenhang mit der Situation steht, die diese Gefühle ursprünglich hervorgerufen hat. So stellt sich in einer ganz normalen Situation, die weder gut noch schlecht ist, ein Gefühl der Frustration, des Zorns oder des Widerwillens ein, und der Betreffende erliegt so dem Eindruck, daß er tatsächlich auch einen Grund für Zorn, Furcht oder Widerwillen habe, und reagiert entsprechend.

So kann es einem freilich sehr leicht passieren, daß man völlig irrational reagiert. Eine neutrale Situation wird so eingeschätzt, als sei sie eine, die Furcht, Aggression und Zorn auslöst; woraufhin man dann mit Kampf oder Furcht reagiert. Wenn man kämpft, zieht das wieder andere Dinge nach sich; vielleicht beginnt man einen Streit mit anderen Menschen oder einer Gruppe, die sich über das Verhalten, das der Betreffende an den Tag legt, wundern werden und ihrerseits mit Empörung reagieren.

Schon ist der große Konflikt programmiert, und jeder stürmt wütend in die andere Richtung davon.

Das andere Symptom kann Furcht sein: »Aus irgendeinem Grund fühle ich mich in dieser Situation nicht wohl; flüchte ich also vor der Furcht, oder bleibe ich da und verteidige mich?« Wenn man in eine Situation gerät, die bei einem Furcht, Zorn oder Widerwillen erzeugt, dann ist es natürlich auch möglich, daß die Emotionen, die noch kommen, nicht unbedingt aus einer »falschen Fährte« resultieren. Die Frage aber ist: Wenn Nervosität, Angst, Furcht, Aggression oder Zorn auftauchen, woher weiß man, ob es sich um eine »falsche Fährte« handelt, und wenn, was kann man dann tun? Die Unterscheidung einer falschen Fährte von einer echten Reaktion ist eigentlich recht einfach. Wenn Gefühle wie die oben beschriebenen aufkommen, dann treten Sie einen Schritt zurück, betrachten es und sagen: »Betrifft es mich? Beeinflußt mich etwas? Kommt es wirklich aus der Situation, oder handelt es sich um etwas, das ich möglicherweise selbst in die Welt gesetzt habe?« Dies muß man sich natürlich sehr schnell überlegen, denn falls es um die Entscheidung für Angriff oder Verteidigung geht, muß es blitzschnell gehen. Denken Sie schnell und klar, und benutzen Sie die richtigen Koordinaten.

Entweder Sie reagieren nach einer Millisekunde der Entscheidungsfindung sofort, oder Sie haben Grund zu der Annahme, daß es sich um eine falsche Fährte handelt, die aufgetaucht ist. Dann sollte man die jüngste Vergangenheit daraufhin überprüfen, wo diese Fährte herstammt. Gab es eine Situation in der jüngsten Vergangenheit, die diese Empfindung erzeugt hat? Vielleicht gibt es aus dieser Zeit noch eine offene Rechnung? War die Situation, die Sie für erledigt hielten, vielleicht doch nicht abgeschlossen und hinterließ also diese falsche Fährte, die jetzt hochkommt?

Dies ist keine tiefenpsychologische oder psychiatrische Untersuchung, es ist viel einfacher als das und es ist auch viel billiger. Man braucht sich nicht auf die Couch zu legen und auf das Jahr null zu regredieren. Denn die meisten dieser falschen Fährten haben ihren Ursprung in der allerjüngsten Vergangenheit, d. h., sie haben vor Stunden oder Tagen begonnen.

Wenn man eine Haltung oder Reaktion identifiziert hat, die gewöhnlich negativer Art ist, wie zum Beispiel Furcht, Zorn oder Widerwillen: Wenn man eine dieser falschen Fährten aus der jüngeren Vergangenheit identifiziert hat, was tut man dann damit? Zunächst einmal ist durch die Identifizierung schon mehr als die Hälfte gewonnen. Um die Spuren dann gänzlich zu beseitigen, löscht man sie aus dem Gedächtnis. Verdrängen Sie sie nicht wieder, denn sonst kommen sie bei der nächsten Gelegenheit wieder hoch – Sie müssen sie vollständig auslöschen wollen.

Die Auslöschung einer solchen Fährte ist nicht so dramatisch, wie es klingt. Es erfordert keine Katharsis, keine Ausbrüche und keinen Kampf mit sich selbst. Wenn man sie identifiziert hat, und wenn sie, wie üblich, negativer Art ist, dann holt man sie in den Bereich des vernünftigen und logischen Denkens, mißt sie und benennt sie. Gleichgültig, welchen Meßwert Sie ihr zuerkennen, ob Sie sie mit zwei oder fünf Milliampère oder irgendeiner anderen negativen Ladung bewerten: Bewerten Sie sie nur überhaupt, geben Sie ihr irgendeinen Meßwert, der Ihnen gefällt.

Was löscht nun das negative Potential aus? Ein größeres und entgegengesetztes positives Potential. Wenn man also die Situation, das Ereignis, das Gefühl so schnell wie möglich zum Vorschein gebracht hat, dann hält man es sich mit klinisch nüchternem Blick vor Augen und betrachtet es, als wenn es auf dem Tisch läge, und richtet ein größeres positives Potential darauf.

Die Einflüsse solcher falscher Fährten sind nirgends außergewöhnlich oder gar spukhaft, sie haben auch nichts Außerirdisches. Sie gehorchen den Gesetzen der Physik, der Galvanik und der Physiologie. Das Gehirn und das Nervensystem funktionieren auf der Grundlage einer einfachen Energieform, einer Form von Elektrizität. Man kann also in einem ganz praktischen Sinn sagen, daß die meisten dieser Fährten, die man so leicht vergrößert und zu Komplexen und Ängsten macht, durch ein größeres positives Potential gelöscht werden können. Dieses Potential ist in einem verfügbar, denn Ihr eigener Organismus produziert die Gegenkraft und speist sie ein. Diese Kraft ist imstande, die Überreste der falschen Fährten zu entfernen.

Diese Technik allgemein anzuwenden birgt die Gefahr des Übermaßes: »Da ich sehe, daß Sie depressiv, nervös oder ängstlich sind, will ich versuchen, meinen ganzen Organismus positiv aufzufüllen, um Ihre negative Ladung auszugleichen.« Das ist natürlich machbar, aber es ist übertrieben. Man kann positive Energie darauf richten, indem man mehr und mehr erkennt, wie sich die Ängste aufgebaut haben, wie der Komplex entstanden ist. So braucht man, um die Sache auf den Punkt zu bringen, sie nicht gleich im linken Bein oder Ohr zu lokalisieren. Wenn die Situation da ist, konzentriert man sich darauf, und indem man eine Übung oder eine andere Aktivität durchführt, erzeugt man genügend Energie, um das negative auszulöschen.

Natürlich kann man diese selbsterzeugten und beinahe neurotischen Ängste und Schwierigkeiten durch entsprechendes Festhalten daran zu echten Neurosen auswachsen lassen. Sie gedeihen durch Aufmerksamkeit und auch, weil sie einen Menschen beeinflussen können; sie beanspruchen mehr und mehr die Aufmerksamkeit, aber das ist letztlich nichts anderes, als wenn man einen Ballon aufbläst. Substanz haben sie kaum. Ihre einzige Funktion ist es, einen zu bekümmern, zu stören und ganz allgemein zu belästigen.

Sie sind also lästig. Kann man sie also einfach vergessen? Nein. Einige kann man vergessen und tut es auch. Zum Beispiel bekam ich heute auf der Waterloobrücke von dem Wagen, der neben mir an der Ampel stand, beim Wiederanfahren eine ohrenbetäubende Fehlzündung zu hören. Ich habe mich nicht bewußt darauf konzentriert, dieses Geräusch ewig im Gedächtnis zu behalten, und man vergißt solche Dinge im Lauf der Zeit. Dies ist ein Gesetz, und zwar ein sehr notwendiges, andernfalls wäre der Nachhall dieses Ereignisses immer noch in meinem Kopf. Die Dinge vergehen. Das ist natürlich.

Warum soll man nicht diese natürliche Möglichkeit, Dinge zweckmäßigerweise zu vergessen, bewußt einsetzen, und zwar so, daß sie sich nicht in tiefverwurzelte und sorgfältig gepflegte Neurosen verwandeln? Besser, Sie entwikkeln sich selbst als Ihre Neurosen. Manche Dinge, hoffentlich erfreulicher Art, bleiben haften: ein Anblick, ein Klang, ein Ton, ein Duft, ein Ort, eine Person. Dies sind Dinge, die man im Gedächtnis behalten möchte, die man sich vor Augen halten, die man betrachten, bewahren, fühlen möchte. Es gibt aber überhaupt keine Notwendigkeit, warum man all die kleinen Ärgernisse, Kümmernisse, Widrigkeiten, Nervositäten und fixe Ideen, die einem beständig widerfahren und sich so hartnäckig ansammeln, pflegen, auffrischen und aufbewahren sollte. Innerhalb des normalen menschlichen Abwehrsystems tritt das Vergessen automatisch, selbsttätig in Funktion.

Wieviel besser wäre es, wenn man das gleiche System präzise benutzen würde, um diese Einflüsse oder Eindrücke, die man unfreiwillig genährt hat, zu identifizieren, zu analysieren und zu neutralisieren! Wer will solcherart Dinge schon nähren. Wer erinnert sich schon gern an einen besonders widerwärtigen Geruch oder eine besonders unangenehme Situation? Die Erinnerung ist aber da; vielleicht weil der Betreffende schon die ganze Zeit über eine bestimmte unangenehme Situation nachgedacht hat, und indem man über sie nachdenkt, gräbt sich ihre Spur immer tiefer ein.

Dafür kann es aber auch gute Gründe geben; vielleicht möchte man sich erinnern, um beim nächsten Mal nicht in dieselbe Falle zu tappen. Das ist ja gut so, aber nur dann, wenn man es sich als eine Art Warnsignal merkt, und solange es nicht zu einer fixen Idee wird, denn das kann sich leicht zu einem Dauerproblem entwickeln. Dann verstärken sich diese Dinge, werden zu einem Verhaltensmuster, und man sitzt fest im Gefängnis seiner selbstgemachten Ängste.

Jeder hat das Recht auf ein eigenes Bild von sich: »Ich bin so oder so, ich reagiere auf dieses oder jenes in dieser oder jener Weise.« Das ist durchaus in Ordnung. Man muß gewisse Reaktionen haben, und man braucht ein einigermaßen festes Koordinatensystem, weil man sonst ständig zögern und zaudern würde. Dieses Selbstbild, das man in sich trägt, ob es bloß ein Klischee oder aber wahrhaftig ist, darf nicht zu einem Bild werden, das einen unter bestimmten Umständen im Stich läßt.

Dieses Selbstbild darf nicht zur Entschuldigung für das eigene Versagen in gewissen Situationen werden. Unabhängig davon, daß das Bild hinderlich sein kann, unterminiert eine Haltung, die auf ihm beruht und sich in Krisensituationen ständig als ineffizient erweist, auch das Selbstbild. Wenn man in ein Lebensmittelgeschäft geht und einer von zehn Artikeln, die man dort kauft, schlecht oder verdorben ist, verliert man allmählich das Vertrauen in diesen Händler, und man geht schließlich woanders einkaufen. In derselben Weise kann das Selbstvertrauen so sehr unterminiert werden, daß man schließlich sagt: »Ich bin einfach unfähig, eine Entscheidung zu fällen; egal worüber und zu welchem Zeitpunkt, ich brauche mir nur anzusehen, was ich die letzten Male gemacht habe.« Wenn man die Sache aber vernünftig betrachtet, dann ist das einfach nicht wahr! Entweder ist es Faulheit, Ausrede oder Dummheit, die es zuläßt und begünstigt, daß ein Mensch sich so schlecht macht.

Jeder besitzt gesunden Menschenverstand – der eine mehr, der andere weniger –, mit dessen Hilfe man sich ein Bild von sich selbst oder ein Bild von etwas Positivem aufbauen kann. Man tut dies ja die ganze Zeit; man hat ja eine Einschätzung seiner eigenen Zuverlässigkeit und weiß, auf wen und was man sich verlassen kann. Wenn jemand ständig etwas mit der einen Hand aufbaut, mit der anderen aber sabotiert, dann bleibt die Situation in bestem Fall auf einer Art Nullpunkt. Im schlimmsten Fall wird sie immer schlechter, bis sich eine klassische Neurose herausgebildet hat: »Ich kann keine Entscheidung fällen, ich kann mich auf mein eigenes Urteil nicht verlassen. Ich habe diesen und jenen gefragt und habe das gemacht, was sie gesagt haben, und es hat auch nicht funktioniert. Ihnen kann ich also auch nicht mehr vertrauen, und ich werde jemand anderen fragen müssen.« Man hat also eine »Bäumchen-wechsel-dich-Situation«, durch die man eine schöne satte, tiefverwurzelte Neurose entwickeln kann, und das alles auf der Grundlage der eigenen Erfahrungen, des eigenen Fühlens und Handelns und des eigenen Feedbacks.

Natürlich kann man von niemandem erwarten, daß er so gefühllos wie ein Stein ist, aber Sie haben auch eine Verantwortung gegenüber sich selbst und zwar: Zugang zu sich selbst zu haben. In der gleichen Weise, wie Sie für die Auswahl der Nahrungsmittel, die Sie zu sich nehmen, verantwortlich sind, tragen Sie auch die Verantwortung dafür, positive und nützliche Empfindungen zu pflegen und etwas Positives und Nützliches zu produzieren.

Man ist sich selbst so nahe, daß man meistens unkritisch akzeptiert, was man denkt. Man kann sich selbst mit sinnlosem Zeug vollstopfen. Jemand glaubt, daß er eine gute Idee hat, einen brauchbaren Einfall. In Wirklichkeit ist es dummes Zeug. Wer ihm das aber sagt, bekommt zur Antwort: »Nein, keineswegs; die Idee ist hervorragend. Es ist meine Idee.« Er hält sie für großartig und wird sie verteidigen; nicht, weil er sich dessen sicher ist, daß es kein Blödsinn ist, sondern weil es ihm um seine territoriale Integrität geht: »Es ist meine Idee, und ich werde sie verteidigen!« Das Rechtfertigungsbestreben wird dann stärker als der gesunde Menschenverstand, und es kann dazu kommen, daß jemand mit gezücktem Schwert vor einem Misthaufen steht, bereit, ihn bis aufs Blut zu verteidigen.

Was tut man in einem solchen Fall? Man kann dem Betreffenden einen Spiegel vorhalten; dies löst das Problem meistens. Noch besser ist es, rechtzeitig dafür zu sorgen, daß solche Situationen erst gar nicht entstehen können.

Hier ist gewissermaßen eine Hintertür zum eigenen Wesen, und diesen Hintereingang sollte man keineswegs verriegeln, weil über diese Hintertür auch sehr viel Gutes hereinkommt. Aber eine erhöhte Wachsamkeit ist hier schon angebracht. Vorbehaltlosigkeit ist immer ein bißchen gefährlich und kann möglicherweise Verwirrung hervorrufen. Die Akzeptanz muß deshalb mit einer vernünftigen Prüfung einhergehen. Prüfen Sie sich, wenn Sie in einer ausgeglichenen und ruhigen Geistesverfassung sind: Das ist es, was wir Selbstprüfung nennen.

»Lasse ich es zu, daß ich das ganze dumme Zeug abbekomme? Glaube ich alles, was ich im Daily Telegraph lese?« Der Daily Telegraph wird von Menschen geschrieben, mit all ihren Vorzügen und Schwächen. Es gibt nicht wenige Verrückte, die für den Daily Telegraph schreiben, und noch mehr Verrückte, die für die Times schreiben, aber die Leute sagen: »Aber ja, ich habe es in der Times gelesen!« Es gibt Millionen von Menschen, die schwören, etwas müsse wahr sein, weil es in der Sportzeitung vom Sonntag stand.

Zu einem vorbehaltlosen Akzeptieren kann es auch dann kommen, wenn etwas so unzweifelhaft klingt, daß man sagt: »Es tut mir leid, aber ich kann und will dies nicht prüfen.« Nun, derlei geschieht selten, aber es geschieht. Eine bedingte oder vernünftige Prüfung bedeutet nicht, daß man Dinge bis zum letzten Molekül sezieren muß, weil man sich dabei auf zu viele Nebenwege verirren kann. Jeder, der schon einmal den Entschluß gefaßt hat, den Dachboden oder den Keller aufzuräumen, weiß, was ich meine: Nachdem man zwei Sachen fortgeworfen hat, findet man einen alten Folianten, und man verbringt den Rest des Tages damit, darin zu schmökern, und wenn es dann Abend geworden ist, sagt man sich: »Dann muß ich eben morgen weitermachen«, und am nächsten Tag geschieht dasselbe wieder. So kann man sich verzetteln. Wenn man etwas prüft und akzeptiert, muß man bis auf den Grund vordringen, und man sollte in der Lage sein, zu klären, ob man sich wirklich mit dem Kern befaßt, damit man nicht nur um des Weitermachens willen weitermacht.

Ich fasse zusammen: Sie müssen sich sehr genau bewußt sein, daß Sie Gefühle und Reaktionen produzieren können, die die Bausteine für das werden können, was Sie Ihre Persönlichkeit oder Ihr Selbstbild nennen mögen. Vergessen Sie aber nicht, diese Bausteine zuerst zu prüfen. Prüfen Sie, ob sie Elemente enthalten, die für künftige Reaktionen oder Aktivitäten nichts Gutes erwarten lassen.

Prüfen Sie die Dinge in einer vernünftigen Weise und nach dem altbekannten Verfahren, bei dem man gegen einen Gegenstand klopft, um zu hören, ob er gut klingt. Tun Sie das mit sich selbst. Es kann sein, daß Sie eine Menge dummes Zeug aufgenommen haben, weil es Ihnen vernünftig und einleuchtend erschien. Wie oft habe ich Leute sagen hören: »Ich hielt es damals für einen guten Gedanken.« Meist haben sie aber keineswegs darüber nachgedacht; sondern sie haben nur reagiert. Zu bestimmten Zeiten und unter bestimmten Voraussetzungen ist es erforderlich und richtig, spontan zu reagieren. Es gibt auch Momente, in denen die Idee auftaucht, daß man dies oder jenes tun müsse, weil man ein gebildeter oder rationaler Mensch sei. Die Frage aber ist: Sollte es wirklich getan werden? Oder ist man dabei, durch mangelndes Nachdenken sein eigenes Wesen und seine eigene Anstrengungen zu sabotieren?

Glaube

Es werden mir oft Fragen über die Haltung der Tradition gegenüber den verschiedenen Religionen oder Glaubensrichtungen gestellt und darüber, wie sie dazu steht. Sich damit zu befassen, mag zweckmäßig sein, insofern man das Thema nicht wie ein Studienfach – vergleichende Religionswissenschaften – behandelt, weil normalerweise ein Fach wie vergleichende Religionswissenschaft die Ethik einer Religion mit der einer anderen vergleicht, einen Glaubenssatz mit einem anderen und eine Anbetungsform mit einer anderen – Vergleiche sind immer mißlich.

Wenn wir das Verhältnis zwischen den verschiedenen Religionen und der Tradition betrachten wollen, ist es hilfreich, sich zunächst die Grundlagen religiösen Glaubens anzusehen. Wenn man sich näher mit den verschiedenen Glaubensrichtungen befaßt und einmal all die unzähligen verschiedenen Interpretationen und Untergruppierungen außer acht läßt, dann wird deutlich, daß alle religiösen Überzeugungen seit Anbeginn der Geschichte des Menschen unitarisch und monotheistisch waren. Die Verwirrung entstand durch Leute, die den elementaren Glauben verschlüsselten, interpretierten und ausschmückten.

Um bei der germanischen oder nordischen Mythologie zu beginnen: Es gab verschiedene Götter, die mit Wotan und Freya eine Art Pantheon bildeten. Es heißt, daß die nordische oder germanische Religion von Anfang an pluralistisch und polytheistisch gewesen sei. Es heißt auch, daß es im Hinduismus tausenderlei verschiedene Götter gibt, halb Mensch, halb Affe, Krokodil, Kobra usf. Und schließlich gibt es im Christentum die katholische Dreifaltigkeitslehre. Auch wenn die germanische oder nordische Religion erloschen ist, so hatte sie aber über einen beachtlich langen Zeitraum Bestand. Wie kann ich nun, wie kann die Tradition behaupten, daß die großen Religionen ihrem Wesen nach monotheistisch seien? Wie kann man angesichts dreier Belege für eine Göttervielfalt, d. h. für eine polytheistische Situation, so etwas sagen? Das ist ein wichtiger Einwand, und er zielt bereits auf den Kernpunkt. Der Kernpunkt ist, daß die verschiedenen Götter und Göttinnen dieser religiösen Systeme, wenn man sich die Mühe macht, ihr Wesen und ihre Eigenschaften zu überprüfen, sich tatsächlich nur als verschiedene Aspekte ein und desselben Gottes erweisen.

Welches Pantheon auch immer Sie sich ansehen: Thor, der Donnerer, repräsentiert den strafenden, rächenden, eifersüchtigen Aspekt – ja, es handelt sich um einen Aspekt. Die Jägerin Diana verkörpert Anmut und Schönheit, auch dies ein weiterer Aspekt Gottes. Dann gibt es die Vaterfigur, Wotan – wieder ein anderer Aspekt. Auch beim hinduistischen Pantheon wird man feststellen, daß die verschiedenen Götter und Göttinnen Aspekte eines einzigen Wesens darstellen.

Genauso haben wir im Islam verschiedene Attribute Gottes, die sich nicht widersprechen, sondern vielmehr verschiedene Aspekte eines einzelnen Wesens, einer einzelnen Entität sind, so wie wir selbst im kleineren Maßstab verschiedene Reaktionen, verschiedene Standpunkte, verschiedene Verhaltensformen, verschiedene Einstellungen haben. Schaut man sich die Götterwelt des Hinduismus genauer an, dann stellt man fest, daß das Territorium in diesem Pantheon recht genau zwischen den einzelnen Göttern wie z. B. Shiva und Kali abgegrenzt ist, und jeder von ihnen hat eine ganz bestimmte, klar umgrenzte Funktion: So ist Kali die Göttin des Todes – was auch immer das impliziert. Wir versuchen, auf den Ursprung zurückzugehen, statt darauf einzugehen, was im Augenblick ist. Im Augenblick repräsentiert Kali, die hinduistische Göttin des Todes, Blut, Rache und andere widrige Dinge. Man hat ihr – und tut es vielleicht noch immer – Menschenopfer dargebracht, damit sie sich nicht unerwünscht manifestieren möge.

Wenn man die unterschiedlichen Formen oder Merkmale eines polytheistischen Glaubens prüft, dann stellt man fest, daß der spezifische Wesenszug, den der jeweilige Gott oder die jeweilige Göttin verkörpert, ursprünglich einem einzigen Wesen zugehörte. Wenn man zum Anfang der Zeiten zurückgehen will, sagen wir in die Steinzeit, dann war der Mensch allen Naturkräften und Naturkatastrophen ausgeliefert. Dies ist in den germanischen oder nordischen Mythen leicht festzustellen: Thor, der Donnerer. Als man begann, ihn zu personifizieren, stellte man ihn sich als eine Person mit einem riesigen Hammer vor. Wenn er zuschlug, gab es einen Donnerschlag. Es ist leicht zu sehen, wie der steinzeitliche Mensch eine Verbindung zwischen den Naturgewalten, Donner und Blitz, und den Folgen eines Blitzschlags herstellte. Dies war für ihn eine Urkraft in der Natur. Im Laufe der Zeit bekam sie einen Namen, und so entstand Thor.

Nun mußte man Thor besänftigen, verehren oder gnädig stimmen, damit er niemanden zerschmetterte. Und so errichtete man ihm einen Tempel, in dem man für ihn Lieder und Verse rezitierte. Dann gab es den Herrn der Tiefen, denn irgend jemand mußte sich um die Fische kümmern, die Gezeiten hervorrufen und die Ursache dafür sein, daß Menschen ertranken oder gerettet wurden. Wer anders sollte dies sein als Neptun, der Meeresgott? Irgendwer mußte sich schließlich um die Dinge kümmern, und so war alles in guter Ordnung.

Es ist verständlich und zweckmäßig, daß, bevor die Fäden des Glaubens verknüpft wurden, der primitive Mensch für sich ein vielgestaltiges Pantheon entwickelte: den Gott der Bäume und der Pflanzen, den Gott der Meere, den Gott der Jagd, den Gott der Fülle, den Gott der Familie, den Gott der Felsen und den Gott der Tiere. Ich halte dafür, daß die zahlreichen Interpretatoren und Schlüsselbewahrer der religiösen Überzeugungen in einigen sehr offensichtlichen Fällen (wie bei den nordischen, hinduistischen Religionsformen) die Naturkräfte wie Wasser, Luft, Erde, Feuer weder entschlüsselten noch sagten: »Diese Attribute der Macht über die Natur können einem einzigen Wesen zugeschrieben werden.« Die Frage hier ist, warum sie es nicht taten, und das ist die eigentliche Frage: Warum entschlüsselte man all dies nicht als Aspekte eines einzigen Wesens? Dies mag wie eine philosophische oder religionsphilosophische Frage aussehen, aber die Antwort ist, denke ich, nicht so sehr eine Frage der Philosophie als eine von Autorität und Macht.

Diese Frage hat es in sich, und ich will Ihnen auch eine Antwort geben, die es in sich hat: Warum soll man nur einen Tempel für einen Gott bauen, wenn man auch 75 Tempel für 75 verschiedene Götter bauen kann, mit all den Machtbefugnissen, der dazugehörenden Belegschaft und Ausstattung? Angenommen, es gäbe einen Tempel für ein einziges höchstes Wesen und nur vier oder fünf Menschen, die sich darum kümmern, die Gebete sprechen oder aus dem Heiligen Buch rezitieren – dann wäre es im Hinblick auf die Machtstruktur und das Eigeninteresse der Mächtigen sinnvoller, so viele Leute wie möglich in den täglichen Dienst an ihrem jeweiligen Gott des Tages einzubinden.

Das hört sich jetzt vielleicht lächerlich und töricht an, und Sie fragen sich vielleicht: »Warum?« oder »Was soll das?« Sie halten meinen Standpunkt vielleicht für subjektiv, aber ich habe nicht nur einen monotheistischen Standpunkt, sondern ich versuche zu erklären, wie solche Fehlinterpretationen zustande kamen und welche Relevanz sie haben. Auch möchte ich die Frage beantworten, wo die Tradition diesbezüglich steht.

Dazu müssen wir an den Beginn jeder Religiosität zurückgehen. In der Tradition halten alle Gelehrten dafür – und dies ist nicht nur blinder Glaube –, daß der Islam eine monotheistische Religion ist. Ist es mit ihm deshalb das gleiche wie mit allen anderen Religionen? Nein. Es ist leicht einzusehen, daß es vor dem Islam, vor Mohammed, 365 Tagesgötter in Mekka gab. Sie repräsentierten alles, was man sich nur vorstellen kann: Es gab ein Götzenbild für die Zweige des Baumes, eines für die Blätter des Baumes, eines für den Baumstamm und wieder eines für die Wurzeln des Baums.

Jeder Bauer mußte zur Kaaba kommen und Tribut entrichten oder für mindestens drei oder vier Götter Honig, Wasser, Silber, Tuch oder ähnliches mitbringen, um sicherzustellen, daß Wurzeln, Stamm, Zweige und Blätter ihrer Bäume versorgt wurden. Und man machte allen möglichen Hokuspokus, um sicherzustellen, daß es Regen gab, daß die Heuschrecken wegblieben und dergleichen mehr. Es war also eine ziemlich zeitraubende Angelegenheit, und es war auch teuer. Es lohnte sich für die Leute, die das Zentrum betrieben.

Als dann Mohammed kam und als während der Begründung der Religion die 99 Namen oder Attribute Gottes als verschiedene Qualitäten eines einzigen Gottes erklärt wurden und Mohammed die 365 Götzenbilder beseitigte, wie leicht hätten an diesem Punkt 99 Götzenbilder geschaffen werden können, die jeweils einen Aspekt Gottes repräsentierten. Ich meine, daß sich hier leicht das hätte wiederholen können, was in den alten nordischen Mythen oder in der hinduistischen Religion geschehen war.

Es ist wichtig, diesen Punkt zu klären, denn jeder, der sein Leben in der Tradition verankert hat, versucht auch ein tieferes Wissen über sich selbst und sein Wesen zu erlangen, das ihn dann an den Punkt führen kann, an dem sich seine Beziehung zu Gott klärt, und man weiß, wo man steht. Wenn Sie aber versuchen müssen, Ihre Aufmerksamkeit gleichzeitig unter 99 Götter aufzuteilen, die alle gnädig zu stimmen sind, wird die Sache schwierig. Sofern man überhaupt an die Existenz Gottes glaubt, ist es viel vernünftiger und plausibler, sich klarzumachen, daß alle Funktionen und Aspekte, die den verschiedenen nordischen, germanischen und hinduistischen Göttern zugeschrieben werden, in einem einzigen Wesen enthalten sind. Wenn es Ihn wirklich gibt und wenn man akzeptiert, daß Er der Schöpfer der Welt ist, dann können all die Kräfte dieser zahllosen Gottheiten in Seiner Hand liegen.

So ist es ohne Frage. Wir können uns nicht vorstellen, daß es anders wäre, denn mit klarem Blick betrachtet, wage ich zu sagen, daß dies die einzig sinnvolle Deutung ist. Wie steht es dann aber mit der katholischen Dreifaltigkeitslehre? Ich glaube, da gibt es keine Verwirrung. Das Christentum hat die Bibel, und sie besteht aus zwei Hauptteilen: dem Alten und dem Neuen Testament. Das Alte Testament wurde etwa um 390 vor Christus abgeschlossen und das erste Buch des Neuen Testaments, das Matthäus-Evangelium, etwa um 38 nach Christus.

In den ursprünglichen Versionen des Alten Testaments werden zweifellos Wendungen benutzt, die sich als deutliche Hinweise auf die Dreieinigkeit, den Vater, den Sohn und den Heiligen Geist, interpretieren ließen. Man kann seine religiöse Überzeugung in derselben Weise prüfen, wie man sich selbst prüft, d. h. nicht unbedingt in einer feindseligen Weise. Wenn man etwas überprüft, dann tut man das, damit man es besser versteht und mehr darüber lernt und es dann entweder benutzt oder verwirft. Die christliche Dreifaltigkeitslehre ist insofern ungewöhnlich, als praktisch alle anerkannten Religionen, die dem Christentum vorangingen, monotheistisch waren. Der Zoroastrismus war im Grunde monotheistisch, auch wenn er später zu einer Art kabbalistischem System degenerierte. Wenn man aber das Alte Testament und das Neue Testament sorgfältig liest, dann stellt man fest, daß es gewisse Interpretationen zu bestimmten Aussagen gibt, die, wie ich sage, die Grundlage für eine trinitarische Auffassung liefern würden. Ich glaube nicht, daß dies zu einer Quelle für Verwirrungen werden kann, und gewißlich keine Quelle für Konflikte. Die Aussagen, die zitiert werden, um das trinitarische System zu rechtfertigen, sind auch für einen Nichtkatholiken völlig akzeptabel, da Gott als der Schöpfer aller Dinge und allen

Lebens gilt; wenn man also auf die Urversion zurückgeht, dann könnte man Ihn als Schöpfer, als den Vater aller Dinge betrachten, und so wird er auch betrachtet.

Wenn man das aber in der »Person Jesu« personifiziert, steht man auf wackeligem Boden. Auch im Islam wird im Koran zum Thema des Heiligen Geistes Stellung genommen – da gibt es, wie ich bereits sagte, keine Probleme. Ich meine nur, daß es nützlicher ist, zum Wesentlichen, zur Grundlage der Dinge zurückzugehen. Dies sollte in keinster Weise als Kritik am Dreifaltigkeitsgedanken betrachtet werden, und ich will auch nicht in diesem Sinne zitiert werden. Lehnt man Jesus ab, lehnt man den Heiligen Geist ab? Keineswegs. Was man in Frage stellt, sich anschaut und hinterfragt, ist, ob diese Weiterentwicklung und Interpretation der Grundlage der christlichen Religion notwendig ist; und es ist in der Tat eine Interpretation und Entwicklung. Ist dies notwendig, wie geht man damit um, oder muß man überhaupt damit umgehen?

Es geht nicht darum, daß man sagt: »Nun, ich will das ablehnen«, es geht hier nicht ums Ablehnen oder Akzeptieren, sondern darum, auf bekannte und grundlegende Faktoren zurückzugehen, die man fühlen kann, um dann die Beziehung zu diesen Faktoren zu vertiefen und alles Unnötige beiseite zu lassen.

Wenn ich »Unnötiges« sage, ist dies keine offene oder verschleierte Kritik oder Anklage gegen eine der Religionen, denn im Islam wie im Judentum und im Christentum gab es im Laufe der Jahrhunderte viele Hinzufügungen, Ausschmückungen, Interpretationen und Fehlinterpretationen. Gerade jetzt gibt es im Islam das Gerangel zwischen den sogenannten »Fundamentalisten«, die die wahre Stimme des Islams zu sein behaupten, und einen »Imam« hervorgebracht haben, und auf der anderen Seite die große Mehrheit wirklicher Fundamentalisten, die auf der Grundlage der Glaubenslehren leben und arbeiten, ohne deshalb viel Aufhebens zu machen.

Da sich schließlich niemand unmittelbar mit Gott in Verbindung setzen kann, um sich nach der Wahrheit zu erkundigen und andere zu widerlegen, hat es im Lauf der Jahrhunderte alle nur möglichen Auslegungen und Theorien und zahlreiche Schriften gegeben und wurden alle möglichen Unterfangen begonnen.

Aber warum soll man nun nicht sagen: »Es kümmert mich nicht besonders, wie ich Gott verehren soll, Hauptsache, ich tue es. Die Technik kümmert mich nicht besonders, Hauptsache, ich benutze eine.« Es ist nicht meine Aufgabe, Vergleiche anzustellen. Wir in der Tradition haben unsere Koordinaten und unsere Maßstäbe, die sich zur Funktion des Glaubens verdichten lassen. Glaube funktioniert nicht im abstrakten Bereich, ist kein Lippenbekenntnis. Prüfen Sie, was Sie glauben, wie Sie dazu stehen und wie Sie damit umgehen, sonst bleibt Ihr Glaube abstrakt. »Sind Sie gläubig?« – »Ja, ich bin gläubig.« Gut. Aber Sie müssen das auch begründen können. Glaube ist etwas, das man sich erarbeitet und das man empfindet; nicht um andere zu bekehren. Die Umstände sind überprüfbar, fühlbar, schmeckbar. Dieses Gefühl ist wie ein Beweis, den Sie in Händen haben: Wenn man Sie jetzt auffordert zu glauben, so werden Sie glauben.

Einen Glauben zu haben, ist für den Menschen grundlegend. Man braucht etwas, woran man glauben kann: Eine Sache, eine Religion, einen Glauben. Es hilft einem aber überhaupt nichts, vierhundert Bücher über die religiöse Philosophie des eigenen Glaubens zu lesen, wenn man nicht selbst den Kontakt zwischen sich selbst und der Quelle seines Glaubenes herstellt, bewahrt, nährt und pflegt.

Es nützt nichts, nur ein Etikett zu haben: »Ich bin ein Derwisch, ich bin ein Sufi.« Niemand wird dies bestreiten und zu Ihnen sagen: »Beweisen Sie es!« Wie beweist ein Derwisch, daß er ein Derwisch ist? Läuft er mit einem Kashkul herum, oder sitzt er in seinem Flickgewand unter einer Palme? Das kann jeder. Wie kann er beweisen, daß er

Sufi ist? Wie sieht ein Sufi aus? »Ich habe schon einmal einen Sufi gesehen, er sah aber ganz anders aus als Sie!« Das ist aber kein Maßstab. Ob jemand, ein Derwisch ist oder nicht, das ergibt sich aus seiner Beziehung zur Tradition; der Beweis liegt in ihm selbst.

An einem zentralen Glauben müssen Sie festhalten. Normalerweise wächst jeder mit einem religiösen System auf, in dem er erzogen wird, und das ist auch gut so. Ich will in keiner Weise behaupten, daß man dann zu einem bestimmten Zeitpunkt daran zweifeln und all die Bücher und Schriften fortwerfen sollte. Aber eines müssen Sie festhalten: ohne Glauben können Sie kein Derwisch sein. Der Glaube ist die tragende Säule für einen Sufi, hierauf baut er auf.

Man kann ohne weiteres religiöse Theorien oder Überzeugungen diskutieren oder miteinander vergleichen oder auch darüber streiten, solange man das in einer vernünftigen und gütlichen Weise tut.

Es gibt keine gute oder schlechte Religion; es gibt nur einen schlechten Zustand, nämlich keinen Glauben zu haben. Wenn der Glaube fehlt, fehlt eine grundlegende Säule des Daseins. Dies zeigt sich auf viele verschiedene Weisen. Hier gerät man wieder leicht in den Bereich der Vergleiche, und das ist eine ständige Quelle von Ängsten und Konfusionen. Wichtig ist die Qualität des Glaubens, nicht die Quantität, und es ist die Kraft Ihres Glaubens, die Ihnen die Antwort auf den Glauben gibt.

Wir suchen also nicht nach einer guten, besseren oder der besten Religion. Der entscheidende Punkt ist, daß Religion da sein muß, und der Kernpunkt jeden Glaubens ist der Glaube an ein einziges göttliches Wesen.

Zur Schande westlicher und östlicher Philosophen muß gesagt werden, daß sie die Wege und Straßen zu diesem Glauben oft mit Fehlinterpretationen und Hindernissen gepflastert haben, daß sie die Formen der Anbetung in all ihren Details oft so ausgeschmückt haben, daß das Ganze für die Menschen zu einer Prüfung wurde: zu einer Glaubensprüfung. In Wirklichkeit aber ist man selbst derjenige, der sich prüft. Man braucht keine etablierte Religion oder Kirche, die einen prüft oder überprüft. Wenn es um Glaubensfragen geht, ist man selbst sein strengster Kritiker. Man kann sich nicht vor sich selbst verstecken, und das sollte man auch nicht versuchen.

Zu viel religiöser Eifer und Enthusiasmus kann extreme Ergebnisse hervorbringen. Alle möglichen Erfahrungen und Visionen tauchen dann auf und werden nach festgelegten Maßstäben innerhalb der eigenen Religion interpretiert, aber es sollte einen Schritt davor geben, und dieser Schritt bedeutet, daß man selbst den Wirklichkeitsgehalt seiner Erfahrung oder Vision überprüft und sich fragt, ob es sich nicht um Einbildung oder übersteigerten Enthusiasmus handelt.

Fragen und Antworten: Religion, Tod, Gott, Vorbestimmung

Wenn wir seelisch und geistig unsere Gemeinschaft und Einigkeit aufrechterhalten, so heißt das nicht immer, daß wir auf der physischen Ebene von allen Schwierigkeiten verschont bleiben. Es heißt indessen, daß diejenigen von uns, die in Schwierigkeiten sind, der Unterstützung der Brüder und Schwestern in der Tradition gewiß sein können, denn wer von uns auch immer, welche Gruppe auch immer, Schwierigkeiten hat, wir werden gemeinsam darauf reagieren. Wir leiden nicht alle gemeinsam, aber wir schicken unsere positive Energie denen, die Probleme haben, und mit dieser Menge tatsächlicher Energie können wir ihnen helfen, sie zu überwinden. Dies macht es für sie vielleicht nicht leichter, ihre Probleme als solche zu lösen, aber sie erholen sich sehr viel schneller.

Wir sind eine Bruderschaft, eine Schwesternschaft, eine Familie. Wenn man einen von uns berührt, berührt man uns alle. Vielleicht ist der eine oder andere manchmal verletzlicher, vielleicht leidet der eine oder andere manchmal mehr, aber ich gebe Ihnen zwei Garantien – keine Versprechungen, weil Versprechungen, Märchen und Übertreibungen nicht meine Sache sind – es ist eine Tatsache, daß, wenn wir unsere vereinte Energie Freunden schicken, die Probleme haben, diese Probleme und deren Folgen weniger werden.

Ich möchte hier eine der Funktionen von Verantwortung in der Tradition erwähnen. In der Tradition übernimmt jeder Verantwortung. Jeder ist selbst dafür verantwortlich, daß er sich anstrengt, zu verstehen, und jeder ist auch dafür verantwortlich, anderen zu erklären, was er selbst verstanden hat, aber man muß sorgfältig darauf achten, daß man zunächst selbst richtig verstanden hat, bevor man etwas erklärt, da dies sonst eine Interpretation und nicht Verstandenes ist, und so bekommt man die Interpretation der Interpretation. In der Tradition ist die Kommunikation eine der wichtigsten Aufgaben der älteren Mitglieder.

Es gibt keine Autorität ohne Verantwortung. Je länger jemand in der Tradition ist, um so größer ist seine Verantwortung, denen, die neu dazugekommen sind, Dinge zu erklären. Die Fragen, die Zweifel sind ähnlich. Wenn man das Gefühl hat, daß es jederzeit möglich ist, mit seinen Zweifeln zu einem anderen zu gehen und sie ihm zu erzählen, dann wird man oft hören, daß der Betreffende sagt: »Ja, ich hatte dieselben Empfindungen, dieselben Fragen, dieselben Zweifel« und vielleicht: »Tun Sie dies oder jenes, oder denken Sie so oder so.« Oder er sagt: »In dieser Situation oder mit diesem Problem habe ich dieses oder jenes getan.« Die Antwort liegt irgendwo in der Mitte.

Um einem Menschen einen präzisen Rat geben zu können, muß man ihn durch und durch kennen. Jedes erfahrene Mitglied hat die Verantwortung, die einzelnen in seiner bzw. ihrer Gruppe gut zu kennen. Wenn ich eines der erfahrenen Mitglieder nach jemandem frage oder nach seinen Problemen oder Fragen, dann will ich nicht hören: »Ich weiß nichts über ihn.« Wenn man Autorität gebrauchen will, muß man Autorität verstanden haben. Um Befehle zu geben, muß man lernen, Befehle anzunehmen.

Das Allerwichtigste ist Kontakt. Kontakt bedeutet nicht, daß jeder für alle Handlungen der anderen verantwortlich ist. Kontakt bedeutet, daß man weiß, wo es ein Problem oder Fragen gibt. Es bedeutet auch, den richtigen Zeitpunkt oder die richtige Art zu finden, mit dem Betreffenden zu sprechen oder ihm zu helfen. Wenn man gewohnt ist, in den üblichen gesellschaftlichen Situationen sorgfältig zu sein, dann ist es für einen auch ohne weiteres möglich, das in der Tradition zu sein und falls es erforderlich ist, ein Gespräch mit jemandem zu führen und zu kommunizieren, hierfür den richtigen Zeitpunkt und die richtige Technik zu wählen. Wenn Sie das Gefühl haben, daß ein Freund Zweifel oder ein Problem hat, und Sie mit ihm Kaffee trinken und zusammen reden, schaffen Sie eine Atmosphäre, in der Austausch und Nähe möglich sind. Ich hoffe nicht, daß Sie ihn zum Kaffee einladen und dann im weißen Kittel mit einem Notizblock hinter dem Schreibtisch sitzen – auch diese Technik hat ihren Platz. Also auch hier wieder keine Extreme, sondern ein ausgeglichenes Vorgehen irgendwo in der Mitte.

Was jeder lernen sollte, ist nicht nur, wie man etwas tut, sondern auch wann. Ich kann beschließen, in einer Stunde etwas zu tun, aber in einer Stunde kann sich eine Situation ändern, weshalb ich meine Technik entsprechend dem Zeitelement abändern muß. Man lernt durch sein Gefühl für die Zeit und die Situation. Wenn man sich in einer bestimmten Situation befindet, dann kann man sie betrachten und sagen: »Ich erinnere mich an eine ähnliche Situation, in der ich dann das getan habe.« Man wiederholt es, und diesmal erweist es sich als Katastrophe. Dann zweifelt man an der Technik, an sich selbst, man überprüft sich selbst, die Situation, die Technik, findet eine ähnliche Situation, tut wiederum dasselbe, und es ist wieder eine Katastrophe. Die Situation ist dieselbe, die Frage ist dieselbe, das Problem, die Leute, der Ort ist derselbe – aber die Zeit ist eine andere.

Nasrudin ging eines Tages vom Freitagsgebet nach Hause, und er fühlte sich ein wenig traurig und niedergeschlagen. Er kam an einem alten Friedhof vorbei, in dem er ein altes offenes Grab sah. Er hatte die ganze Zeit darüber nachgedacht, wie es wäre, tot zu sein. Er stieg also in das Grab und legte sich hin. So lag er auf dem Rücken und sah den Wolken nach, und es war sehr ruhig und friedlich, und er blieb dort für etwa zwanzig Minuten. Währenddessen hatte ein Mann einige Kamele auf den Friedhof gebracht, die er dort im Gras weiden ließ. Nasrudin dachte: »Oh je, ich muß nach Hause!«, sprang aus dem Grab und erschreckte die Kamele, so daß der Mann, der die Kamele hütete, einen dicken Knüppel nahm und ihn verprügelte.

Nasrudin ging nach Hause, und weil er zu spät zum Mittagessen kam, war seine Frau sehr zornig. Er aber sagte:

»Sei nicht zornig, denn ich weiß jetzt, wie es ist, wenn man tot ist.« Da wurde sie ganz neugierig und sagte: »Das klingt interessant! Und wie ist es, wenn man tot ist?« Nasrudin antwortete: »Nun, es ist sehr schön, sehr ruhig; man sieht die Wolken vorbeiziehen, und es ist ganz still und schön. Es gibt nur ein Problem: Wenn man die Kamele erschreckt, bekommt man Prügel.«

Dies ist eine mögliche Interpretation vom Tod. Es könnte aber auch passieren, daß man diese Geschichte irgendwo zu hören bekommt und der Schluß mit dem Prügel weggelassen wird. Wenn die Geschichte verkürzt wird, dann bleibt die Erklärung übrig, daß Nasrudin sagte, der Tod sei etwas sehr Schönes und Ruhiges; daß man daliegt und die Wolken beobachtet – und das war's dann. Es gibt also eine Überinterpretation und eine Unterinterpretation, aber es ist besser, überhaupt keine Interpretation zu haben.

Nach den Überlieferungen und Gesetzen des Islams war Mohammed das Siegel der Propheten, d. h. der letzte Prophet. Es ist wichtig, sich über die Beziehung zwischen Islam, der Tradition und dem Christentum völlig im klaren zu sein. Um hier eine weitere Frage zu beantworten: Wenn der Koran und die Überlieferungen des Islams Mohammed als den letzten Propheten oder das Siegel der Propheten bezeichnen, dann bedeutet dies automatisch, daß der Islam den Propheten und alle früheren Propheten einschließlich Jesus anerkennt und akzeptiert. Wir brauchen uns hier nicht auf eine lange und ambitionierte Diskussion über die Ansprüche der einzelnen Religionen einlassen, über die Identität ihrer Begründer oder Führer oder über die Gültigkeit des Autoritätsanspruches des Begründers – überlassen wir dies den professionellen Debattierern. Über die Gültigkeit der verschiedenen Schriften, sei es die Thora, die Bibel oder der Koran, kann es keinen Zweifel geben. Der Kontext, die Botschaft und die Werte sind alle ganz ähnlich. Für die Beziehung zwischen der Tradition und dem Christentum gilt also, daß es eine Beziehung gibt, daß es aber keinen Wettbewerb, keine Probleme, keine Konflikte oder Kritik gibt.

Wenn man akzeptiert, daß die Propheten große Lehrer waren, und hieran kann es keinen Zweifel geben, dann sollte auch keine Konkurrenz zwischen ihnen bestehen. Professionelle Theologen können Konfliktbereiche zwischen den verschiedenen Religionen erfinden und erzeugen – dies gehört zu ihrem Beruf, denn ohne theologisches Streitgespräch wären sie arbeitslos. Die Frage nach der Wertigkeit der verschiedenen Religionen ist nicht die Grundfrage, denn es geht um die Basis, die gemeinsamen Wurzeln aller Religionen und Glaubensbekenntnisse. Wenn man sich mit den Grundlehren der großen Lehrer der Vergangenheit befaßt, dann findet man ein gemeinsames Erbe: Sie waren orthodox im wahrsten Sinn des Wortes. Wenn es wahr ist, daß sie eine gemeinsame Quelle der Wahrheit hatten und verkündeten, dann kann ich sagen: Ich bin katholischer als der Papst.

Bezüglich der Fragen, ob ein weiterer Prophet zu erwarten ist oder ob die etablierten Religionen, deren letzte vierzehnhundert Jahre alt ist, ihre Kraft verloren haben oder verbraucht sind – die Antwort auf beide Fragen ist ein Nein. Wenn es den Anschein hat, daß sie verbraucht sind oder ihren Impuls verloren haben, dann ist die Schuld nicht bei der Religion zu suchen, sondern bei den Menschen, deren Aufgabe es ist, sie fortwährend zu aktualisieren. Sooft Religionen den Geist der Botschaft verloren und sich dem Buchstaben der Botschaft zuwandten, haben sie ihre Kraft eingebüßt.

Die Gebräuche und Techniken der verschiedenen Religionen lassen sich aktualisieren und anpassen, ohne Kompromisse eingehen zu müssen. Auf alle Fälle muß eine Religion in einer sich entwickelnden Gesellschaft ihre Eigenart und ihren Charakter beibehalten. Ich meine damit, daß in Kirchen und Moscheen nicht unbedingt Musikboxen und Snackbars stehen müssen, um Leute anzulocken, denn nach meiner Erfahrung kommen sie wegen der Atmosphäre und des Charakters der Kathedrale, Synagoge oder Moschee und wegen der Persönlichkeit desjenigen, der im Gotteshaus seinen Dienst versieht – und nicht wegen der Neonreklame oder des Bingos. Wenn man an den Grundzielen und -werten einer Religion festhält, läßt sich ihre Gestalt und Form einer sich entwickelnden Gesellschaft ohne weiteres anpassen. Dies muß mit Sorgfalt und Geschick von eigens dazu ausgebildeten Personen vorgenommen werden.

Es ist eine echte Gefahr, daß ein Gotteshaus, eine Synagoge, Kirche oder Moschee, in der Kultur eines Volkes ihren Platz verliert, weil sie zu einem Monument überkommener Überzeugungen wird, und dadurch ihre Kraft einbüßt. Als Denkmal und auf abergläubischen Überzeugungen beruhend kann sie nicht überleben. Wenn sie nicht nur in der Kultur der Menschen, sondern auch in ihren Herzen einen Platz behaupten und ausbauen kann, dann wird sie sich entwickeln und funktional bleiben. Die Funktion eines Bauwerks, das dem Gottesdienst geweiht ist, ist es auch, ein Ort der Sicherheit und des Friedens zu sein, oder zumindest sollte es das sein; aber allzuoft wird es nur zu einem leeren Monument für Träume.

In den letzten fünfzig Jahren haben viele Priester verschiedener Konfessionen und Religionen versucht, ihr Image aufzubessern. Einige haben die Dienste von PR-Agenturen in Anspruch genommen, damit sie bei den Leuten besser ankommen, andere haben Lederjacken und Jeans angezogen, ließen sich die Haare bis zu den Hüften wachsen oder ihr Gebiß überkronen. Warum braucht man aber ein so »flottes« Erscheinungsbild, wenn man etwas von Wert zu sagen hat? Wenn man die Menschen auf vielen Ebenen anspricht und wenn man zu ihren Herzen spricht, warum sollte man dann versuchen, sie durch den äußeren Eindruck für sich zu gewinnen?

Natürlich gibt es unterschiedliche Möglichkeiten, Aufmerksamkeit zu erregen und aufrechtzuerhalten, gewiß kann man sie benutzen; ich tue das auch. Wenn ich aber die Aufmerksamkeit nur durch meinen äußeren Eindruck zu gewinnen versuche, dann muß ich damit rechnen, daß sich dieser Eindruck nach einer gewissen Zeit abnutzt. Aufmerksamkeit mit künstlichen Mitteln zu erregen und aufrechtzuerhalten, das kann nur in einem künstlichen Kontext funktionieren. Die Leute, die meinen, in Jeans auf der Kanzel Gitarre spielen zu müssen, damit sie »dazugehören«, trauen dem gesunden Menschenverstand, den doch jeder hat, zu wenig zu.

Jeder ist irgendwann in seinem Leben auf der Suche. Sehr oft wissen die Menschen nicht genau, was sie suchen, aber sie haben tief in ihrem Innern das Gefühl, daß in ihrem Leben, in ihrem Dasein etwas fehlt. Wenn Sie gleich zu Beginn festlegen, wonach Sie suchen, besteht die Gefahr, daß Sie eine konditionierte Wahl treffen, d.h., daß Sie mit der Vorstellung herangehen: »Ich möchte ein bestimmtes philosophisches System, eine bestimmte esoterische Methode oder übernatürliche Erfahrung finden« – es könnte gut sein, daß Sie das Gewünschte finden, und vielleicht ist es sogar das Richtige für sie. Anderen Menschen aber hilft bei ihrer Suche ihr Gespür für etwas. Sie können dieses Gefühl nicht definieren, wenn sie aber gefunden haben, was sie suchen, dann können sie es. Wenn sie gefunden haben, wonach sie suchen, wissen sie, was es ist, und sie wissen es durch das, was man den sechsten Sinn nennt, ein inneres Gefühl, wenn Sie so wollen.

Was hat dies mit dem Platz zu tun, den die Kirche oder Religion innerhalb der Gesellschaft für sich finden bzw. behaupten soll? Das ist sehr einfach, denn aus dem religiösen Glauben entsteht eine Philosophie, die der Entwicklung des Menschen dient; innerhalb der Religionen und über diese hinaus. Eine vollständige Religion besteht grundsätzlich aus zwei Aspekten: der praktischen oder historischen und der philosophischen oder esoterischen Lehre. Üblicherweise führen die Aktivitäten, die Geschichte und dic

Überlieferung einer Religion den Menschen zu den philosophischen oder esoterischen Lehren hin. Manchmal wurden die esoterischen, verborgenen oder geheimen Bedeutungen der Religion aus unterschiedlichen Gründen absichtlich beseitigt. Dieses Vorgehen kann eine der Ursachen dafür sein, warum eine Religion ihren Einfluß und ihre Kraft verliert: weil die initiierende Funktion der Religion an eben der Stelle abgebrochen wurde, wo sie hätte einsetzen können.

Die Ausübung der ersten Funktion bereitet auf die zweite vor; der erste Prozeß ohne einen zweiten erlischt entweder, oder er dreht sich um und wird zu einer Art philosophischem Kaugummi, der nach einer Weile seinen Geschmack verloren hat. Aber man kaut weiter, weil es zur Gewohnheit geworden ist. Sehr oft bleiben die Leute bei der Ausübung der ersten Funktion der Religion stehen und wiederholen diesen Prozeß immer wieder, weil sie glauben, daß sie dies zu etwas hinführen wird, dessen Existenz sie ahnen. Es ist verständlich, daß jemand nicht von dem Gedanken begeistert ist, die Religion aufzugeben, in der er geboren wurde – jedoch auch dies kann den Kaugummi-Effekt verstärken.

Manche Leute treten z. B. vom Christentum zum Islam oder vom Christentum zum Judentum oder zu irgend etwas anderem über, weil sie gehört haben, daß es in der anderen Religion eine Entwicklungslehre oder geheime Lehre gäbe. In Wirklichkeit ist es natürlich so, daß alle großen Religionen einen geheimen Gehalt, eine geheime Lehre haben. Wenn sie nicht voll in Funktion ist, dann üblicherweise deshalb, weil gewisse Aspekte von ihr bewußt unterdrückt wurden.

Vielleicht halten Sie dies für einen ziemlich schweren Vorwurf gegen viele Generationen von Priestern der unterschiedlichsten Bekenntnisse. Ich erhebe diesen Vorwurf nicht gegen alle, sondern gegen einige der Leute, die Autoritätspositionen innehatten: Und ich meine, daß ihre Motivation zu tun, was sie taten, darin bestand, Macht über andere Menschen auszuüben. Der esoterische oder geheime Gehalt einer Religion zielt ja darauf, die Menschen von jeder Form der Unterdrückung zu befreien, indem er sie bei ihrer inneren Entwicklung unterstützt.

Wenn jemand Priester ist und die wirkliche Funktion der verborgenen Lehre nicht versteht, dann glaubt er vielleicht, daß sich dies gegen seine Autorität richtet. Er glaubt vielleicht, daß dies die Menschen von den Aufgaben der etablierten Religion wegführen würde und daß diese philosophische oder esoterische Lehre im Leben und in den Herzen der Menschen die etablierte Religion verdrängen könnte. Das ist aber nicht wahr. Die Grundfunktion der Kirche in der Gesellschaft, nämlich zu taufen, zu vermählen, zu begraben, ein Heiligtum, ein Ort des Gottesdienstes zu sein, hat in jeder Gesellschaft einen gültigen Platz.

Man kann in einem philosophischen oder esoterischen Kontext außerhalb der Amtskirchen esoterische Erfahrungen machen. Wenn man aber einen ganz normalen, vernünftigen Jugendlichen fragt, ob er lieber eine esoterische Erfahrung machen oder heiraten möchte, glaube ich nicht, daß sich besonders viele für die esoterische Erfahrung entscheiden würden. Religionen, insofern sie ursprüngliche und vollständige Religionen sind, sind nicht vom Verfall bedroht. Wenn sie bis zur Unkenntlichkeit verändert oder verwandelt werden, dann können sie sehr wohl vom Verfall bedroht sein, und das geschieht dann auch.

*

Die Antwort auf die Frage, die mir über den Tod, und wie man auf ihn reagieren soll, gestellt wurde, lautet, daß man in einer zweckmäßigen Weise reagieren soll. Es ist verständlich, daß der Tod mit Gefühlsbewegungen verbunden ist. Ich sage nicht, daß man angesichts des Todes eines Menschen keine Gefühle zeigen soll; dies ist nur normal und natürlich. Wenn man sich aber seine Reaktionen genau ansieht, dann stellt man fest, daß die Gefühlsbewegung hauptsächlich einem selbst gilt. Man bedauert sich selbst, weil man einen Freund oder eine Freundin, einen geliebten Menschen verloren hat, und man vermißt den physischen Kontakt mit diesem Menschen. Ja, es ist ein Verlust, und man ist traurig.

Ein Mensch ist so tot, wie man ihn tot sein läßt. Wenn er im Gedächtnis und in den Herzen der Menschen fortlebt, wenn man mit Freude und Zuneigung an ihn denkt, dann ist er abwesend, aber nicht tot. Es kommt hierbei darauf an, ob man glaubt, daß tot zu sein bedeutet, in einem Loch im Boden zu liegen, oder ob es Bestandteil eines fortlaufenden menschlichen Daseinsprozesses ist. Wenn in der Tradition jemand stirbt, findet üblicherweise zwei oder drei Wochen nach seinem Tod bei seiner Familie oder seinen Freunden eine Zusammenkunft mit Kaffee, Tee, Getränken, Essen oder was auch immer statt, und man gedenkt seiner, man redet über ihn mit Freude und Güte, und man behält ihn wie eine anwesende Person in Erinnerung.

Man geht weder bis zu dem Extrem, ihn als eine Art Geist zu betrachten der im Haus umherwandert, noch zu anderen Extremen. Man betrauert sein Fortgehen, man bedauert es, daß der Kontakt aufgehört hat, aber man hält die Erinnerung an ihn lebendig.

*

Was ist Furcht, und wie kann man sie kontrollieren oder beseitigen?

Die einfache kurze und klare Antwort lautet: durch Glauben. Man muß natürlich wissen, wie man diesen Glauben, diese Überzeugung oder dieses Vertrauen in die Tat umsetzt.

Wie wendet man dazu die Techniken der Tradition in richtiger Weise an? Wenn ich sage: »Richtig«, dann meine ich zur richtigen Zeit und positiv. Wenn jemand Angst hat, sollte jede Technik, jeder Hilferuf ein positives Handeln sein und keine abergläubische Reaktion.

Ein einfacher, zweckmäßiger und wirksamer Schutz gegen das Entstehen von Furcht ist es, Energie anzufordern, die einem in dieser Situation hilft. Diese Energie muß von einer Quelle, einem Menschen, einem Ort oder auch einem Kontext oder einer Umgebung kommen. In Zeiten von Furcht oder Schwierigkeiten, bei denen es schließlich um negative Emotionen geht, ist die richtige Methode, das Bewußtsein mit Positivem zu überschwemmen.

Wenn man aus einem konkreten Anlaß Furcht hat oder wenn man diffuse Ängste hat und sich in Anbetracht dessen schwach oder verletzlich fühlt, ist es keine Schande, um Unterstützung zu bitten. Wenn man aufgrund körperlicher Bedrohung Furcht hat oder sich in Gefahr befindet, sei es weil man von einzelnen oder von einer Anzahl von Menschen bedroht wird, dann würde man ja auch seine Freunde oder die Polizei zu Hilfe rufen. Wenn die Ängste vielleicht diffus sind, aber trotzdem bedrohlich, dann rufen Sie jemanden, oder stellen Sie sich einen Ort oder Kontext, der für Sie persönlich sehr positiv ist, ganz stark und lebhaft vor. Nehmen Sie diese positive Energie, und setzen Sie sie gegen die negativen Ängste ein. Nehmen Sie die Person oder den Ort oder den Zusammenhang, der für Sie am positivsten oder am stärksten ist, und den benutzen Sie dann.

Es ist vielleicht nicht immer dieselbe Energie, aber es sollte eine Person, ein Ort oder ein Kontext sein, mit dem Sie vertraut sind. Es sollte nichts Fremdes sein oder etwas, bei dem Sie sich nicht ganz wohl fühlen. Wenn Sie diese positive Ladung benutzen wollen, dann tun Sie dies kraftvoll und mit Entschlossenheit, nicht zögerlich: »Soll ich sie benutzen, kann ich sie benutzen? Habe ich das Recht, sie zu benutzen? Ist die Situation negativ genug, als daß ich sie benutzen kann?« Die Antwort ist ohne Umschweife: Ja, man kann diese Methode in allen Umständen anwenden, in denen Furcht auftritt.

Wenn es sich um eine Art allgemeiner Furcht vor dem Unbekannten handelt, dann finden Sie entweder heraus, worum es sich handelt, so daß das Unbekannte bekannt wird, oder aber Sie stellen fest, daß es unbekannt und vage ist, weshalb es kaum einen Einfluß auf Sie haben kann. Betrachten Sie Ihre Ängste, untersuchen Sie sie, verscheuchen Sie sie, und finden Sie heraus, wo sie herkommen.

*

Die Frage nach Gott, und welches ist die größtmögliche Nähe, die ein Mensch zu ihm herstellen kann?

Diese Frage ist eigentlich nicht ganz fair, weil viele Menschen unzählige Bücher hierüber geschrieben haben. Weil die Frage eigentlich nicht fair ist, will ich bei der Antwort ein wenig mogeln: Ich will sagen, was Gott für einen Menschen sein kann.

Nun kann man natürlich Gott als einen Kontext ansehen, ihn in eine Position großer Höhe heben und dies aufrechterhalten. Es gibt keinen Zweifel daran, daß Gott in einer Position großer Höhe und großer Macht ist. Aber wie tritt der Mensch in eine Beziehung zu Gott? Man sollte versuchen, mit Hilfe von Büchern und Texten, wie es sie in der Tradition gibt, das zu entwickeln, was ich eine persönliche Idee von Gott nenne. Ich empfehle die Lektüre verschiedener Bücher und Manuskripte der großen Meister, weil sie auf die eine oder andere Weise direkt oder indirekt dabei helfen, diese persönliche Auffassung zu entwickeln. Eine andere Hilfe ist ein Buch über die 99 Namen oder Attribute, die einem sofort eine Vorstellung davon geben, was das Wesen Gottes umfaßt.

Man kann und sollte also nicht behaupten, daß Gott furchterregend ist, denn das würde bedeuten, daß Er nur ein einziges Attribut hat. Wenn man behauptet, daß Gott nur furchterregend oder eifersüchtig oder rachsüchtig ist, dann kommt man zu einer Haltung und Reaktion, die auf etwas, das der Furcht sehr nahekommt, beruht. Es mag sicherlich eine Hilfe sein, wenn man sagt: »Ich tue dieses oder jenes lieber nicht, weil mich Gott dafür bestrafen wird.« Wenn man durch irgendein Gefühl davon abgehalten wird, etwas zu tun, was für einen selbst oder einen anderen negativ ist, dann ist dies sicher gut. Verhält man sich aber so, d. h. vermeidet man einen Fehler, weil man Angst hat, oder verhält man sich deshalb so, weil man diesen Fehler nicht begehen will? Es sollte mehr letzteres sein, nicht ersteres.

Wenn jemand Sie auffordert, lieber dies zu tun und jenes zu lassen, bleibt Ihnen sicherlich die Wahl. Sie können mit den Irrtümern fortfahren oder eine sinnvollere Haltung einnehmen. Fordert man Sie aber auf, jenes zu tun und dies zu lassen, so ist das nicht mehr weit entfernt von: »Ich wünsche, daß Sie das tun«, oder: »Ich befehle es Ihnen«, oder gar einer Drohung, wenn Sie es nicht tun«.

Gott hat in verschiedenen Schriften und Offenbarungen, die Er der Menschheit geschickt hat, Befehle gegeben, Gebote erlassen. Zugleich hat Er auf Aspekte seines Wesens hingewiesen, die barmherzig sind. Im »Rubayyat« von Sheikh Omar Khayaam gibt es einen Vers, der sagt, daß sich eines Tages ein Mann Gott gegenüber beklagte: »O Gott, du hast mich mit all meinen Fehlern geschaffen; willst du mich für diese Fehler bestrafen, oder liegt die Schuld bei dir, weil du etwas Fehlerhaftes geschaffen hast?« Die Antwort liegt natürlich in der Vielfalt der Attribute, die Gott besitzt.

Man kann sagen: »Das ist alles sehr schön, aber wenn ich etwas tue, wie weiß ich dann, in welcher Stimmung Gott in diesem Augenblick gerade ist? Ist Er barmherzig, oder ist Er zürnend?« Man tut also entweder gar nichts, oder man riskiert es. Wenn man aber die Situation und den Kontext, in dem man handelt, genau betrachtet hat, dann sollte es möglich sein, eine ungefähre Vorstellung zu bekommen, denn wenn man etwas tut, das am Ende für einen selbst oder für einen anderen negativ ist, dann braucht man keine tiefschürfenden philosophischen Betrachtungen anzustellen, um einzusehen, daß man ein Problem bekommen wird.

Dies bedeutet nicht, daß man ständig ängstlich über die Schulter blicken und jeden Augenblick damit rechnen muß, daß man einen Rüffel bekommt. Oft sind die Person, die die Bestrafung ausführt, und die, die sie erhält, ein und dieselbe. Wenn man die Glastür fremder Leute mit einem Stein einschlägt, dann stimmt es schon, daß Gott nicht leidet oder unglücklich ist. Was in der Regel passieren wird, ist, daß der Bewohner herauskommt und Ihnen ein blaues Auge verpaßt. Nun sollten Sie diesen Schlag auf das Auge nicht für eine Art göttlicher Rache halten.

Der Mensch sucht nach Gott und macht sich nach und nach ein Bild davon, was für ihn die Natur Gottes ist. Offensichtlich gibt es gewisse Hinweise oder Einflüsse persönlicher Art, wie man die Natur Gottes zu definieren versucht. Man kann von demjenigen beeinflußt sein, wie man sich Gott gerne vorstellen möchte. Argentinier hätten gern, daß Gott Argentinier ist. Frauen sähen gerne, daß Gott eine Frau wäre. Ich bin mir sicher, daß Gott Afghane ist, aber dies ist meine persönliche Vorstellung.

Wenn man versucht, sich Gott zu nähern, dann beschließt man nicht, daß Gott in Appartement 72 in einer Höhe von 352 Metern ist, weil man sein ganzes Leben damit zubringen kann, einen Turm von genau dieser Höhe zu errichten. Weil Gott Gott ist und Er allmächtig ist, könnte Er zu dem Zeitpunkt, zu dem man den Turm errichtet hat, umgezogen sein, so daß man wieder von vorne beginnen muß. Um sich Gott anzunähern, versucht man ein Verständnis der Natur Gottes zu entwickeln.

Wenn sich jemand nach Kräften bemüht, sich in einer Weise zu verhalten, die mit den Attributen Gottes harmoniert, dann wird er zwar nicht Gott werden, aber er oder sie kann an der Wesenheit Gottes teilhaben. Man sollte, wie gesagt, nicht anfangen, zu fühlen oder zu glauben, daß man Gott ist. Aber nehmen wir einmal an, daß Gott die Menschheit mit Seinen eigenen speziellen Merkmalen, die Seine Attribute sind, betrachtet; nehmen wir an, daß Gott an Seinen verschiedenen Attributen Freude hat. Dann können wir versuchen, Bereiche ähnlicher Qualität zu entwickeln, und wir könnten allmählich dieselbe Zufriedenheit entwikkeln, wie sie Gott bezüglich Seiner Attribute hat.

*

Schicksal ist ein Kontext; man kann beliebig viele Menschen, Autoren, Dichter zitieren, die gesagt haben, daß Schicksal Schicksal ist, daß geschrieben ist, was geschrieben ist, daß der Mensch seinem Schicksal nicht entgeht usw. Wenn es so ist, daß das Schicksal eines Menschen fest geschrieben steht, seit seiner Geburt, dann erhebt sich eine andere Frage, nämlich die Frage, was der Sinn des Lebens ist. Wenn bestimmte Erfahrungen oder Situationen vorbestimmt sind und ich nichts daran ändern kann, was ist dann der Sinn des Lebens?

Der Sinn des Lebens ergibt sich aus einer ganz einfachen Analogie: Das Leben ist eine Reise. Angenommen, wir akzeptieren den Augenblick, daß es einen Punkt der Geburt und die Bestimmung eines Menschen gibt und daß zwischen beidem die Reise, die Straße liegt. Obwohl, ganz so einfach ist es auch wieder nicht, denn schließlich ist die Reise wichtig, der Weg, nicht die Ankunft an diesem Ziel.

Bleiben wir bei der Reiseanalogie. Ein Mann verläßt seine Heimat, um in einem anderen Land Arbeit zu suchen; sagen wir, er sei Zimmermann. Bei seinem Aufbruch hat er keine Fahrkarte; er kann das Geld für die Reise nicht aufbringen. Er reist also nur ein Stück weit, begegnet Menschen und tauscht mit ihnen Ansichten aus. Er kommt in ein Dorf, und weil er nicht viel Geld hat, arbeitet er in seinem Beruf als Zimmermann. In den sechs Monaten, dem Jahr oder den drei Jahren, die er in diesem Dorf bleibt, entwickelt er seine Fertigkeiten als Zimmermann. Sobald er ein wenig Geld gespart hat, setzt er seine Reise fort.

Er begegnet Menschen, besucht andere Länder und erweitert und vertieft seine Erfahrungen. In jeder neuen Stadt und in jedem neuen Dorf arbeitet er in seinem Beruf und entwickelt sein Können als Zimmermann. So wandert er weiter, erfährt etwas über das Reisen und lernt andere Menschen kennen. Er lernt auch sehr viel über sich selbst, wie er auf bestimmte Probleme, bestimmte Situationen reagiert. Wenn er schließlich an dem Ort seiner Bestimmung ankommt, ist er ein besserer Mensch und ein besserer Zimmermann. Wenn dort ein Zimmermannsmeister gebraucht wird, kann er sich niederlassen. Er hätte sich nicht in solch einer Position niederlassen können, wenn er direkt dorthin gegangen wäre, so aber ist er gereist, hat gelernt, hat sich entwickelt und ist in der Lage, größeren Nutzen aus dem, was sein Schicksal ist, zu ziehen.

Man kann nach seiner Reise mit leeren Händen an seinem Zielort ankommen, oder man kann mit etwas ankommen, das einem an dem Ort, den man seinen Bestimmungsort, seine Bestimmung nennt, Nutzen bringen wird. Zwischen diesen beiden Punkten ist der Mensch frei. Er kann reisen, bis sein Geld aufgebraucht ist, und dann ein Huhn stehlen und es aufessen. Er kann natürlich so weitermachen – kein Problem, stehlen ist nicht schwer. So wird es zu seiner Gewohnheit. Wer ist nun für dieses Stehlen verantwortlich? Ist es derjenige, der seine Hühner frei herumlaufen läßt und nicht auf sie aufpaßt? Ist es Gott, der beschließt: »Nun, ich denke, heute könnte ich diesen Menschen ein Huhn oder so etwas stehlen lassen?« Oder ist es die Entscheidung des Mannes, die er aus Habgier und Faulheit gefällt hat? Man könnte sagen, daß es sein Hunger oder seine Not war, aber warum ist er nicht zu irgend jemandem in einem Dorf gegangen, hat an dessen Tür geklopft und gesagt: »Ich habe Hunger!« Oder ist er den Weg des geringsten Widerstandes gegangen, der für ihn zu einer destruktiven Gewohnheit wurde, weil er nichts gelernt hat, außer zu stehlen?

Dies ist aber noch nicht alles. Weil er ein Huhn, eine Ziege oder einen Laib Brot gestohlen hat, hat er wahrscheinlich Ereignisse ausgelöst. Ist ihm bewußt, oder bedrückt es ihn, daß der Diebstahl des Huhns, der Ziege oder des Brotes bedeutet, daß eine Familie hungern muß? Weiß er, daß der

Vater der hungernden Familie sich aufmachen und etwas zu essen suchen muß? Weiß er oder kümmert es ihn, daß der Mann in seiner Verzweiflung etwas stehlen wird, wenn er nichts findet? Weiß er oder kümmert es ihn, daß der Vater verhaftet und eingesperrt werden könnte? Weiß er oder kümmert es ihn, daß die Kinder dieser Familie dem politischen oder gesellschaftlichen System die Schuld geben werden, wenn sie größer werden, und zu Rebellen, Revolutionären, Reaktionären oder was auch immer werden, daß dies Konfusion, Tod, Krieg oder was auch immer hervorrufen wird? Den Sturz von Regierungen, Weltkriege, und alles nur, weil ein Mann habgierig und faul war und ein Huhn gestohlen hat?

Es ist zu hoffen, daß nicht jedes Mal ein Weltkrieg oder eine Hungersnot ausbricht, wenn jemand ein Huhn stiehlt, aber man sollte sich trotzdem die Folgen seines Tuns überlegen. Wenn jemand im Zug fährt und eine Dose Bier trinkt und diese aus dem Fenster wirft, dann ist für ihn die Beziehung zu dieser Bierdose erledigt: er hatte eine Bierdose, er hat das Bier ausgetrunken, er braucht die Dose nicht mehr, und er wirft sie weg. Der Aufprall dieser Dose könnte aber eine ganze Kette von Ereignissen auslösen. Man sollte immer versuchen, sich den sich fortsetzenden Folgen seines Tuns in einer ausgewogenen Weise bewußt zu werden.

Man braucht nicht ständig zu denken: »Soll ich diese Zigarette anzünden, soll ich dieses Coca-Cola trinken, oder löse ich dadurch möglicherweise einen Weltkrieg aus?« Das ist ein Rezept für Neurosen, und es gibt genügend Neurotiker; aber in Bereichen, wo Folgen möglich sind, ist sich jeder selbst und den anderen gegenüber dafür verantwortlich, achtsam zu sein.

Glossar

Abjad – arabisches numerologisches System, das sich die außerordentliche Flexibilität der arabischen Sprache zunutze macht, mit der sie die Wurzeln von Wörtern sowohl mit Zahlen als auch mit philosophischen Konzepten verbindet. (Näheres hierzu siehe in Idries Shah, »Die Sufis«, München 1990, S. 103–107 und S. 156–169).
Arif – Gnostiker, jemand, der direkte Kenntnis von der Göttlichen Wirklichkeit hat. Das arabische Wort für Gnosis lautet *marifah* (siehe dort).
Asma – Name, wie in *al-asma al-husna*, Die 99 Schönsten Namen Gottes. Bei diesen auch als Attribute bezeichneten Namen unterscheidet man die Namen der Essenz und die Namen der Eigenschaften, wobei letztere wiederum in die Namen der Majestät untergliedert werden, die im Zusammenhang mit Gottes Stärke stehen, und die Schönen Namen, die sich auf Gottes Güte beziehen.
Auliya oder *Abdal* – Person, bei der sich auf der Ebene der Seele oder des Geistes eine qualitative Änderung vollzogen hat. Dies ist die ursprüngliche Bedeutung von »Heiliger«.
Ain al-Qalb – Das Auge des Herzens, bezieht sich auf das Auge des Geistes, das Das Wirkliche (al-haqq) sieht, wenn es unverschleiert ist. Andernfalls aber ist dieses Auge verschleiert und hat kein geistiges Bild Gottes oder der transzendenten Wirklichkeiten. Eines der Hauptanliegen der Sufi-Tradition ist es, dieses innere Auge des Herzens zu reinigen.
Baraka – besondere Gnade, Segen oder Segnung. Sowohl Lebewesen können Baraka haben, z. B. Abdals, auch Dinge wie heilige Orte, Gegenstände, Taten mit positiver Absicht, bestimmte Rituale und Übungen.
Batin – Das Innerliche oder Das Innere, wie in *al-batin* oder »Der Innere«, einer der 99 Namen oder Attribute Gottes.

Das Wort *batini* bedeutet esoterisch und *ilm al-batin* die Wissenschaft vom Inneren, d. h. Esoterik.

Bayat – Akt der Verpflichtung des Sufi-Schülers gegenüber seinem Lehrer. Es ist ein Bund zwischen Meister und Schüler, der beide Parteien verpflichtet. Er beinhaltet Wiedergeburt und den Aufbruch auf dem Pfad. Er soll die Gnade und die Kraft übertragen, die dann durch die Anstrengungen des Schülers zum Vorschein gebracht werden müssen. Dieses Zeremoniell soll seit der Zeit des Propheten weitergegeben worden sein und ist denen vorbehalten, die dem Sufi-Pfad folgen.

Bismillah – der Anfang oder die *fatiha* des Korans: *Bismillah ar-rahman ar-rahim* (»Im Namen des barmherzigen und gnädigen Gottes«), was zu Beginn einer jeden Handlung gesprochen wird, um sie zu weihen, so wie man zum Abschluß *al-hamdullilah* sagt.

Derwisch – anderes Wort für Sufi. Das Wort wurde im Westen fälschlicherweise zur Bezeichnung eines religiösen Fanatikers oder einer obsessiven Aktivität verwendet.

Dhikr oder *Rezitation* – eine Übung in Form der Wiederholung eines speziellen Wortes, von Koransuren oder -zitaten. Der Klang oder die Kadenz bei diesen Übungen sind wichtig, da sie mit dem Atemrhythmus verbunden sind. Aus diesem Grund wird das Dhikr in der Originalsprache gesprochen.

Gewand oder *Kirkha* – ein Gewand oder Mantel, der ausschließlich während einer Übung und niemals in der Öffentlichkeit getragen wird und der dabei hilft, die Aktivität zu konzentrieren. Traditionell sind Sufis als die Träger des »Flickengewandes« bekannt.

Ghaflah – Unachtsamkeit, Vergeßlichkeit, und zwar nicht einfach als ein Versagen des Gedächtnisses, sondern als ein psychophysisches Verschleiern des Herzens. Ghaflah war ein Aspekt des Sündenfalls (siehe *al-hubut*) und führt zur Ablenkung der Aufmerksamkeit, was u. a. verhindert, daß eine Übung richtig ausgeführt wird.

Hadith oder *Überlieferung* – eine Äußerung des Propheten Muhammad oder der Augenzeugenbericht oder die belegbare Wiedergabe eines Augenzeugenberichtes über eine der Taten des Propheten. Zumeist ist es der Prophet selbst, der spricht, weshalb die Hadithe keinesfalls mit der Göttlichen Offenbarung, wie sie von Muhammad im Koran niedergelegt wurde, zu verwechseln ist. Das Material zu den Hadithen wurde bald nach dem Tod des Propheten gesammelt, und die Überlieferer *Al-Bukari und Muslim* schufen ein ausgefeiltes, geschichtswissenschaftliches System, das ihnen ermöglichte, zweifelhafte oder erfundene Geschichten über das Leben des Propheten auszusieben, womit eine Mythologisierung dieses Materials durch spätere Generationen erfolgreich verhindert wurde. Die sechs autoritativen Hadithen-Sammlungen sind die von *Al-Bukari, Muslim, Abu Dawud, Al-Tirmidhi, Al-Nasai* und *Ibn Maja.* Ein großer Teil dieses wichtigen Materials ist bisher nicht übersetzt.

Hijra – die Auswanderung des Propheten mit einer kleinen Schar Anhänger von Mekka nach Medina im Jahr 622 n. Chr. Dieses Jahr ist das Jahr 1 der Hijra im muslimischen Kalender.

Hubut – der Sündenfall im Garten Eden, mit dem der Verlust des ursprünglichen Zustandes durch die Verschleierung des Herzens verbunden ist. Die Wiedererlangung des paradiesischen Zustandes ist durch die innere Reinigung des Herzens möglich, wodurch der Kontemplative die transzendenten Wirklichkeiten schauen kann, wie sie Adam vor dem Sündenfall wahrnahm. Im Islam folgt unmittelbar auf den Sündenfall die Offenbarung, die dem büßenden Adam gesandt wurde, der der erste in der Reihe der Propheten und Boten Gottes ist, die in Muhammad ihren Abschluß findet.

Imam – zur Zeit des Propheten war ein Imam ein Mann oder eine Frau, der bzw. die die Gemeinde beim Gebet leitete. In der Schia hat sich ein Kult entwickelt, der dem Imam eine Doppelrolle als eine Art geistlicher und politischer Kommissar zuweist. Dies steht im klaren Wider-

spruch zu den Hadithen, die besagen, daß es im Islam keine Priesterschaft und kein Mönchtum geben solle.
Kashkul – längliches, häufig mit Symbolen verziertes Gefäß aus Materialien wie Coca de mer*, Holz, Silber und Kupfer, manchmal mit eingravierten Koran-Zitaten oder anderen Inschriften verziert. Es wird oft in der Tekkia in dem für Übungen bestimmten Raum einer Gruppe aufgehängt; es ist ein Stück Derwisch-Geschichte, weil es einst als Bettelschale von den Derwischen benutzt wurde, die als Demutsübung zum Betteln geschickt wurden.
Marifah – Gnosis oder die unmittelbare Erkenntnis von der Göttlichen Realität, die durch das Voranschreiten auf dem spirituellen Pfad erlangt wird. Sie beinhaltet ein vervollkommnetes Wissen oder Erkenntnis aufgrund von Erfahrung, die von gewöhnlichem theoretischen Wissen, bei dem es sich um ein rein verstandesmäßiges, intellektuelles Phänomen handelt, zu unterscheiden ist. Intellekt ist an beiden Formen des Denkens beteiligt, aber in der Gnosis ist der Intellekt im Herzen lokalisiert, in der theoretischen Wissenschaft dagegen im Kopf, beim ersteren ist es intuitiv, beim letzteren diskursives Wissen.
Mathnawi – das dichterische und philosophische Meisterwerk des Dichters und Sufis Jalaluddin Rumi (13. Jh.), der den Mevlevi-Orden der Derwische in Konya gründete. Das Mathnawi wurde auch die »Persische Bibel« genannt.
Murshid, Murshida – erfahrenes oder älteres Mitglied einer Sufi-Gruppe, von dem erwartet wird, jüngeren Mitgliedern Anleitung und Hilfe zu geben.
Nafs – die niedere Seele oder Psyche; auch das Ich oder steuernde Selbst. Im Sinn von Seele bezeichnet es die Realität des Menschen, die zwischen dem Geist (*ruh*) und dem Körper vermittelt. In der Stunde des Todes wird die Seele durch das Urteil erlöst oder verdammt, während der Körper bis zum Tag der Auferstehung zurückbleibt. Als Ego ver-

* »coca de mer« ist eine Art Kokosnuß.

standen, wirkt sie dem Wirken des Geistes des Menschen entgegen, indem sie dessen Strahlen trübt und nicht zum Vorschein kommen läßt.

Naib – Stellvertreter des Lehrers, der normalerweise die Aktivitäten in einem bestimmten Bereich oder Land für den Lehrer verwaltet und koordiniert und als Verbindungsperson zwischen Schülern und Lehrern wirkt.

Nasrudin – volkstümlicher Held und »weiser Narr«, der in den ganzen mündlichen Überlieferungen des gesamten Nahen Ostens lebendig ist. Er steht seit jeher in einem Zusammenhang mit der Sufi-Tradition, und oft bedienen sich die Lehrer seiner, um beide Arten des Denkens, positives und negatives, zu veranschaulichen. (Siehe Idries Shah, »Die fabelhaften Heldentaten des vollendeten Narren und Meisters Mulla Nasrudin«, Freiburg 1991.)

Qalb – das Herz oder feinstoffliche Organ der Erkenntnis oder der Empfindungen, Synonym für den inneren Geist des Verstandes. Wenn es durch die Wirkungen der *ghaflah* oder Vergeßlichkeit verschleiert ist, wird es von Leidenschaften und Unwissenheit beherrscht. Seine Reinigung durch den inneren *jihad* oder Heiligen Krieg ist Teil des Sufiweges und führt dazu, daß das »Auge des Herzens«, *ain al-qalb*, entschleiert wird, was bedeutet, daß der Geist über die negativen Tendenzen der Seele triumphiert.

Qutub oder *Pol* – eine der vier Hohen Autoritäten der Sufi-Tradition, die deren Aktivitäten weltweit leiten. Jeder Qutub ist für eine bestimmte Region zuständig.

Schia – die islamische Minderheitssekte, die sich zu ihren Imamen bekennt, deren erster der Imam Ali war, der Schwiegersohn des Propheten. Die Schia erhebt den Anspruch, daß dieser beim Tod des Propheten dessen Nachfolger hätte werden müssen, daß die ersten drei Kalifen Usurpatoren waren und daß die Imame die islamische Gemeinde hätten regieren sollen. Im Lauf der Zeit gab es innerhalb der Schia weitere Spaltungen, teilweise mit extremen Tendenzen. Die Zwölfer-Schia Persiens und die jemenitischen Zaydis sind die gemäßigtsten, während die Siebener-Schia oder Ismailia historisch mit extremistischen Gruppierungen jeglicher Art in Zusammenhang stand. Bei der Zwölfer-Schia z. B. tritt der Prophet Muhammad in der Gemeinde gegenüber dem Kult der Zwöf Imame (Ali bis al-Mahdi) praktisch völlig in den Hintergrund.

Sheikh – spiritueller Meister des Weges, in Persien *Pir* genannt, der die ihm Anbefohlenen durch die Sufi-Tradition geleitet. Im Sufismus werden zwei Arten von Sheikhs anerkannt: der vollkommene Lehrer, der allein die Autorität besitzt, den Weg zu lehren, und der formalistische Lehrer, der die Formen der Tradition wahrt, aber nicht die himmlische Berechtigung hat, die für das Lehren erforderlich ist. Die Autorität des Sheikhs betrifft den Bereich des Geistes, ist eine religiöse Autorität, die sich mit den äußeren Formen religiöser Regeln und Vorschriften befaßt, wie z. B. die Ulema oder islamische Jurisprudenz, und die nichts über das innere Leben zu sagen hat.

Silsila – die Übertragungskette der Lehrer in einem Sufi-Orden, durch die die Verbindung des gegenwärtigen Meisters in ununterbrochener Linie auf den Propheten zurückgeht. Wenn die Abfolge der Namen in einer Silsila genannt wird, beginnt man mit Gott, gefolgt vom Erzengel Gabriel (arabisch *Jibril*), danach Muhammad und dann weiter bis zu den Lehrern unserer Zeit. Grundgedanke der Silsila ist die ununterbrochene Weiterführung der Lehre, wie sie von den aufeinanderfolgenden Lehrern exemplarisch dargestellt und aktualisiert wurde, die alleine das Recht haben, das Bayat, die Verpflichtung, abzunehmen. Man kann sagen, daß es zwei Formen des vom Propheten Muhammad überkommenen spirituellen Erbes gibt: einerseits die Welt der äußeren religiösen und ethischen Pflichten und Regeln, andererseits die innere und esoterische spirituelle Lehre, die unspezifisch bleiben muß, um jedem der folgenden Lehrer genügend Flexibilitäten und Spielraum zu gewährleisten, um innerhalb ihres Rahmens improvisieren und für die jeweilige Generation Aktualisierungen durchführen zu können.

Sunna – die Gesamtheit der Überlieferungen der Worte und Taten des Propheten, wie sie von seinen Anhängern und Gefährten vor allem durch die Sammlung von Hadithen oder Überlieferungen weitergegeben wurde. Generell kann man sagen, daß die Sunna die Anwendung des Materials darstellt, das im Koran in allgemeiner und unspezifischer Form erhalten ist. Der Prophet Muhammad war des Lebens und Schreibens unkundig und blieb dies bis zu seinem Tod. Dies ist einer der Gründe, warum man seine Berufung zuerst bezweifelte und ihm dann glaubte, denn ein solches Buch von jemandem, der bekanntermaßen Analphabet war, konnte nur göttlichen Ursprungs sein. In diesem Sinn gilt der Koran als das Wort Gottes, während die Sunna die Worte eines – wenn auch göttlich inspirierten – Menschen sind. Dieses Material, das in dokumentarischer Form zusammengefaßt wurde, befaßt sich präzise und detailliert mit Fragen zu rituellen, politischen, militärischen, finanziellen, familiären, ehelichen, mystischen und sexuellen Themen. Die Fülle an Details zu materiellen Themen ist so groß, daß viele Menschen das in der Sunna enthaltene mystische Material übersehen haben, das manchmal im Widerspruch zum restlichen Werk steht, und sich einer allzu akribischen Befolgung der Vorschriften bis hin zu kleinsten Details verschrieben haben, wodurch sie ihre spirituellen Möglichkeiten anullieren. Die Vielfalt der Formen in der Sunna kann dazu verleiten, daß man sich verzettelt und zu übertriebenem Formalismus neigt. Dessen ungeachtet ist die Sunna eine der großen Wissenssammlungen der Menschheit.

Sunnit – jemand, der zum Hauptstrom der muslimischen Gemeinde gehört (die Schiiten stellen den kleineren Teil der Muslime). Bestimmte Sekten innerhalb der Schia wie z. B. die Zwölfer-Schia stehen den Sunniten nahe, doch gibt es auch hier grundlegende politische Differenzen aufgrund widerstreitender Vorstellungen bezüglich der Nachfolge des Propheten und des Imanenkults. Die Sunniten sind der Auffassung, daß die Schia den Islam durch ihre an eine Vergöttlichung grenzende Verehrung Alis, des Schwiegersohns des Propheten, verfälscht, und sie sind der Auffassung, daß sie selbst die Normen des religiösen und politischen Lebens aufrechterhalten, wie sie die drei Kalifen des Islam, die von der Schia abgelehnt werden, festgelegt haben.

Tarika, Tariqa – Synonym für Sufismus. Das Wort bedeutet Weg im spirituellen und kontemplativen Sinn, im Gegensatz zu Sharia, womit das Leben der Tat bezeichnet wird. Man verläßt die Sharia und begibt sich auf die Tarika, was eine Änderung in der Ausrichtung seiner Intention beinhaltet, durch die Zielsetzung, die *al-haqiqa*, Göttliche Realität, zu erlangen. Die allgemeine Bedeutung von Tarika ist »spiritueller Weg«. Sufis benutzen dieses Wort oft einfach, um den Orden, zu dem sie gehören, zu bezeichnen. Sie ziehen es vielfach dem Begriff »Sufismus« vor, weil sie der Meinung sind, daß der Weg, wenn er ein »Ismus« geworden ist, kein organischer Bestandteil der Sufi-Tradition mehr ist, sondern ein intellektueller Abklatsch. Aus demselben Grund nennen sie sich eher »Suchende« oder »Freunde« als Sufis.

Tasbie – muslimischer Rosenkranz. Besteht im allgemeinen aus 99 oder 33 Perlen mit einer Unterteilung nach jeder 33. bzw. 11. Perle, die aus verschiedenen Materialien hergestellt sein können, wie z. B. Holz, Glas, Knochen oder Halbedelsteinen. Die Zahl der Steine entspricht den 99 Namen oder Attributen Gottes.

Tekkia – Versammlungsort für Gruppenübungen. Es kann ein Ort sein, der speziell für diese Aktivitäten erbaut oder reserviert wurde, oder aber ein Ort, an dem zu anderen Zeiten andere Aktivitäten stattfinden.

Übung – ein Gebet, eine Rezitation oder eine Anrufung mit spiritueller Ausrichtung, die der Lehrer einem einzelnen oder einer Gruppe speziell erteilt hat. Übungen werden nur unter Leitung eines Lehrers durchgeführt, nicht auf Initiative eines Schülers.

Zum Autor

Sayed Omar Ali-Shah wurde 1922 als Sohn des Iqbal Ali-Shah in Afghanistan geboren. Seine Familie läßt sich über den Propheten Muhammad bis auf die persische Dynastie der Sassaniden zurückverfolgen. Seit dem 10. Jahrhundert sind Mitglieder seiner Familie Lehrer der Naqshbandi Sufischule. Er arbeitet seit vielen Jahren daran, Sufismus in Theorie und Praxis für den Westen zugänglich zu machen, und ist als Lehrer für den zeitgenössischen Sufismus eine international anerkannte Autorität. Heute lebt er in England.

Neben zahlreichen Werken in englischer Sprache sind von Sayed Omar Ali-Shah in deutscher Sprache bisher erschienen: »Sufismus als Therapie« sowie Übersetzungen der Klassiker »Rubaiyyat« von Omar Khayaam und »Der Rosengarten« von Sheikh Saadi.

»Sufismus für den Alltag« basiert auf einer Reihe ausgewählter Vorträge, die Ali-Shah über die praktische Anwendung der Sufiphilosophie in der westlichen Welt gehalten hat.

Literatur

Sahih al-Buhari: *Nachrichten von Taten und Aussprüchen des Propheten Muhammad*, Stuttgart 1991.

Sayed Omar Ali-Shah: *Sufismus als Therapie*, Berlin 1997.

Sayed Omar Ali-Shah: *The Course of the Seeker*, 2. Aufl. Paris 1997.

Sayed Omar Ali-Shah: *The Sufitraditon in the West*, Los Angeles 1995.

Sayed Omar Ali-Shah: *The Rules or Secrets of the Naqshbandi Order*, Paris 1992.

Omar Khayaam: *Rubaiyyat* (übers. von Omar Ali-Shah), Berlin 1995.

Sheikh Saadi: *Gulistan – Der Rosengarten* (übers. von Omar Ali-Shah), Berlin 1997 und Freiburg 1998.

Muhammad Abu Hamid al-Ghasali: *Das Elixier der Glückseligkeit*, 6. Aufl. München 1996.

Kathleen Göpel (Hrsg.): *In dir liegt der verborgene Schatz. Türkische Derwischgeschichten*, 2. Aufl. Freiburg 1997.

Germán Herrera: *Das Tor – Reise ins Yeyacoaloan*, München 1993.

Muhammad Ibn Ishaq: *Das Leben des Propheten*, Tübingen 1976.

Jalal al-Din Rumi: *Von Allem und vom Einen – Fihi ma fihi* (übers. von Annemarie Schimmel), München 1995.

Ernest Scott: *Die Geheimnisträger*, München 1990.

Idries Shah: *Denker des Ostens*, Hamburg 1988.

Idries Shah: *Die fabelhaften Heldentaten des vollendeten Narren und Meisters Mulla Nasrudin*, 4. Aufl. Freiburg/Basel/Wien 1994.

Idries Shah: *Das Geheimnis der Derwische*, Freiburg 1995.

Idries Shah: *Die Hautprobe – Anleitung zum Sufi-Pfad*, Freiburg 1984.

Idries Shah: *Die Karawane der Träume*, Basel 1982.

Idries Shah: *Lebe das wirkliche Glück*, Freiburg 1996.

Idries Shah: *Magie des Ostens*, München 1994.

Idries Shah: *Die Sufis – Botschaft der Derwische, Weisheit der Magier*, 10. Aufl. München 1996.

Idries Shah: *Wege des Lernens*, München 1985.

Idries Shah: *Wege zum Selbst*, München, 1995.

Idries Shah: *Die Weisheit der Narren*, Freiburg 1983.

Idries Shah: *Das Zauberkloster*, Hamburg 1986.

DIEDERICHS GELBE REIHE
Die lieferbaren Bände

DG 1 I Ging
DG 6 Das Totenbuch der Tibeter
DG 7 Heinrich Zimmer: Der Weg zum Selbst
DG 8 Helmuth von Glasenapp: Pfad zur Erleuchtung
DG 12 Hellmut Wilhelm: Sinn des I Ging
DG 13 Geshe Lhündub Söpa u. Jeffrey Hopkins: Der Tibetische Buddhismus
DG 14 Dschuang Dsi: Das wahre Buch vom südlichen Blütenland
DG 15 Upanishaden
DG 16 Mahabharata
DG 18 Popol Vuh
DG 19 Laotse: Tao te king
DG 20 Annemarie Schimmel: Rumi
DG 21 Bhagavadgita / Aschtavakragita
DG 22 Kungfutse: Gespräche. Lun Yü
DG 23 Al Ghasali: Das Elixier der Glückseligkeit
DG 24 Basil Johnston: Und Manitu erschuf die Welt
DG 26 Le Saux/Abhishiktananda: Die Spiritualität der Upanishaden
DG 27 Idries Shah: Die Sufis
DG 28 Liä Dsi: Das wahre Buch vom quellenden Urgrund
DG 29 Tantra in Tibet
DG 30 Chang Chung-yuan: Tao, Zen und schöpferische Kraft
DG 31 Li Gi. Das Buch der Riten, Sitten und Bräuche
DG 32 Annemarie Schimmel: Und Muhammad ist Sein Prophet
DG 33 Heinrich Zimmer: Indische Mythen und Symbole
DG 34 Śāntideva: Poesie und Lehre des Mahāyāna-Buddhismus
DG 35 Der Sohar. Das heilige Buch der Kabbala
DG 36 Kungfutse: Schulgespräche
DG 37 Annemarie Schimmel: Gärten der Erkenntnis
DG 39 Emma Brunner-Traut: Die Kopten
DG 42 Mong Dsi: Die Lehrgespräche des Meisters Meng K'o
DG 45 Ramayana
DG 46 Germanische Götterlehre
DG 47 Hans Findeisen u. Heino Gehrts: Die Schamanen
DG 51 Erfahrungen mit dem I Ging
DG 52 Franz Carl Endres u. Annemarie Schimmel: Das Mysterium der Zahl
DG 53 Gerhard Wehr: Die Bruderschaft der Rosenkreuzer
DG 56 Albert Y. Leung: Chinesische Heilkräuter
DG 57 Christian Rätsch: Chactun. Die Götter der Maya
DG 61 John Blofeld: Der Taoismus
DG 62 Alfred Douglas: Ursprung und Praxis des Tarot

DG 63 Janheinz Jahn: Muntu
DG 64 Richard Wilhelm und C. G. Jung: Geheimnis der Goldenen Blüte
DG 65 Wen Kuan Chu/ Wallace A. Sherrill: Astrologie des I Ging
DG 67 Heinrich Zimmer: Abenteuer und Fahrten der Seele
DG 68 Wolfram Eberhard: Lexikon chinesischer Symbole
DG 71 Christian Rätsch: Indianische Heilkräuter
DG 73 Hans Wolfgang Schumann: Der historische Buddha
DG 74 Heinrich Seuse u. Johannes Tauber: Mystische Schriften
DG 76 Mahatma Gandhi: Wegweiser zur Gesundheit
DG 78 Robert Aitken: Zen als Lebenspraxis
DG 81 Namkhai Norbu: Dzogchen, der Weg des Lichts
DG 82 Annemarie Schimmel: Muhammad Iqbal
DG 84 Namkhai Norbu: Der Zyklus von Tag und Nacht
DG 93 L. S. Dagyab: Buddhistische Glückssymbole
DG 96 Benjamin Walker: Gnosis
DG 99 Hans Wolfgang Schumann: Buddhismus
DG 100 Peter Sloterdijk u. Martin Buber: Mystische Zeugnisse
DG 101 Omar Ali-Shah: Sufismus für den Alltag
DG 102 Annemarie Schimmel: Von Ali bis Zahra
DG 103 Rients R. Ritskes: Zen für Manager
DG 104 Barbara C. Sproul: Schöpfungsmythen der östlichen Welt
DG 106 Geshe Thubten Ngawang: Vom Wandel des Geistes
DG 107 Sri Chinmoy: Veden, Upanishaden, Bhagavadgita
DG 108 Friedrich Weinreb: Kabbala im Traumleben des Menschen
DG 109 Dominique Viseux: Das Leben nach dem Tod
DG 110 René Grousset: Die Reise nach Westen
DG 111 Dennis Genpo Merzel: Durchbruch zum Herzen des Zen
DG 112 Åke Hultkrantz: Schamanische Heilkunst und rituelles Drama
DG 114 Hans Wolfgang Schumann: Mahāyāna-Buddhismus
DG 115 Christian Rätsch: Heilkräuter der Antike
DG 116 Gerhard Wehr: Spirituelle Meister des Westens
DG 117 Hartmut Kraft: Über innere Grenzen
DG 118 Isabelle Robinet: Geschichte des Taoismus
DG 119 Idries Shah: Sufi-Wege zum Selbst